Google
Picasa intensiv

Christoph Prevezanos

Google
Picasa intensiv

Alles, was Ihre Fotos brauchen

Markt+Technik Verlag

Bibliografische Information der Deutschen Nationalbibliothek
Die Deutsche Nationalbibliothek verzeichnet diese Publikation
in der Deutschen Nationalbibliografie; detaillierte bibliografische
Daten sind im Internet über http://dnb.d-nb.de abrufbar.

Die Informationen in diesem Produkt werden ohne Rücksicht auf einen
eventuellen Patentschutz veröffentlicht.
Warennamen werden ohne Gewährleistung der freien Verwendbarkeit benutzt.
Bei der Zusammenstellung von Texten und Abbildungen wurde mit größter
Sorgfalt vorgegangen.
Trotzdem können Fehler nicht vollständig ausgeschlossen werden.
Verlag, Herausgeber und Autoren können für fehlerhafte Angaben
und deren Folgen weder eine juristische Verantwortung noch
irgendeine Haftung übernehmen.
Für Verbesserungsvorschläge und Hinweise auf Fehler sind Verlag und
Herausgeber dankbar.

Alle Rechte vorbehalten, auch die der fotomechanischen
Wiedergabe und der Speicherung in elektronischen Medien.
Die gewerbliche Nutzung der in diesem Produkt gezeigten
Modelle und Arbeiten ist nicht zulässig.

Fast alle Hardware- und Softwarebezeichnungen und weitere Stichworte und sonstige
Angaben, die in diesem Buch verwendet werden, sind als eingetragene Marken geschützt.
Da es nicht möglich ist, in allen Fällen zeitnah zu ermitteln, ob ein Markenschutz besteht,
wird das ®-Symbol in diesem Buch nicht verwendet.

10 9 8 7 6 5 4 3 2 1

13 12 11

ISBN 978-3-8272-4720-9

© 2011 by Markt+Technik Verlag,
ein Imprint der Pearson Deutschland GmbH,
Martin-Kollar-Straße 10–12, D-81829 München/Germany
Alle Rechte vorbehalten
Einbandgestaltung: Marco Lindenbeck, webwo GmbH, mlindenbeck@webwo.de
Lektorat: Birgit Ellissen, bellissen@pearson.de
Herstellung: Elisabeth Prümm, epruemm@pearson.de
Korrektorat: Marita Böhm
Satz: Nadine Krumm, mediaService, Siegen (www.media-service.tv)
Druck und Verarbeitung: GraphyCems, Villatuerta
Printed in Spain

Inhaltsverzeichnis

Willkommen	9
1 Picasa herunterladen & installieren	**11**
Das Picasa-Installationspaket herunterladen	11
Picasa auf Ihrem Computer installieren	13
Überprüfen Sie Ihre Dateiverknüpfungen	16
Picasa offline und online nutzen	19
2 Einstieg – Picasa kennenlernen und Bilder verwalten	**21**
Ihre Fotos betrachten und verwalten	22
Die Bildordner verwenden	22
Fotos detailliert betrachten	24
Beschreibungen und Titel hinzufügen	26
Die Ansicht individuell anpassen	30
Verwaltungsfunktionen für Bilder und Ordner	35
So importieren Sie alle Ihre Fotos in Picasa	37
Ordner importieren und überwachen	38
Einzelne Dateien importieren	40
Videos in Picasa importieren	42
Fotos von der Kamera kopieren & importieren	45
Einen eigenen Importordner wählen	48
3 Bilder sortieren – Arbeiten mit Alben, Stichworten, Gesichtern und Markierungen	**49**
Ihre Fotos in Picasa-Alben verwalten	49
So erstellen Sie Ihre eigenen Alben	50
Fotos einem Album hinzufügen oder wieder entfernen	51
Fotos mit der Ablage bequem zusammenstellen	55
Alben bearbeiten, verwalten und sortieren	58
Private Alben mit einem Passwort versehen	62
Fotos sortieren – Stichworte, Personen & Marker	63
Fotos mit Stichworten versehen	64
Stichworte anzeigen und bearbeiten	65
Die Schnelltasten mit Ihren Stichworten belegen	68
Fotos nach Personen sortieren	70

Inhaltsverzeichnis

Personen anzeigen und manuell hinzufügen	72
Personen verwalten, anpassen und ignorieren	75
Markierungen – wichtige Fotos hervorheben	78
Fotos komfortabel suchen und finden	80
Fotos einfach suchen und finden	80
Arbeiten mit den Filtern	84
Suchen nach Farben	86
So finden Sie doppelte Fotos	88
Geotagging – Ihre Fotos auf der Landkarte anzeigen	89
Fotos in Google Maps platzieren	90
Fotos in Google Earth verknüpfen	92
Dateien mit geografischen Daten verwalten	96
Falls Google Earth noch installiert werden muss	98

4 Picasa online nutzen – das Webalbum 101

Vorbereitungen für die Onlinenutzung	101
So richten Sie ein vollständiges Google-Profil ein	102
Ein Google-Konto mit eigener E-Mail-Adresse einrichten	104
Picasa und Ihr Google-Konto miteinander verknüpfen	105
So verwalten Sie Ihr Webalbum	107
Fotos in das Webalbum hochladen	107
Zugriffsrechte – verstehen und richtig anwenden	111
Freunde zum Betrachten Ihrer Alben einladen	114
Gemeinsame Alben mit Freunden verwalten	119
Videos in das Webalbum laden	124
Das Webalbum verwalten und aktuell halten	125
Satz-Upload – mehrere Ordner auf einmal verarbeiten	129
Wichtige Fotos sperren und schützen	133
Das Online-Album im Webbrowser verwalten	136
Ihr Webalbum im Überblick	136
Webalben und Fotos bequem betrachten	140
Eigene Alben bearbeiten und organisieren	146
Fotos unterwegs in das Webalbum laden	150
Picnik – Fotos online bearbeiten und aufpeppen	153
Stichworte, Geotags und Gesichter	157
Zugriffsrechte im Webalbum verwalten	164
Ein paar Gedanken zum Datenschutz	169

Inhaltsverzeichnis

5 Fotos korrigieren – Bildbearbeitung in Picasa — 173
- So optimieren Sie Ihre Fotos — 174
  - Blitzschnell – Fotos mit einem Klick verbessern — 175
  - Den Bildausschnitt anpassen — 179
  - Schiefe Bilder gerade rücken — 182
  - Rote Augen aus Porträts entfernen — 183
  - Kleine Fehler einfach retuschieren — 185
  - Texte und Überschriften einfügen — 188
  - Helligkeit manuell anpassen — 192
  - Picnik für die Bildoptimierung nutzen — 193
- Feinabstimmung – Fotos manuell optimieren — 195
- Zusätzliche Effekte in Ihre Bilder einfügen — 199
  - Die 1-Klick-Effekte – Sepia, SW, Wärme & Filmkorn — 199
  - Noch mehr Effekte – Schärfe, Sättigung, Schein & Co. — 202
  - Stapelverarbeitung – Effekte für Ordner & Alben — 207

6 Fotos toll präsentieren – Diaschau, Collage & Film — 211
- Fotos sofort präsentieren – Diaschau mit einem Mausklick — 211
  - Fügen Sie Musik zur Diaschau hinzu — 214
- Fotos zu einer Collage zusammenstellen — 216
  - So erstellen Sie eine Collage aus Ihren Fotos — 217
  - Fotos nachträglich hinzufügen oder entfernen — 220
  - Die Stilvorlagen für Collagen im Überblick — 223
  - Fotos innerhalb der Collage arrangieren & verändern — 225
- Erstellen Sie einen Film aus Ihren Fotos — 228
  - So erstellen Sie einen neuen Film — 228
  - Fotos löschen oder einfügen — 233
  - Folien – Texttafeln zwischen die Fotos einfügen — 235
  - Face Movie – einen ganz persönlichen Film erstellen — 238
  - Videotools – Schneiden, Veröffentlichen, Schnappschuss — 241

7 Fotos auf Papier bringen – selbst oder im Labor — 243
- Fotos selbst ausdrucken — 243
  - Einzelne Fotos schnell ausdrucken — 244
  - Mehrere Fotos auf einen Bogen ausdrucken — 246
  - Rahmen und Texte hinzufügen — 250
  - Passfotos ausdrucken — 252
  - Setup – den Drucker optimal einstellen — 255

Inhaltsverzeichnis

Fotos im Onlinelabor bestellen	257
Hintergrund – so funktionieren Onlineabzüge	257
So bestellen Sie Ihre Fotos online	258
Tassen, Mauspads, Puzzle & Co.	263

8 Picasa-Extras für Ihre Fotos — 265

Eine Datensicherung aller Fotos erstellen	265
Erstellen Sie eine Geschenk-CD	269
Fotos in Ordner exportieren	270
Fotos per E-Mail verschicken	271
Desktop-Hintergrund & Bildschirmschoner	274
Fotos für Ihre Homepage	276

Glossar — 279

Stichwortverzeichnis — 285

Willkommen

Die Fotografie ist ein tolles Hobby und gleichzeitig ein kreativer Weg, unser Leben, unsere Freizeit und unsere schönsten Erlebnisse festzuhalten. Dabei ist Fotografieren mit modernen Digitalkameras so einfach wie nie zuvor. Das kann eine Spiegelreflexkamera sein, Ihre Kompaktkamera, das Fotohandy oder ein Smartphone – damit machen Sie immer und überall tolle Bilder. Die digitale Fotografie führt also ganz automatisch dazu, dass wir immer mehr Bilder aufnehmen, und dies auch in Situationen, in denen das vor einiger Zeit noch eher ungewöhnlich war.

Ihre Fotosammlung wird also immer größer und unübersichtlicher – ein Großteil der Bilder schlummert vermutlich ungenutzt auf Ihren Festplatten. Hier ist eine gute Bildverwaltung notwendig, damit die schönsten Aufnahmen nicht verloren gehen oder in Vergessenheit geraten. Genau hier setzt Google Picasa an und bietet Ihnen ein vollständiges Paket für die eigene Fotosammlung. Mit Picasa verwalten Sie Ihre Fotos übersichtlich auf der Festplatte, legen digitale Alben an und sortieren die Fotos nach dem Anlass, dem Motiv, der zeitlichen Reihenfolge oder den abgebildeten Personen. Damit Sie nicht auf Papierabzüge verzichten müssen, lassen sich alle Fotos ausdrucken oder im Labor Abzüge bestellen – online oder auch im Laden um die Ecke.

Und damit Sie Ihre Fotos nicht allein genießen müssen, stehen Ihnen auch sämtliche Funktionen zum Veröffentlichen der Bilder zur Verfügung. Teilen Sie Ihre schönsten Aufnahmen mit der Familie, mit Freunden oder auch mit der ganzen Welt. Anders als viele andere Fotoprogramme oder Onlinegemeinschaften ist Picasa wirklich für jeden geeignet. Sie müssen weder eine Hochglanzgalerie erstellen noch Fotoprofi sein.

Alle Kapitel und Workshops dieses Buchs wurden für die neueste Picasa-Version komplett überarbeitet. So entgeht Ihnen nichts, und Sie lernen alle Möglichkeiten von Google Picasa kennen – sortieren, präsentieren, ausdrucken und teilen. Steigen Sie ein und machen Sie mit Google Picasa mehr aus Ihren Fotos!

Viel Spaß mit Ihren Bildern wünscht
Christoph Prevezanos

http://www.prevezanos.com

Kapitel 1
Picasa herunterladen & installieren

Bevor Sie mit Picasa loslegen können, sind zunächst ein paar Vorbereitungen notwendig. Sie müssen sich die Picasa-Album-Software aus dem Internet herunterladen und auf Ihrem Computer oder Notebook installieren. Dabei sind ein paar Systemeinstellungen notwendig, mit denen Sie z. B. die Verknüpfung von Dateitypen, die Auswahl einer Anzeigesoftware und einiges mehr festlegen. Außerdem ist es wichtig, dass Sie Ihre Picasa-Software mit Ihrem Google-Konto verknüpfen. Nur so stehen Ihnen alle Online- und Offlinefunktionen vollständig zur Verfügung. Zum Glück geht das recht schnell und einfach, und natürlich müssen Sie diese Vorbereitungen nur einmal vor der ersten Verwendung durchführen. Anschließend steht Ihnen Picasa sofort und mit nur einem Mausklick zur Verfügung.

Abbildung 1.1: Picasa herunterladen und installieren

Das Picasa-Installationspaket herunterladen

Bevor Sie mit Picasa loslegen können, müssen Sie das Programm aus dem Internet herunterladen und installieren. Die Picasa-Software ist zum Glück kostenlos und kann direkt auf der Homepage von Google bzw. Picasa geladen werden. Falls Sie

1 • Picasa herunterladen & installieren

bereits einige Dienste von Google verwenden, müssen Sie sicherstellen, dass Sie sich vorher von Ihrem Google-Konto abmelden. Sonst geht Google nämlich davon aus, dass Sie Picasa bereits besitzen, und leitet Sie zur Onlinecommunity von Picasa. Die Download-Seite wird nicht mehr angezeigt. Gehen Sie dafür auf die Google-Homepage, klicken oben rechts auf Ihr Profil und wählen Sie die Funktion *Abmelden* aus.

Abbildung 1.2: Bei Google abmelden

1. Jetzt öffnen Sie in Ihrem Webbrowser die Homepage von Picasa. Die Adresse lautet *http://picasa.google.de*.
2. Auf der Picasa-Homepage finden Sie die Schaltfläche *Picasa 3.8 herunterladen*. Klicken Sie diese einmal mit der Maus an.

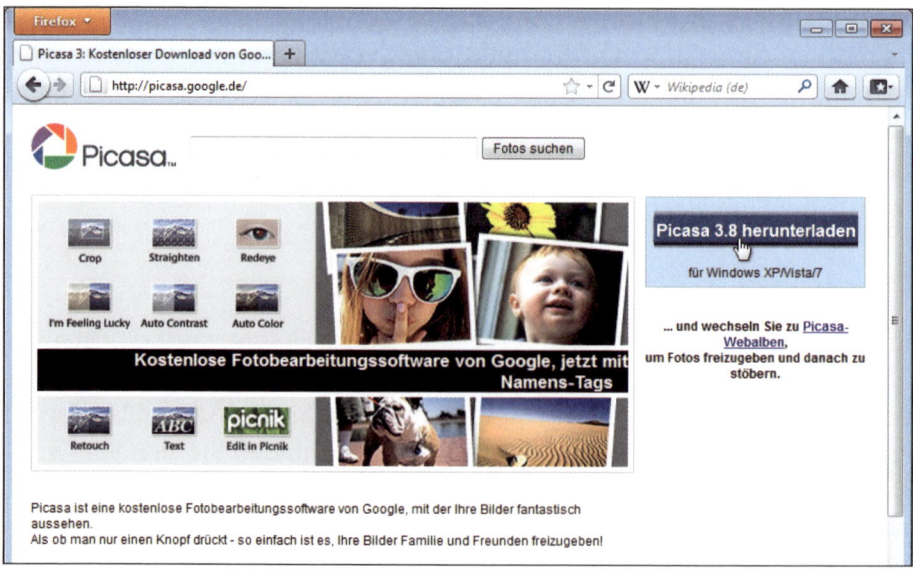

Abbildung 1.3: Laden Sie Picasa herunter

Picasa auf Ihrem Computer installieren

3. Jetzt öffnet sich ein neues Fenster, das Ihnen die Installationsdatei von Picasa anbietet. Falls der Browser Sie fragt, was Sie mit dieser Datei tun möchten, wählen Sie die Option **Datei speichern** aus.

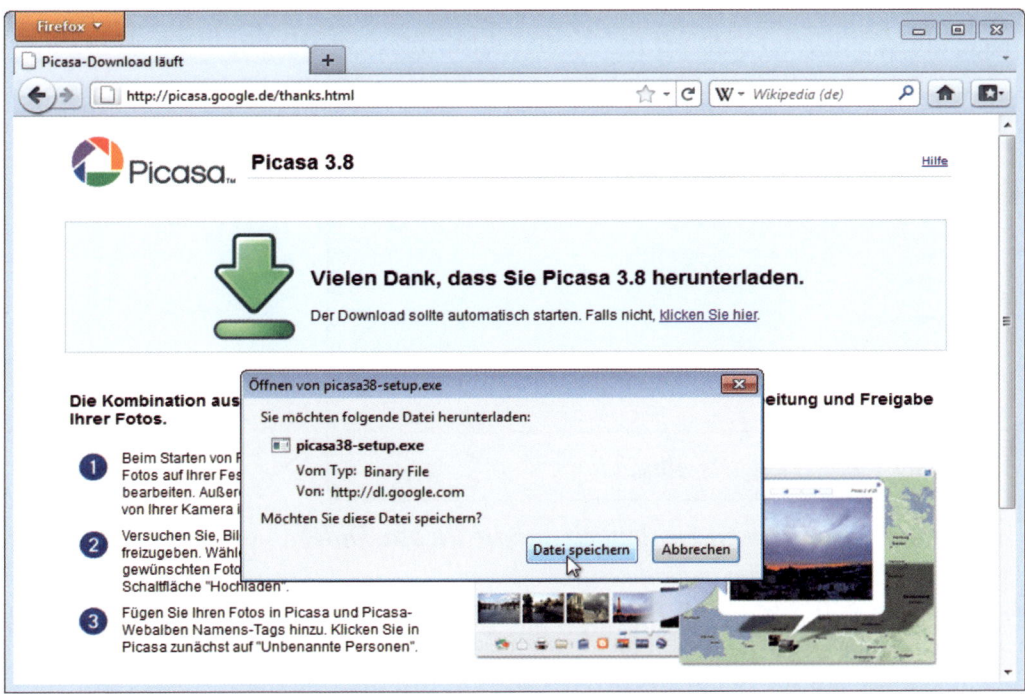

Abbildung 1.4: Der Browser bietet Picasa zum Speichern an

4. In der Standardeinstellung legen alle Browser die heruntergeladenen Dateien im Ordner **Downloads** ab. Haben Sie diese Einstellung verändert, werden Sie jetzt nach einem Speicherort gefragt. Wählen Sie einen Ordner aus und betätigen Sie die Schaltfläche **Speichern**.

Picasa auf Ihrem Computer installieren

Haben Sie sich die Picasa-Datei heruntergeladen, kann es sofort mit der Installation losgehen. Beachten Sie hierbei, dass Sie für das Installieren von Software auf Ihrem Computer Administratorrechte besitzen müssen. Falls Sie im Alltag also vernünftigerweise mit einem Standardbenutzerkonto arbeiten, müssen Sie sich jetzt von diesem Konto abmelden. Anschließend melden Sie sich mit einem Administratorkonto wieder an. Für die spätere Arbeit mit Picasa ist das unerheblich – Sie können Picasa mit jeder Art von Konto ohne Einschränkungen nutzen. Diese Besonderheit gilt nur für die Installation.

1 · Picasa herunterladen & installieren

1. Öffnen Sie den Windows-Explorer und gehen Sie in das Verzeichnis, in das Sie im letzten Schritt die Picasa-Datei heruntergeladen haben, z. B. **Downloads**. Hier finden Sie die Datei *picasa38-setup.exe*. Starten Sie die Installation mit einem Doppelklick auf diese Datei.

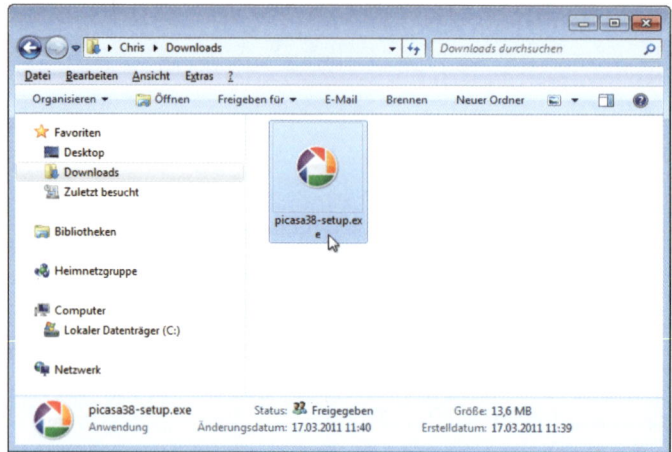

Abbildung 1.5: Klicken Sie doppelt auf die Picasa-Datei

2. Windows wird Sie nun warnen, dass Dateien aus dem Internet Viren und Trojaner enthalten können. Weil Sie den Picasa-Dateien von Google vertrauen dürfen, klicken Sie auf die Schaltfläche **Ausführen**, um die Installation zu erlauben.

Abbildung 1.6: Erlauben Sie die Picasa-Installation

3. Als Erstes sehen Sie das Lizenzabkommen mit der Firma Google. Damit stimmen Sie den Regeln für die Offline- und Onlinenutzung von Picasa zu. Mit der Schaltfläche **Annehmen** geht es zum nächsten Schritt.

Picasa auf Ihrem Computer installieren

Abbildung 1.7: Sie müssen den Google-Regeln zustimmen

4. Das Programm schlägt nun vor, Picasa im Ordner **C:\Program Files\Google\Picasa3** zu installieren. Falls keine besonderen Gründe dagegen sprechen, übernehmen Sie das mit der Schaltfläche **Installieren**.

Abbildung 1.8: Das Installationsverzeichnis angeben

5. Während der Installation sehen Sie einen Statusbalken. Anschließend werden Ihnen zusätzliche Optionen angeboten. Entfernen Sie den jeweiligen Haken, wenn Sie eine Option nicht wünschen. Zuletzt klicken Sie auf die Schaltfläche **Fertig stellen** und schließen damit die Installation ab.

- **Verknüpfung auf Desktop erstellen** – Zusätzlich zum Startmenü lässt sich hiermit ein Symbol auf dem Windows-Desktop erstellen.
- **Verknüpfung für Schnellstart erstellen** – Arbeiten Sie mit der Schnellstartleiste von Windows, erzeugen Sie damit ein Picasa-Symbol auf der Leiste.

1 • Picasa herunterladen & installieren

- **Google als Standard-Suchmaschine für Internet Explorer festlegen** – Wie die Option bereits erklärt, wird Google damit zur Standard-Suchmaschine gemacht.
- **Anonyme Nutzungsstatistiken an Google senden** – Google sammelt gerne statistische Daten über seine Nutzer. Allerdings gibt es keinen Grund, das auch noch explizit zu fördern.
- **Picasa 3 ausführen** – Picasa wird sofort gestartet, nachdem die Installation abgeschlossen ist.

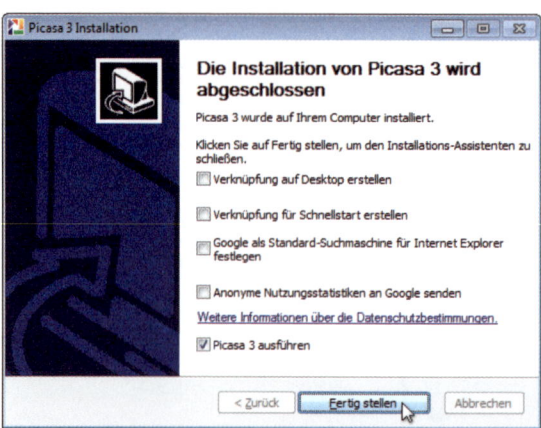

Abbildung 1.9: Die Installation abschließen

Überprüfen Sie Ihre Dateiverknüpfungen

Während der Installation nimmt Picasa automatisch ein paar Veränderungen an Ihrem System vor. Picasa geht davon aus, dass Sie es in Zukunft als Hauptprogramm für Fotos und Bilder jeder Art verwenden möchten. Das bringt zwei wichtige Änderungen mit sich.

- **Bildverknüpfungen** – Alle Bilddateien auf Ihrem Computer werden automatisch mit Picasa verknüpft. Öffnen Sie im Windows-Explorer einen Ordner mit Fotos, besitzen diese nicht mehr das typische Windows-Symbol, sondern das von Picasa. Das betrifft sämtliche Fotodateien wie z. B. JPG, BMP, TIF, RAW und einige mehr. Wenn Sie das nicht möchten, müssen Sie diese Verknüpfungen in Picasa rückgängig machen.
- **Bildbetrachter** – Klicken Sie im Windows-Explorer doppelt auf eine Bilddatei, wird diese automatisch im Windows-Bildbetrachter geöffnet. Nach der Picasa-Installation ist auch das anders. Alle Fotos werden automatisch im Picasa Photo Viewer geöffnet. Das ist nicht unbedingt ein Nachteil, denn der Bildbetrachter von Picasa ist gut und sehr schnell. Möchten Sie lieber wieder mit dem Windows-Bildbetrachter arbeiten, lässt sich das einfach umstellen.

Überprüfen Sie Ihre Dateiverknüpfungen

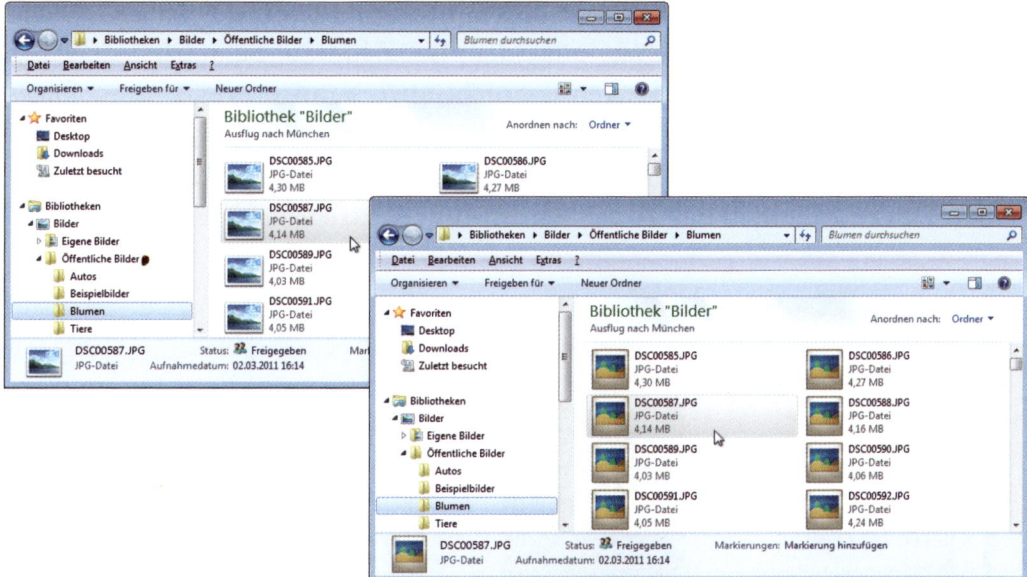

Abbildung 1.10: Windows-Symbole (links), Picasa-Symbole (rechts)

Abbildung 1.11: Windows-Fotoanzeige (links), Picasa Photo Viewer (rechts)

1 · Picasa herunterladen & installieren

Picasa installiert automatisch ein kleines Konfigurationswerkzeug, mit dem sich die Bildsymbole und die Verknüpfung mit einem Betrachter sehr einfach ändern lassen. Sind Sie mit den neuen Einstellungen also nicht einverstanden, gehen Sie wie folgt vor:

1. Öffnen Sie das Startmenü und gehen Sie unter *Alle Programme* in die Gruppe *Picasa 3*. Hier finden Sie den Eintrag *Picasa Photo Viewer konfigurieren*. Öffnen Sie diesen mit einem Mausklick.

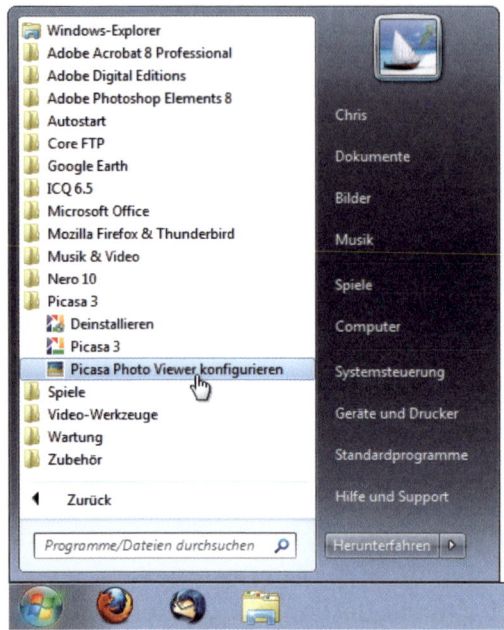

Abbildung 1.12: Die Bildverknüpfungen nachträglich anpassen

2. Jetzt öffnet sich ein Konfigurationsfenster und bietet Ihnen zwei Optionen für die Bildverknüpfungen an.

   - **Picasa Photo Viewer … verwenden** – Wählen Sie diese Option aus, um alle Ihre Bilder mit Picasa zu verknüpfen. Sie erhalten ein Picasa-Symbol und werden durch einen Doppelklick im Picasa Photo Viewer geöffnet. Direkt darunter können Sie angeben, auf welche Dateitypen sich diese Einstellung auswirken soll.

   - **Picasa Photo Viewer nicht verwenden** – Möchten Sie lieber mit dem Windows-Bildbetrachter arbeiten und alle Bilddateien mit dem typischen Windows-Symbol angezeigt bekommen, wählen Sie diese Option aus. Picasa nimmt dadurch keinerlei Veränderungen am System vor und überlässt die Bildverknüpfung vollständig Windows.

Picasa offline und online nutzen

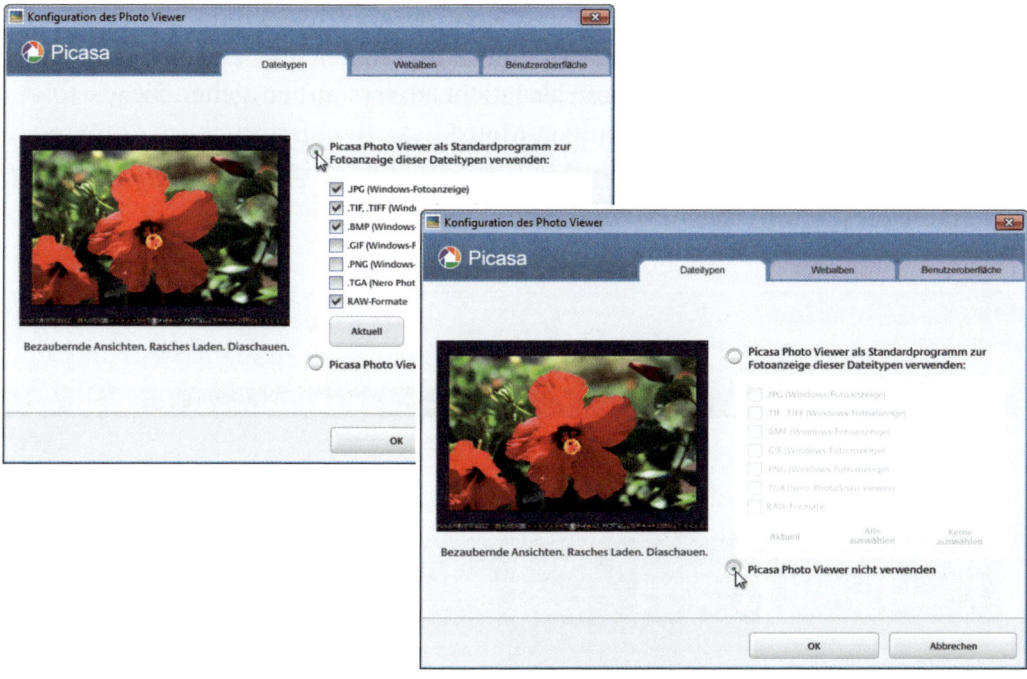

Abbildung 1.13: Fotos mit Picasa oder Windows verknüpfen

3. Im Register **Webalben** können Sie eine Verknüpfung zwischen dem Picasa Photo Viewer und Ihrem Online-Album erstellen, indem Sie hier Ihr Google-Benutzerkonto eintragen. Das ist an dieser Stelle aber nicht notwendig und kann ignoriert werden. Kapitel 4 ab Seite 19 erläutert Ihnen alle Funktionen des Webalbums Schritt für Schritt.

4. Möchten Sie die Bedienung des Picasa Photo Viewer ein wenig anpassen, gehen Sie in das Register **Benutzeroberfläche**. Hier lassen sich z. B. die Funktion des Mausrads oder die Sichtbarkeit der Aktionsleiste und des Hintergrunds anpassen. In den meisten Fällen werden Sie mit den Standardeinstellungen sehr gut zurechtkommen.

5. Haben Sie Ihre gewünschte Einstellung gewählt, betätigen Sie die Schaltfläche **OK**. Die Änderungen werden sofort übernommen, d. h., Ihre Symbole und Verknüpfungen werden sofort angepasst.

Picasa offline und online nutzen

Obwohl Picasa von vielen Menschen vor allem zum Sortieren der eigenen Fotos verwendet wird, stellt dies doch nur einen kleinen Teil seiner Funktionen dar. Die vollen Möglichkeiten schöpfen Sie erst aus, wenn Sie Google Picasa auch online nut-

1 • Picasa herunterladen & installieren

zen. Dadurch stellen Sie Ihre offline erstellten Alben und Sammlungen auch online bereit. So ist es dann möglich, die eigenen Fotos mit Freunden und Bekannten zu teilen. Sortieren Sie z. B. die Fotos der letzten Party und erstellen daraus in Picasa ein Album, lässt sich dies mit wenigen Mausklicks in ein Webalbum kopieren. Alle Gäste Ihrer Party können dann Ihre Fotos betrachten. Dabei bestimmen Sie selbst, wer die Bilder sehen darf und wer nicht. Die Privatsphäre bleibt also in jedem Fall bewahrt.

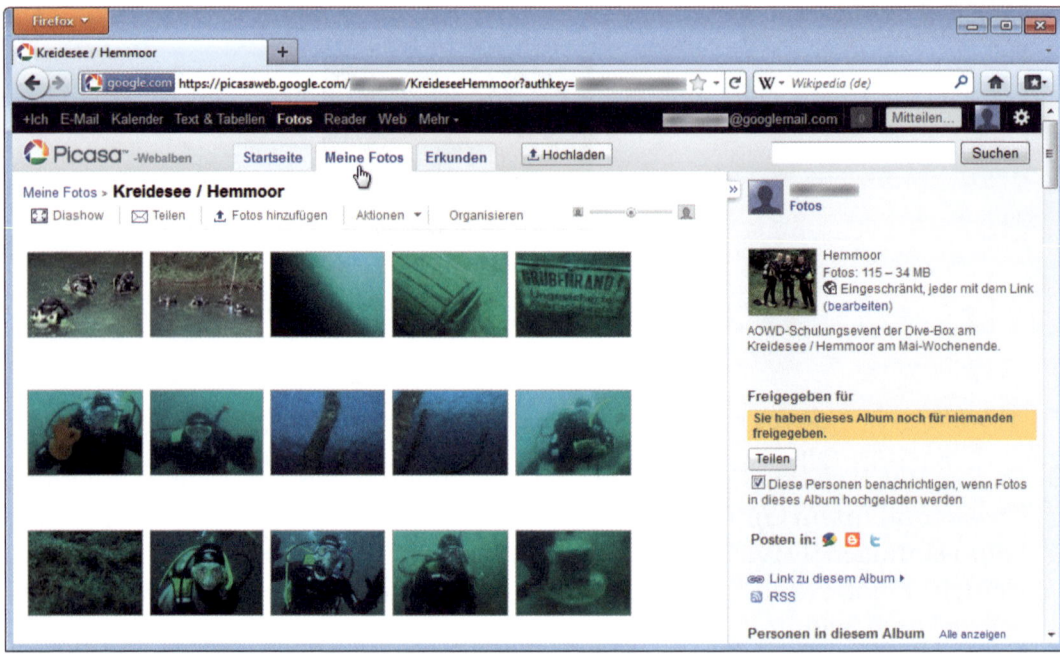

Abbildung 1.14: Fotos online im Webalbum verwalten

Damit Sie diese Möglichkeiten nutzen können, benötigen Sie unbedingt ein Benutzerkonto bei Google. Picasa ist ein Google-Produkt und funktioniert deshalb nur mit den Webservern und Diensten von Google. Sie benötigen für Picasa aber kein spezielles Konto und müssen für Ihre Webalben auch keinerlei Gebühr bezahlen. Sie müssen sich lediglich ein ganz normales Google-Konto anlegen. Ihnen stehen dadurch automatisch alle Google-Dienste zur Verfügung – inklusive Picasa. Sobald Sie Picasa dann das erste Mal online nutzen, wird für Sie automatisch ein Picasa-Webalbum angelegt.

Für die ersten Schritte in Picasa und das Verwalten Ihrer Fotos auf der Festplatte ist das allerdings noch nicht notwendig. Kapitel 4 ab Seite 20 beschäftigt sich ausführlich mit den Themen Benutzerkonto, Webalbum und Onlinefreigabe.

Kapitel 2
Einstieg – Picasa kennenlernen und Bilder verwalten

Nachdem die Installation abgeschlossen ist, können Sie direkt mit Picasa loslegen. Im Startmenü von Windows finden Sie dafür in der Gruppe **Picasa 3** das Symbol **Picasa 3**. Klicken Sie einfach auf dieses Symbol, und schon wird Picasa gestartet. Haben Sie sich während der Installation ein Desktopsymbol erstellen lassen, genügt ein Mausklick hierauf. Damit Ihnen der Einstieg möglichst leichtfällt, sucht Picasa beim ersten Start automatisch im Ordner **Bilder** bzw. **Eigene Bilder** nach Fotos und importiert diese in Ihre Sammlung. Sie werden also sofort ein paar Ordner und Fotos in der Bildverwaltung vorfinden.

Abbildung 2.1: Picasa aufrufen

Obwohl Picasa bewusst schlicht gehalten ist, müssen Sie sich bei der ersten Verwendung erst einmal zurechtfinden. Haben Sie zuvor mit anderen Verwaltungsprogrammen für Fotos gearbeitet, wird Ihnen der Einstieg natürlich deutlich leichter fallen, und viele Funktionen kommen Ihnen bestimmt bekannt vor. Sind Sie hingegen ganz neu bei Picasa und der Fotoverwaltung, sollten Sie sich die Oberfläche in Ruhe anschauen. Lernen Sie alle wichtigen Bereiche und Funktionen kennen.

2 • Einstieg – Picasa kennenlernen und Bilder verwalten

Abbildung 2.2: Die Arbeitsoberfläche von Picasa

Ihre Fotos betrachten und verwalten

Zu den Grundfunktionen von Picasa gehört natürlich, dass Sie damit Ihre Fotos betrachten können. Durch eine übersichtliche Oberfläche und eine gute Organisation ist es ganz einfach, in den eigenen Bildern zu stöbern, diese zu sortieren und zu organisieren. Dieser Abschnitt zeigt Ihnen alle Funktionen zum Betrachten und Verwalten Ihrer Fotos und der Ordner.

Die Bildordner verwenden

Mit Picasa vereinen Sie alle Ihre Aufnahmen in einer Oberfläche und haben diese jederzeit im Blick. Blättern Sie durch Ihre Fotoordner, suchen Sie nach Fotos und zeigen Sie sich die schönsten Aufnahmen mit einem Mausklick an. Das Stöbern in den eigenen Fotos ist mit Picasa besonders einfach und schön.

1. Der Abschnitt **Alben** zeigt die von Ihnen angelegten Picasa-Alben sowie die Sortierung nach Personen an. Am Anfang ist dieser Abschnitt noch leer oder beinhaltet nur wenige Einträge. Alles zum Thema Alben erfahren Sie im nächsten Kapitel.

2. In der Ordnerliste sehen Sie alle Verzeichnisse mit Ihren Fotos. Jeder Ordner auf Ihrer Festplatte stellt auch einen Ordner in der Liste dar. Hinter dem Namen befindet sich die Anzahl der enthaltenen Fotos.

Ihre Fotos betrachten und verwalten

Abbildung 2.3: Die Funktionen zum Durchblättern der Fotos

3. Der Abschnitt **Anderes** sammelt Inhalte, die entweder kein Datum besitzen oder nicht auf herkömmliche Weise einsortiert werden können, z. B. Videodateien, Cliparts usw.

4. Mit dem Scrollbalken bewegen Sie sich in der Ordnerliste nach oben oder unten. Ist Ihnen die Liste zu schmal, klicken Sie die kleine Schaltfläche am Balken mit der linken Maustaste an und passen damit die Breite an.

5. Haben Sie einen Fotoordner in der Ordnerliste angeklickt, sehen Sie hier den Namen des Ordners, das Datum und die Beschreibung. Die Schaltflächen erlauben einen Schnellzugriff auf oft genutzte Funktionen. Sie finden sich auch in den Menüs.

6. Im großen Fenster werden alle Fotos eines Ordners als Vorschau angezeigt. Klicken Sie doppelt auf ein Bild, wird dies großformatig angezeigt. Außerdem wechselt die Oberfläche automatisch in den Bearbeitungsmodus.

7. Mit dem Scrollbalken am rechten Rand bewegen Sie sich in der Liste der Vorschaubilder nach oben und unten. Weil alle Bilder in einer langen Liste erscheinen und nur durch die Beschreibung getrennt sind, wechseln Sie dabei übergangslos in den nächsten Fotoordner.

2 • Einstieg – Picasa kennenlernen und Bilder verwalten

8. Mit der Lupenfunktion vergrößern Sie einzelne Details von Fotos. Klicken Sie mit der linken Maustaste auf diese Schaltfläche und halten Sie die Maustaste fest. Jetzt fahren Sie mit der Maus über die Vorschaubilder und betrachten durch eine runde Vergrößerung die Details.

9. Mit diesem Regler passen Sie die Größe der Vorschaubilder an. Schieben Sie den Regler nach links, um die Vorschaubilder zu verkleinern. Schieben Sie den Regler nach rechts, vergrößern Sie die Vorschaubilder.

10. Mit diesen vier Tasten steuern Sie die Seitenleiste am rechten Fensterrand von Picasa. Lassen Sie sich zusätzliche Informationen zu den gezeigten Personen, dem Aufnahmeort, den zugewiesenen Stichworten/Tags anzeigen oder rufen Sie die Aufnahmeinformationen der Digitalkamera ab.

Fotos detailliert betrachten

Möchten Sie eines der Bilder genauer betrachten, müssen Sie nur mit der linken Maustaste doppelt auf das jeweilige Vorschaubild klicken. Der gesamte Bereich mit den Vorschaubildern wird automatisch zu einem großen Fenster und zeigt das angeklickte Bild an.

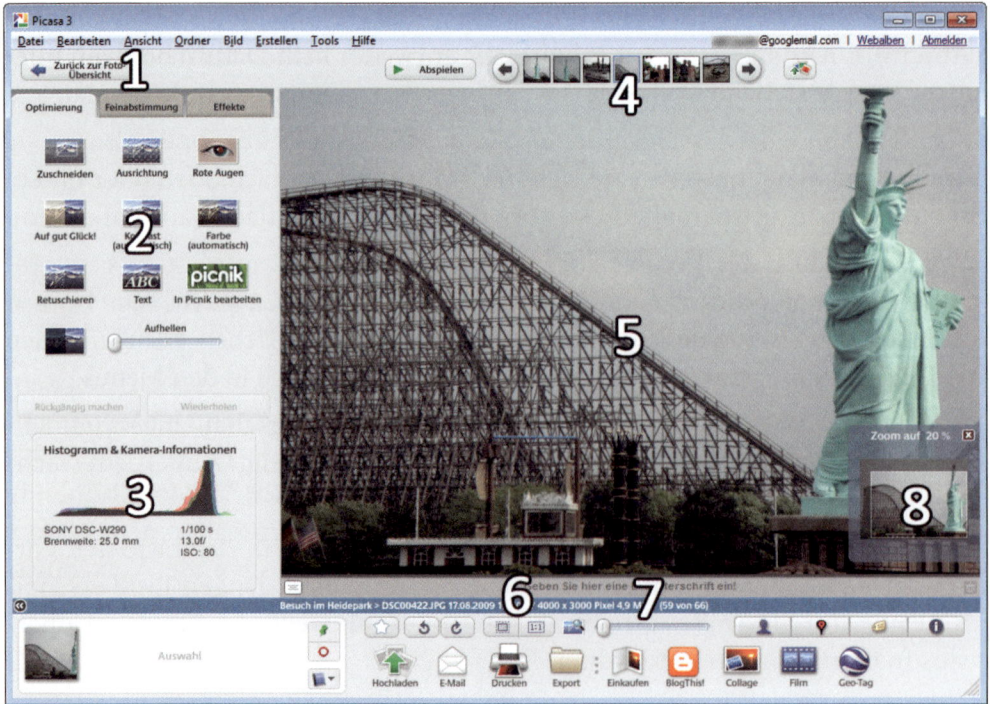

Abbildung 2.4: Fotos im Detail betrachten

Ihre Fotos betrachten und verwalten

1. Um zurück in die Ordnerliste mit den Vorschaubildern zu gelangen, klicken Sie auf die Schaltfläche *Zurück zur Foto-Übersicht*. Alternativ klicken Sie einfach doppelt auf das angezeigte Bild.
2. Links befinden sich die Schaltflächen zum Bearbeiten von Bildern. Diese werden bei der reinen Betrachtung nicht benötigt und deshalb in einem späteren Abschnitt erläutert. Möchten Sie diese Elemente ausblenden, klicken Sie unten links auf den schwarzen Kreis mit dem Doppelpfeil. Das Foto wird dann im gesamten Fenster angezeigt.
3. Dieser Bereich zeigt Ihnen zusätzliche Informationen zu diesem Foto an. Ganz oben befindet sich das Histogramm. Dies ist eine Kurve, welche die Verteilung der Helligkeit und der Farbtöne in einem Bild angibt. Direkt darunter werden der Kameratyp, die verwendete Brennweite sowie die Belichtungszeit, die Blendenzahl und die ISO-Empfindlichkeit angezeigt.
4. In der oberen Leiste zeigt Picasa eine Vorschau der drei nächsten und der drei vorherigen Fotos an. Mit den Pfeiltasten rechts und links davon blättern Sie zum nächsten oder zum vorherigen Bild.
5. In der Mitte wird das aktuelle Foto groß angezeigt.
6. Mit diesen Schaltflächen lässt sich die Größe mit einem Mausklick anpassen. Die Schaltfläche *1:1* zeigt das Bild in seiner vollen Größe, und die Schaltfläche links daneben passt es in das Picasa-Fenster ein.
7. Mit dem Schieberegler lässt sich die Größe des Bildes beliebig anpassen. Ziehen Sie ihn mit der Maus nach rechts oder nach links, um den Ausschnitt zu verändern.
8. Während Sie sich in der Vergrößerung befinden, erscheint rechts eine Miniatur des gesamten Fotos. Klicken Sie mit der Maus in diese Miniatur und schieben Sie den Rahmen umher, um sich schnell in der Vergrößerung zu bewegen.

Sicherlich werden Sie sich öfters fragen, wann und wie ein bestimmtes Bild entstanden ist. Das lässt sich ganz einfach feststellen, denn alle modernen Digitalkameras unterstützen das sogenannte Exif-Format. Die Abkürzung steht für „Exchangeable Image File Format" und steht für einen Standard, um zusätzliche Informationen in einer Fotodatei zu speichern. Dabei dokumentiert die Kamera neben dem Datum und der Uhrzeit auch die technischen Daten eines Fotos, also Blende, Verschlusszeit, Weißabgleich, Blitz usw.

2 · Einstieg – Picasa kennenlernen und Bilder verwalten

- Gehen Sie mit der Maus unten rechts auf die Leiste mit den vier Tasten. Betätigen Sie einmal die Taste **Eigenschaften** mit der linken Maustaste. Die Taste ist mit einem *i* beschriftet und befindet sich ganz rechts.
- Dadurch öffnet sich am rechten Fensterrand die Seitenleiste und listet sämtliche Exif-Informationen auf, z. B. Blende, Verschluss, Messmodus, Belichtungsprogramm usw. Der Umfang der Informationen hängt dabei immer vom verwendeten Kameramodell ab.
- Alternativ können Sie diese Leiste auch öffnen, indem Sie im Kontextmenü des gewünschten Fotos den Punkt **Eigenschaften** auswählen. Arbeiten Sie gern mit der Tastatur, steht Ihnen auch die Tastenkombination [Alt]+[↵] zur Verfügung.

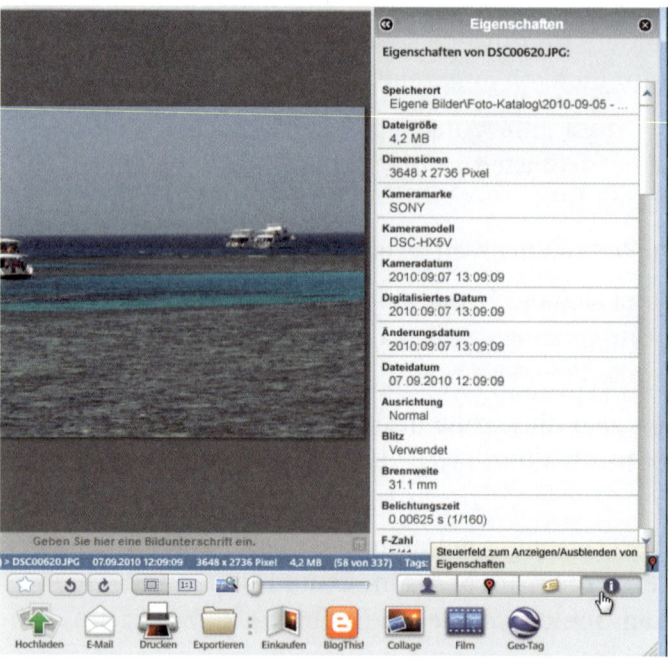

Abbildung 2.5: Die Exif-Informationen der Kamera

Beschreibungen und Titel hinzufügen

Je mehr Fotos Sie in Picasa verwalten, desto schneller kann dabei die Übersicht verloren gehen. Die Ordnerliste zeigt Ihnen zwar den Namen des jeweiligen Festplattenverzeichnisses an, aber das reicht nicht immer aus. Vielleicht haben Sie auch keine besonders aussagekräftigen Namen für die Ordner gewählt. Das lässt sich ganz einfach ändern, indem Sie den Namen eines Ordners verändern oder dem Ordner eine Beschreibung hinzufügen.

Ihre Fotos betrachten und verwalten

1. Markieren Sie in der Ordnerliste den Ordner, den Sie bearbeiten möchten. Jetzt wählen Sie im Hauptmenü den Punkt **Ordner/Beschreibung bearbeiten** aus.

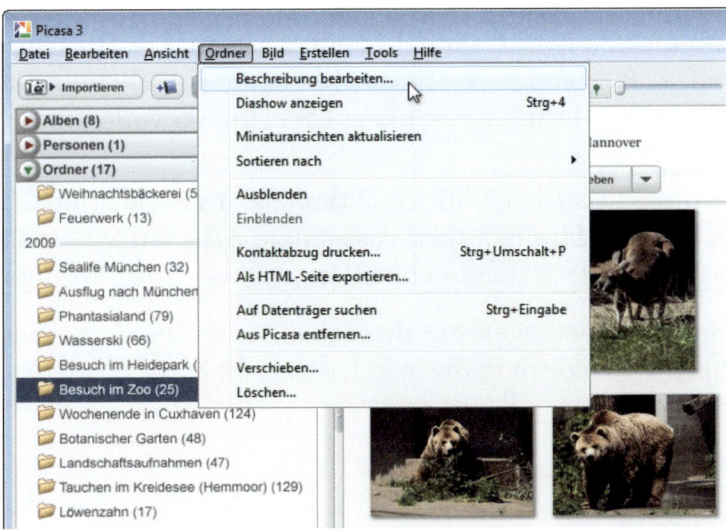

Abbildung 2.6: Den markierten Ordner bearbeiten

2. Jetzt öffnet sich ein neues Fenster mit den Eigenschaften dieses Ordners. Hier können Sie alle wichtigen Angaben zum Ordner verändern.

- **Albumname** – In diesem Feld steht der Name des Ordners. Sie können einen neuen eingeben, der aussagekräftiger ist und in der Ordnerliste besser gefunden wird. Beachten Sie hierbei, dass sich dadurch nicht nur die Anzeige in Picasa ändert, sondern auch der Verzeichnisname auf der Festplatte.

- **Datum** – Tippen Sie das Datum ein, an dem diese Fotos aufgenommen wurden. Mit dem kleinen Pfeil rechts neben dem Datum öffnen Sie einen Kalender und wählen den Tag direkt aus. Geben Sie hier ein Datum ein, werden die Angaben in der Datei bzw. in den Exif-Informationen ignoriert. Betätigen Sie hingegen die Schaltfläche **Automatisches Datum**, verwendet Picasa das Datum, welches die Kamera bei der Aufnahme in die Datei geschrieben hat.

- **Musik** – Hiermit lässt sich eine Musikdatei mit diesem Ordner verknüpfen, die bei einer Diaschau automatisch im Hintergrund abgespielt wird. Mit den Themen Präsentation und Diaschau beschäftigt sich Kapitel 6.

- **Ort** – Geben Sie den Ort der Aufnahmen ein, z. B. die Stadt, das Land oder die Veranstaltung.

- **Beschreibung** – In dieses Feld lässt sich eine längere Beschreibung für diese Fotoserie eingeben.

2 • Einstieg – Picasa kennenlernen und Bilder verwalten

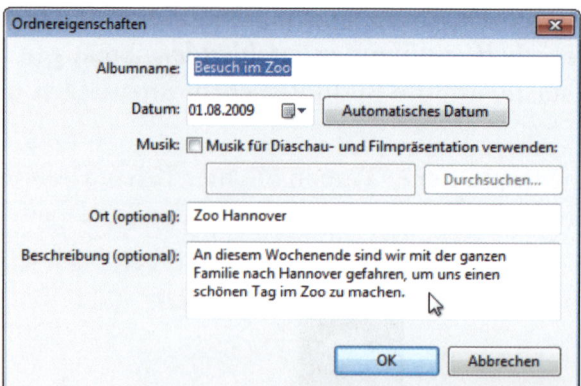

Abbildung 2.7: Den markierten Ordner bearbeiten

3. Sind alle Angaben komplett, betätigen Sie die Schaltfläche **OK**. Das Fenster schließt sich wieder, und Sie gelangen in die Standardansicht zurück. Ihre Angaben werden nun über den Vorschaubildern angezeigt.

Abbildung 2.8: *Name, Datum, Ort & Beschreibung*

Ganz ähnlich ist es mit den Fotos selbst. Sie besitzen meist kryptische Namen wie **DSC00752.jpg** oder **PIC00123.jpg**. Auch die Exif-Informationen enthalten keinerlei Daten über das Motiv oder den Ort der Aufnahme. Mit Picasa lässt sich das einfach lösen, indem Sie Ihren Fotos Titel und Unterschriften geben. Sobald Sie das Foto mit einem Doppelklick in der großen Ansicht geöffnet haben, gehen Sie wie folgt vor:

Abbildung 2.9: Klicken Sie das Bild doppelt an

Ihre Fotos betrachten und verwalten

1. Sie gelangen jetzt in die große Anzeige des Bildes. Links unten in der Ecke befindet sich die Schaltfläche **Bildunterschrift einblenden/ausblenden**. Betätigen Sie diese einmal mit der linken Maustaste, um die Bildunterschrift anzuzeigen und zu bearbeiten.
2. Jetzt erscheint unter dem Bild eine graue Zeile. Tippen Sie hier Ihren Titel oder die Unterschrift für dieses Foto ein und bestätigen Sie dies mit der Taste ⏎.
3. Falls Ihnen eine Bildunterschrift später doch nicht mehr gefällt, lässt sich diese mit der Löschtaste (Mülleimersymbol) jederzeit wieder entfernen.

Abbildung 2.10: Bildunterschriften einblenden, ausblenden und bearbeiten

Ihnen steht genug Platz für eine kurze Beschreibung bereit, zu lang sollte sie allerdings nicht werden. Achten Sie darauf, dass es sich um eine nette und aussagekräftige Beschreibung handelt. Sie findet in Picasa später noch an anderer Stelle Verwendung, z. B. beim Drucken oder Veröffentlichen. Erstellen Sie auch keine Liste mit Stichworten. Das sieht später nicht nur komisch aus, Picasa bietet dafür eine ganz eigene Funktion, die im nächsten Kapitel vorgestellt wird.

Neue Dateien in Ihren Bildverzeichnissen

Nachdem Sie in Picasa für Ihre Ordner und Alben zusätzliche Informationen eingegeben haben, werden Sie auf Ihrer Festplatte möglicherweise ganz neue Dateien finden. Es handelt sich dabei um Dateien mit dem Namen *.picasa.ini*. Sie werden in jedem von Picasa verwalteten Ordner gespeichert und dienen dem Programm zum Organisieren der Ordner. Sie können sich den Inhalt mit einem herkömmlichen Texteditor anzeigen lassen.

2 • Einstieg – Picasa kennenlernen und Bilder verwalten

Löschen Sie diese Dateien auf keinen Fall. Ebenso dürfen Sie die Dateien nicht umbenennen oder den Inhalt bearbeiten. Damit würden Sie Picasa durcheinanderbringen und die Zusatzinformationen für den jeweiligen Ordner bzw. das Album verlieren. Ignorieren Sie diese Dateien einfach. Falls Sie sich davon gestört fühlen, schalten Sie im Windows-Explorer unter *Extras/Ordneroptionen* die Funktion *Versteckte Dateien und Ordner* ab. Dann werden diese Systemdateien ausgeblendet.

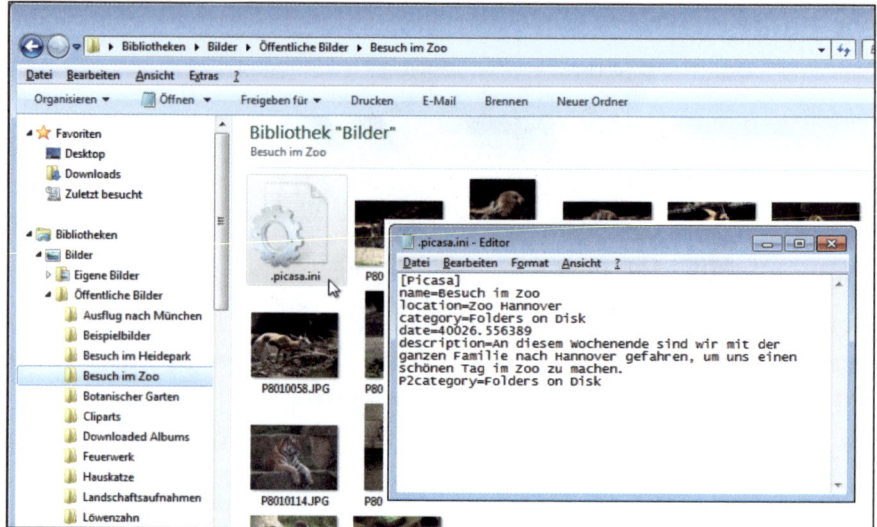

Abbildung 2.11: Achten Sie auf die INI-Dateien

Die Ansicht individuell anpassen

Immer wenn Sie Picasa starten, werden die Ordnerliste und die Vorschaubilder mit einer Standardansicht dargestellt. Diese ist bewusst schlicht und übersichtlich gehalten. Die meisten Anwender schätzen diese Vorteile und werden diese Ansicht beibehalten. Auf Wunsch lässt sich die Darstellung aber ein wenig anpassen. Abhängig von Ihren Bedürfnissen und dem persönlichen Geschmack kann das durchaus Vorteile haben.

Ordnerliste – Die Ordnerliste zeigt per Standard nur die Namen der einzelnen Ordner sortiert nach Jahren an. Dabei kommt immer ein gelbes Ordnersymbol zum Einsatz, und Sie erhalten keinerlei Angaben zum tatsächlichen Speicherort. Das lässt sich ändern.

1. Möchten Sie statt der gelben Ordnersymbole Miniaturansichten anzeigen, klicken Sie oben links auf den schwarzen Pfeil und wählen die Option *Miniaturansichten in der Bibliothek anzeigen* aus. Jetzt zeigt Picasa jeweils das erste Foto eines Ordners als Symbol an.

Ihre Fotos betrachten und verwalten

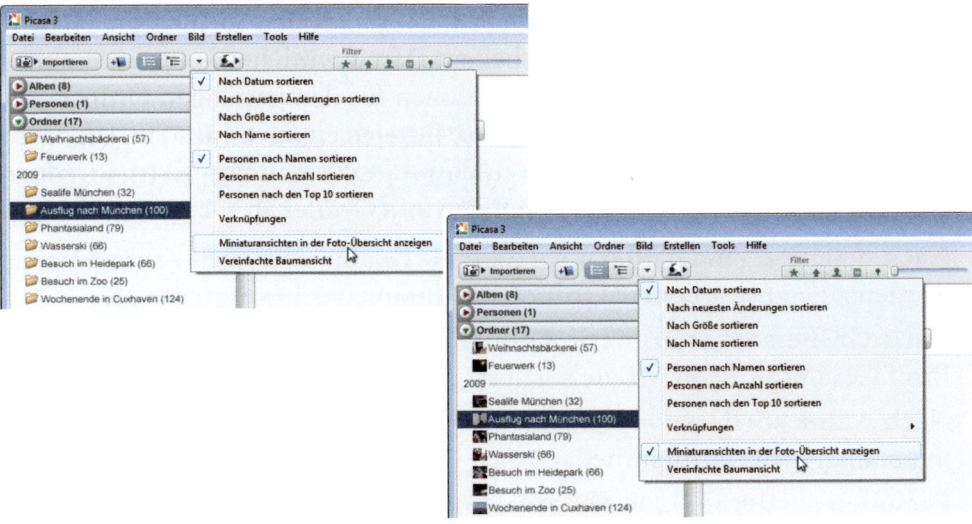

Abbildung 2.12: Ordner mit oder ohne Miniaturansicht

2. Damit Sie in der Ordnerliste sehen, wo Ihre Dateien tatsächlich auf der Festplatte gespeichert sind, gibt es oben links die Schaltflächen *Flache Ordnerstruktur* und *Baumstruktur*. Hiermit wechseln Sie die Ansicht.

- **Flache Ordnerstruktur** – Dies ist die Standardansicht von Picasa, bei der lediglich die Namen der Festplattenordner angezeigt werden.
- **Baumstruktur** – Wechseln Sie in diese Ansicht, zeigt Picasa den vollständigen Pfad der Verzeichnisse an. So wissen Sie genau, wo die Bilder gespeichert sind. Dabei aktiviert Picasa automatisch die Miniaturansicht für die Ordner.

Abbildung 2.13: Ordner- oder Baumstruktur

31

2 • Einstieg – Picasa kennenlernen und Bilder verwalten

3. Um die Sortierung der Ordner in der Liste zu verändern, klicken Sie oben links auf den schwarzen Pfeil. Es öffnet sich ein Menü, welches Ihnen verschiedene Sortieroptionen anbietet.

- **Nach Erstellungsdatum sortieren** – Wählen Sie diese Option, erscheinen die neuesten Fotos ganz oben in der Liste, und nach unten hin werden sie immer älter. Dies ist die Standardeinstellung.
- **Nach neuesten Änderungen sortieren** – Unabhängig vom Aufnahmedatum werden zuletzt bearbeitete Ordner am Anfang der Liste angezeigt.
- **Nach Größe sortieren** – Die Ordner werden nach Anzahl der Bilder und Ihrer Gesamtgröße in MByte sortiert.
- **Nach Name sortieren** – Hiermit wird die Ordnerliste alphabetisch sortiert, unabhängig vom Aufnahmedatum.
- **Personen sortieren** – Diese Sortierfunktionen stehen Ihnen zur Verfügung, wenn Sie in Picasa die Personenerkennung aktiviert haben. Wie das im Einzelnen funktioniert, erläutert Ihnen das nächste Kapitel.

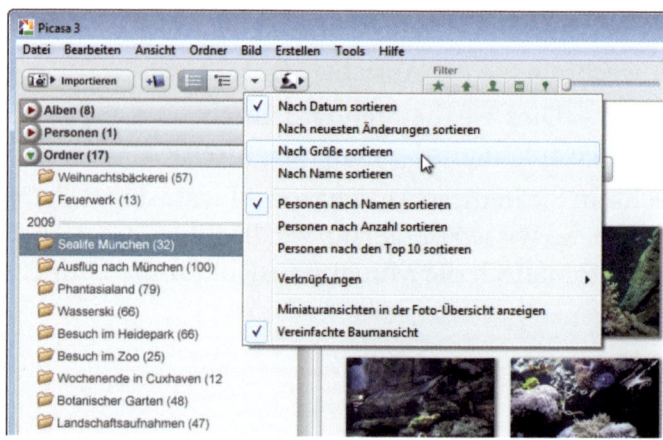

Abbildung 2.14: Die Ordner sortieren

Bildanzeige – Picasa bietet Ihnen auch die Möglichkeit, die Bildanzeige im rechten Bereich des Fensters ein wenig anzupassen. Verändern Sie z. B. die Größe der Vorschaubilder, passen Sie die Sortierung an oder blenden Sie zusätzliche Informationen ein.

1. Die Größe der Vorschaubilder lässt sich über das Hauptmenü ganz schnell anpassen. Wählen Sie den Punkt **Ansicht** und dann entweder die Option **Kleine Miniaturbilder** oder **Normale Miniaturbilder** aus. Schneller und bequemer geht das allerdings über den Schieberegler unten rechts.

Ihre Fotos betrachten und verwalten

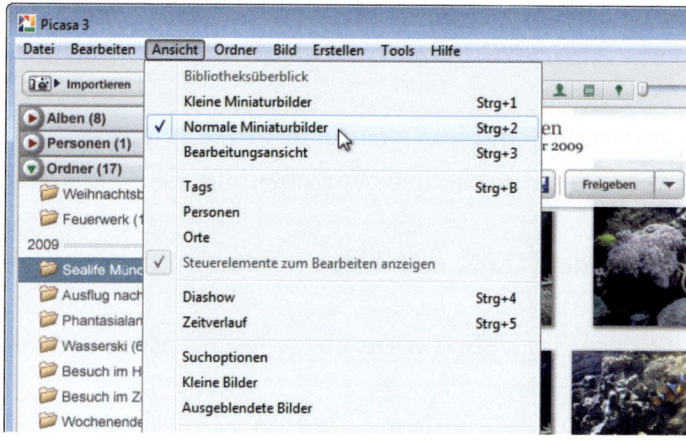

Abbildung 2.15: Große oder kleine Vorschaubilder

2. Möchten Sie die Fotos innerhalb eines Ordners neu sortieren, klicken Sie im Hauptmenü auf den Punkt **Ordner/Sortieren nach**. Jetzt stehen Ihnen drei Optionen zur Verfügung.

- **Name** – Sortieren Sie die Fotos innerhalb des Ordners nach dem Dateinamen. Weil die meisten Kameras die Dateien einfach durchnummerieren, macht das oft wenig Sinn.
- **Datum** – Hiermit werden die Fotos nach ihrem Aufnahmedatum sortiert. Dies ist die beste Option und deshalb auch die Standardeinstellung in Picasa.
- **Größe** – Mit dieser Option werden die Dateien nach ihrer Größe in MByte sortiert.

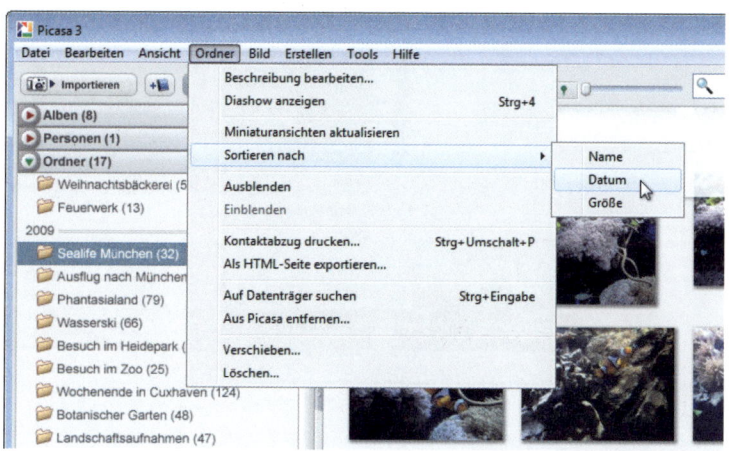

Abbildung 2.16: Sortieren Sie Ihre Fotos

3. Picasa zeigt die Vorschaubilder normalerweise ohne jede Information an. Wählen Sie im Menü den Punkt *Ansicht/Bildunterschrift für die Miniaturansicht* aus, um das zu ändern.

- **Keine** – Dies ist die Standardansicht ohne weitere Informationen.
- **Dateiname** – Lassen Sie sich unter jedem Vorschaubild den Dateinamen anzeigen.
- **Titel** – Haben Sie Ihren Bildern Titel und Unterschriften gegeben, werden diese damit eingeblendet.
- **Tags** – Wurden den Bildern Tags/Stichworte zugewiesen, lassen sich diese damit anzeigen.
- **Auflösung** – Picasa zeigt Ihnen die Auflösung der Bilder in Pixel an.

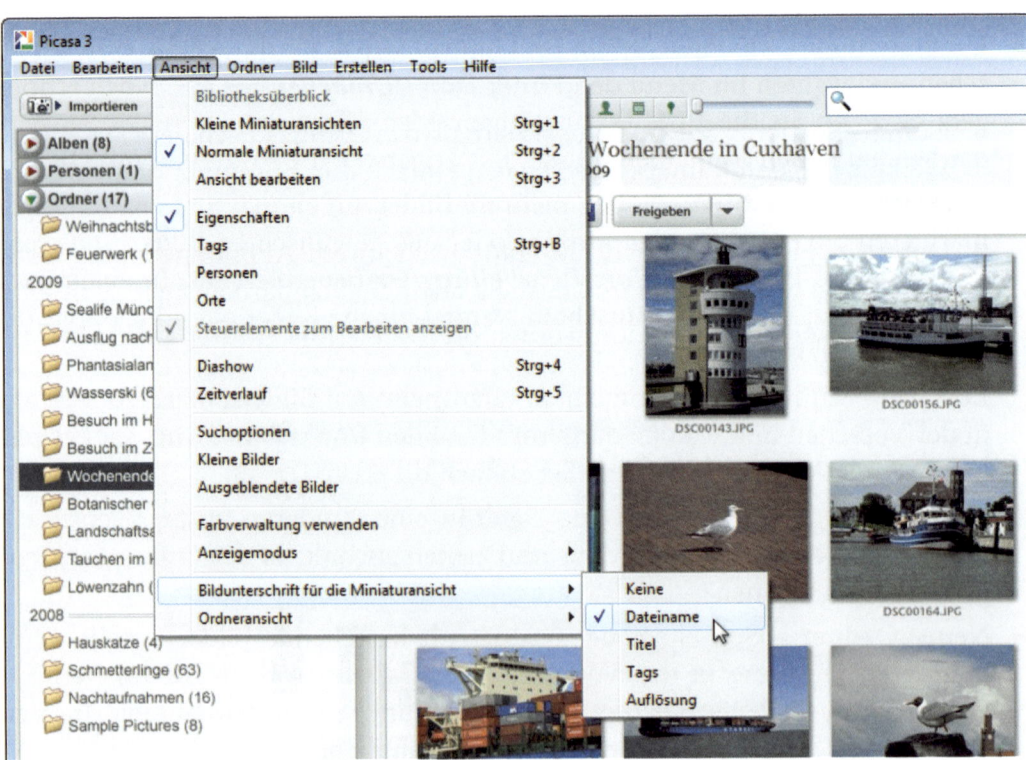

Abbildung 2.17: Dateinamen als Bildunterschriften

4. Picasa passt sich automatisch Ihrem Bildschirm an, damit die Fotos optimal angezeigt werden. Wünschen Sie einen anderen Modus, wählen Sie diesen unter *Ansicht/Anzeigemodus* aus, z. B. für einen speziellen Monitor oder einen Projektor.

Ihre Fotos betrachten und verwalten

Verwaltungsfunktionen für Bilder und Ordner

Picasa bietet Ihnen eine ganze Reihe von Funktionen, wie Sie Ihre Bilder innerhalb der Sammlung organisieren. Picasa kann Ihnen aber auch viele Aufgaben abnehmen, die Sie sonst im Windows-Explorer durchführen würden, z. B. das Verschieben und Umbenennen von Ordnern und Dateien, das Löschen überflüssiger Fotos oder auch das Ausblenden weniger wichtiger Aufnahmen. Beachten Sie hierbei, dass sich fast alle diese Aufgaben direkt auf die Verzeichnisse und Dateien auf Ihrer Festplatte auswirken und nicht nur auf die Ansicht in Picasa.

Bildverwaltung

Picasa bietet Ihnen viele verschiedene Funktionen, mit denen sich die Bilder auf Ihrer Festplatte verwalten lassen. Das geht häufig besser und schneller als im Windows-Explorer.

- **Umbenennen** – Möchten Sie ein Bild umbenennen, markieren Sie es in der Vorschau und wählen im Menü den Punkt *Datei/Umbenennen* aus. Noch schneller geht es, wenn Sie die Taste F2 betätigen. Nun öffnet sich ein neues Fenster, in das Sie den neuen Namen eintippen. Bestätigen Sie die Änderung mit *OK*.
- **Mehrere umbenennen** – Sollen mehrere Bilder auf einmal umbenannt werden, markieren Sie entweder den Ordner oder alle gewünschten Bilder und wählen im Menü den Punkt *Bild/Satz-Bearbeitung/Umbenennen* aus. In einem neuen Fenster tippen Sie den gewünschten Namen für die Bilder ein – Picasa nummeriert sie zusätzlich durch.
- **Löschen** – Zum Löschen von einem oder mehreren Bildern markieren Sie diese in der Vorschau und wählen dann im Menü den Punkt *Datei/Von der Festplatte löschen* aus. Alternativ drücken Sie einfach die Taste Entf.
- **Verschieben** – Möchten Sie eine Datei in einen anderen Ordner verschieben, markieren Sie diese mit der Maus und ziehen sie links in der Ordnerliste in den gewünschten Ordner.
- **Neuer Ordner** – Soll ein neuer Ordner für bestehende Bilder erstellt werden, markieren Sie diese in der Vorschauansicht. Dann wählen Sie im Menü den Punkt *Datei/In neuen Ordner verschieben* und geben den Namen des neuen Ordners ein. Die Bilder werden dorthin verschoben.
- **Öffnen** – Sie haben auch die Möglichkeit, Bilder in einem externen Programm zu öffnen, z. B. in einem anderen Bildbetrachter oder in Ihrem Bildbearbeitungsprogramm. Klicken Sie dafür mit der rechten Maustaste auf das betreffende Bild und wählen Sie im Kontextmenü den Punkt *Datei öffnen* oder *Öffnen mit* aus.

- **Ausblenden** – Weniger wichtige Bilder lassen sich verstecken, indem Sie diese markieren und im Menü den Punkt *Bild/Ausblenden* wählen. Die Bilder sind dann unsichtbar und werden nur mit der Option *Ansicht/Ausgeblendete Bilder* angezeigt.

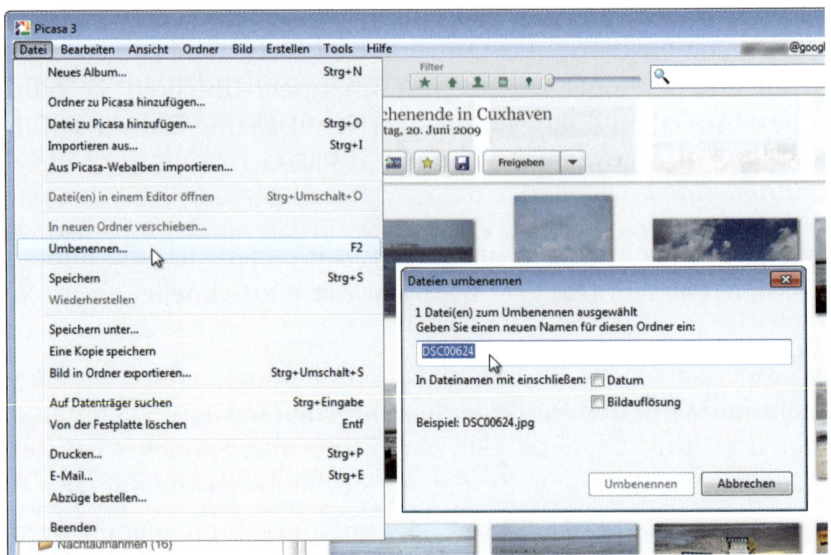

Abbildung 2.18: Beispiel – Bilder umbenennen

Ordnerverwaltung

Ähnlich wie die Bilder lassen sich auch die Ordner auf Ihrer Festplatte direkt mit Picasa verwalten. Das ist sehr übersichtlich und geht schnell.

- **Umbenennen** – Ordner lassen sich in Picasa nur indirekt umbenennen. Sie müssen hierzu den Ordner markieren und dann im Menü den Punkt *Ordner/Beschreibung bearbeiten* auswählen. Hier tippen Sie in das Feld *Name* den neuen Ordnernamen ein.
- **Löschen** – Benötigen Sie einen Ordner nicht mehr, markieren Sie ihn links in der Ordnerliste. Anschließend wählen Sie den Punkt *Ordner/Löschen* aus. Beachten Sie, dass der Ordner hierbei vollständig von der Festplatte gelöscht wird.
- **Entfernen** – Möchten Sie einen Ordner nur aus Picasa entfernen, aber nicht von der Festplatte löschen, markieren Sie den betreffenden Ordner und wählen im Menü den Punkt *Ordner/Aus Picasa entfernen* aus. Auf der Festplatte werden dabei keine Änderungen vorgenommen.
- **Verschieben** – Ein Ordner lässt sich mit Picasa auch auf der Festplatte verschieben. Markieren Sie ihn und wählen Sie den Punkt *Ordner/Verschieben* aus. In einem Explorer-ähnlichen Fenster wählen Sie den neuen Zielordner aus.

So importieren Sie alle Ihre Fotos in Picasa

- **Öffnen** – Wollen Sie sich einen Ordner und die darin enthaltenen Dateien im Windows-Explorer ansehen, markieren Sie den gewünschten Ordner und wählen die Option *Ordner/Auf dem Datenträger suchen* aus. Es öffnet sich automatisch ein Fenster des Windows-Explorers.

- **Passwortgeschützt** – Ordner mit privaten Fotos lassen sich in Picasa mit einem Passwort schützen, indem Sie die Funktion *Ordner/Ausblenden* auswählen. In der Ordnerliste erscheint dadurch der Eintrag *Passwortgeschützte Ordner*. Mit einem Rechtsklick hierauf legen Sie ein Passwort fest oder verändern es. Mit der Option *Ordner/Einblenden* machen Sie das wieder rückgängig. Natürlich macht das nur Sinn, wenn die Fotos auch auf der Festplatte geschützt sind, ansonsten kann sie jeder über den Windows-Explorer öffnen.

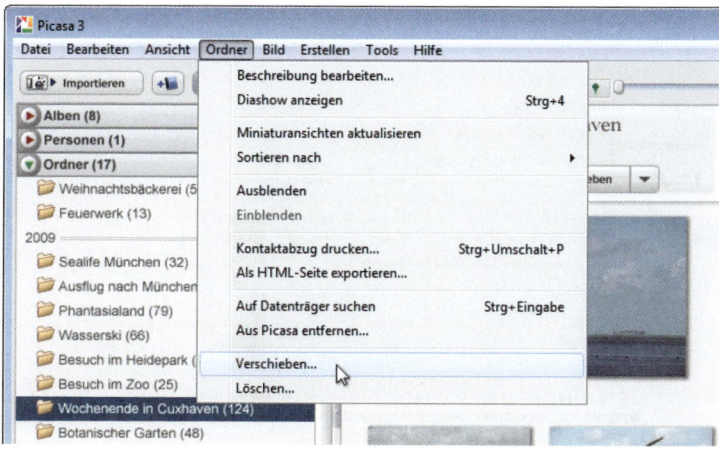

Abbildung 2.19: Beispiel – Ordner verschieben

So importieren Sie alle Ihre Fotos in Picasa

Damit Sie Ihre komplette Fotosammlung in Picasa verwalten können, müssen Sie natürlich auch alle Ihre Bilddateien und -ordner importieren. Sie geben also an, wo Ihre Fotos auf dem Computer gespeichert sind, und erlauben Picasa, diese zu verwalten. Dabei durchsucht Picasa sämtliche Verzeichnisse und überwacht sie auch in Zukunft. Kopieren Sie dann neue Fotos auf Ihre Festplatte, werden diese automatisch hinzugefügt. Selbst Videos lassen sich mit Picasa verwalten. Und wenn Sie in Zukunft neue Bilder mit Ihrer Kamera einfangen, übernimmt Picasa sogar den Kopiervorgang für Sie.

2 • Einstieg – Picasa kennenlernen und Bilder verwalten

Ordner importieren und überwachen

Picasa durchsucht beim ersten Start automatisch den Ordner *Bilder* bzw. *Eigene Bilder* innerhalb Ihres Benutzerkontos. Damit wird ein großer Teil Ihrer Fotos sicherlich bereits in Picasa vorhanden sein. Verwenden Sie diesen Bildordner von Windows hingegen nicht oder haben Sie noch weitere Bilder in anderen Verzeichnissen gespeichert, müssen Sie diese nun zusätzlich importieren. Das geht zum Glück ganz einfach.

1. Wählen Sie im Hauptmenü den Punkt *Datei/Ordner zu Picasa hinzufügen* aus. Alternativ können Sie auch den Menüpunkt *Tools/Ordner-Manager* auswählen. Beide Einträge öffnen dieselbe Funktion.

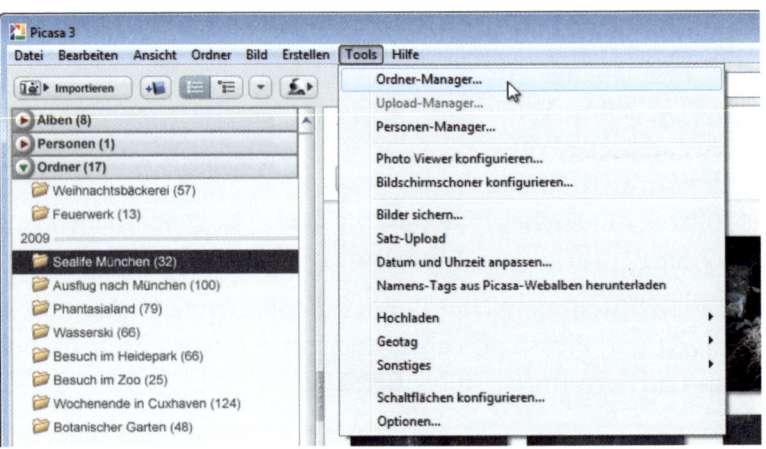

Abbildung 2.20: Den Ordner-Manager öffnen

2. Jetzt öffnet sich ein neues Fenster, das Ihnen alle Ordner bzw. Verzeichnisse Ihres Computers auflistet. Für jeden Ordner gibt es nun vier Optionen.

- **Einmal scannen** – Wird einem Ordner diese Option zugewiesen, liest Picasa den Ordner einmalig ein und importiert die Fotos in Ihre Sammlung. Veränderungen an diesem Ordner werden allerdings nicht berücksichtigt, z. B. wenn Sie neue Fotos hinzufügen oder alte entfernen.

- **Aus Picasa entfernen** – Mit dieser Option wird der Ordner für Picasa blockiert. Das Programm öffnet ihn nicht, sucht nicht nach Fotos und wird ihn auch in Zukunft ignorieren.

- **Immer scannen** – Dies ist die Standardoption für alle Ihre Bilderordner. Dabei durchsucht Picasa den entsprechenden Ordner, importiert alle Fotos in Ihre Sammlung und überwacht den Ordner auch in Zukunft. Neue Fotos werden also automatisch in Picasa importiert und gelöschte wieder entfernt.

So importieren Sie alle Ihre Fotos in Picasa

- **Gesichtserkennung ein** – Ist diese Option für einen Ordner aktiviert, werden die Fotos beim Importieren automatisch nach Gesichtern untersucht. Sie ist per Standard immer eingeschaltet, was auch völlig okay ist. Bei Bedarf lässt sich diese Option für einen Ordner abschalten.

3. Öffnen Sie im linken Teil des Fensters den gewünschten Ordner, z. B. *Öffentliche Bilder*. Markieren Sie ihn mit der Maus, sodass er blau unterlegt ist. Jetzt klicken Sie rechts eine der drei Optionen an, im Beispiel ist es die Option *Immer scannen*.

4. Der Ordner erhält nun das Symbol der gewählten Option, z. B. ein Auge für *Immer scannen* oder ein rotes *X* für *Aus Picasa entfernen*. Auf diese Weise markieren Sie nun alle Ordner, die Sie in Picasa importieren bzw. die Sie besser ausschließen möchten.

Abbildung 2.21: Die gewünschten Ordner auswählen

5. Zur Übersicht listet Ihnen unten rechts der Bereich **Beobachtete Ordner** alle Verzeichnisse auf, die derzeit von Picasa gescannt und importiert werden. So behalten Sie auch bei vielen Ordnern immer die Übersicht.

Englische Verzeichnisnamen

In Windows sind Sie es gewohnt, dass alle Verzeichnisse deutsche Namen tragen, z. B. **Benutzer**, *Eigene Bilder*, *Öffentliche Bilder* usw. Das wird Ihnen aber nur so angezeigt, in Wirklichkeit tragen alle Systemordner unter Windows englische Namen, z. B. **Users**, **Pictures**, **Public Pictures** usw. Der Windows-Explorer übersetzt die Namen automatisch in die vom Benutzer gewählte Systemsprache. Das tut Picasa nicht. Es zeigt die Ordner so an, wie sie auf der Festplatte vorhanden sind. Lassen Sie sich davon nicht verwirren. Es handelt sich um dieselben Ordner wie im Windows-Explorer, sie tragen nur englische Namen.

6. Zuletzt betätigen Sie die Schaltfläche **OK**. Das Fenster schließt sich wieder, und Picasa durchsucht die neuen Ordner nach Bildern. Dabei erscheint rechts unten ein kleines Fenster und zeigt den Vorgang an.

2 • Einstieg – Picasa kennenlernen und Bilder verwalten

Abbildung 2.22: Die Ordner werden importiert

Ist der Importvorgang abgeschlossen, erscheinen die Ordner links in der Ordnerliste. Die Sortierung erfolgt dabei automatisch nach den Jahren, soweit diese Angaben in den Fotos hinterlegt sind. Dabei spielt es auch keine Rolle, wo die Bilder auf der Festplatte liegen. Picasa berücksichtigt den tatsächlichen Speicherort der Fotos nicht, sondern nimmt seine ganz eigene Sortierung vor.

Abbildung 2.23: Die Ordnerliste zeigt die neuen Ordner an

Einzelne Dateien importieren

Mit der herkömmlichen Importfunktion bzw. mit dem Ordner-Manager öffnen Sie immer komplette Verzeichnisse auf Ihrer Festplatte und lesen diese in Picasa ein. Für die meisten Ordner ist das sicherlich genau richtig, manchmal kommt es aber

So importieren Sie alle Ihre Fotos in Picasa

auch vor, dass man nur ein paar bestimmte Fotos importieren möchte. Dafür bietet Picasa eine eigene Funktion, die nur das von Ihnen manuell ausgewählte Foto verarbeitet.

1. Wählen Sie im Hauptmenü den Punkt **Datei/Datei zu Picasa hinzufügen** aus.
2. Dadurch öffnet sich ein neues Fenster. Wählen Sie hier das Verzeichnis mit der gewünschten Datei aus. Markieren Sie diese mit der Maus, sodass sie farblich unterlegt ist.
3. Sobald Sie nun die Schaltfläche **Öffnen** betätigen, wird Picasa das Bild importieren.

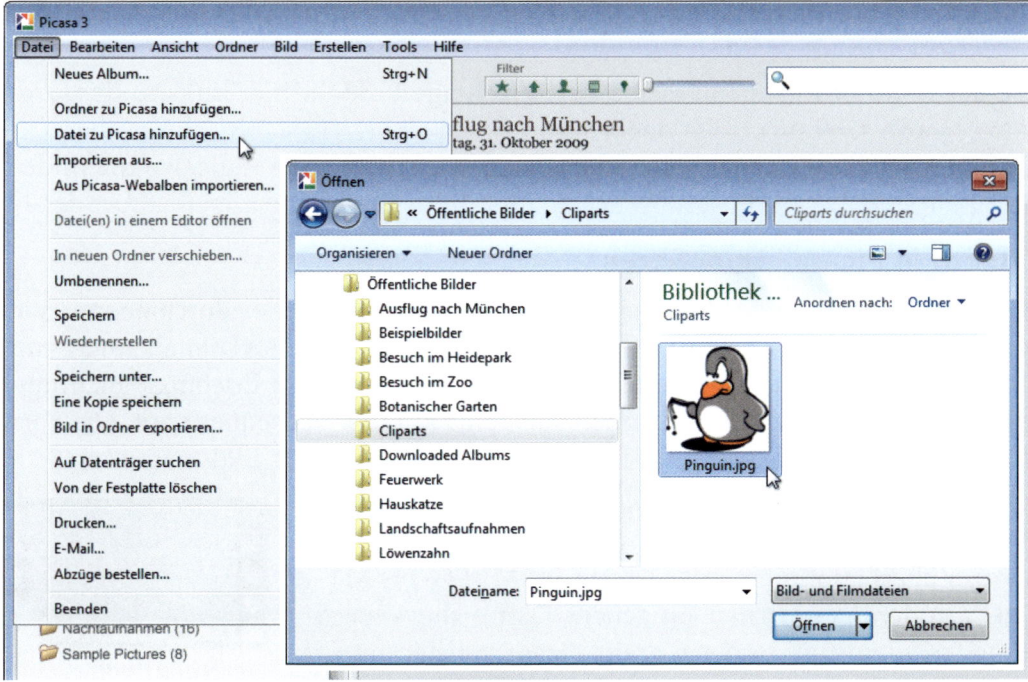

Abbildung 2.24: Einzelne Bilder importieren

Handelt es sich dabei nicht um ein Foto, sondern z. B. um eine Zeichnung, befinden sich in der Datei keine Informationen zum Aufnahmetag, dem Kameramodell usw. Deshalb wird die Datei in der Ordnerliste im Abschnitt **Anderes** angezeigt. Als Ordnername dient auch hier der tatsächliche Name des Verzeichnisses auf der Festplatte, im Beispiel **Clipart**.

2 · Einstieg – Picasa kennenlernen und Bilder verwalten

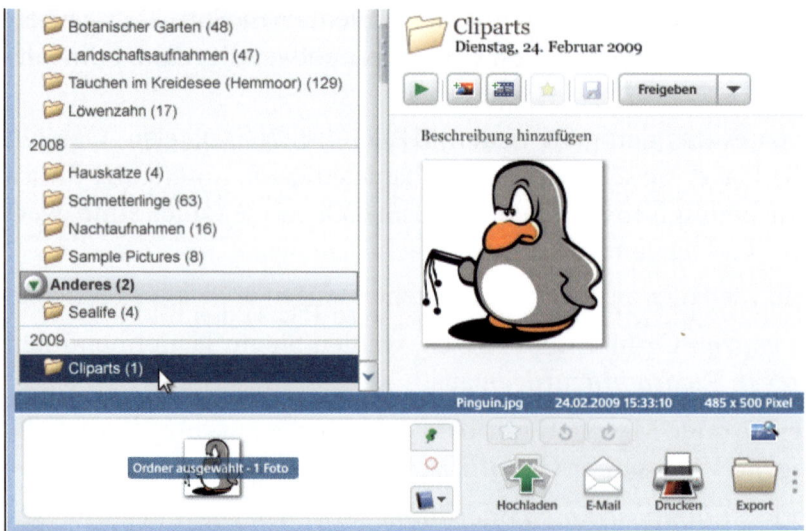

Abbildung 2.25: Einzelne Bilder importieren

Videos in Picasa importieren

Obwohl Picasa in erster Linie ein Fotoprogramm ist, kann es durchaus mit Videodateien umgehen. Das ist besonders praktisch, weil die meisten Digitalkameras neben Bildern auch Videos aufnehmen können. So fangen Sie Ihre Erlebnisse nicht nur als einzelnes Foto ein, sondern nehmen auch eine kurze Videosequenz auf. Die Verwaltung von Videos unterscheidet sich im Grunde nicht von der Bildverwaltung.

Ganz wichtig ist hierbei, dass Picasa keinerlei eigene Videofunktionalität mitbringt. Streng genommen kann es also überhaupt nicht mit Dateien im MPEG-, WMV-, MOV- oder AVI-Format umgehen. Damit die Verwaltung trotzdem funktioniert, greift Picasa vollständig auf die Videofunktionen von Windows zu. Es verwendet also die sogenannten Codec-Bibliotheken von Windows, in denen steht, wie ein bestimmtes Format funktioniert und abgespielt werden kann.

Abbildung 2.26: Videos in Picasa verwalten

- Alle Formate, die der Windows Media Player von Haus aus abspielen kann, lassen sich auch in Picasa importieren, z. B. WMV, MPEG-1, MPEG-2.
- Für MOV-Dateien müssen Sie Apple QuickTime installieren. Es stellt die notwendigen Bibliotheken automatisch dem gesamten System zur Verfügung.

So importieren Sie alle Ihre Fotos in Picasa

- In AVI-Dateien können die Filme in sehr unterschiedlichen Formaten gespeichert sein. Damit sich diese abspielen lassen, ist es oft notwendig, die DivX-Software zu installieren.
- Etwas schwieriger ist es mit den ganz neuen MPEG-4/H.264-Dateien. Obwohl der Windows Media Player sie seit Windows 7 abspielen kann, unterstützt Picasa das Format nur sehr bedingt. Installieren Sie zusätzlich Apple QuickTime, werden die meisten MPEG-4-Dateien erkannt.

Videos lassen sich genau wie Fotos auf zwei verschiedenen Wegen in Picasa integrieren:

1. Möchten Sie einen ganzen Ordner importieren, wählen Sie im Hauptmenü den Punkt *Datei/Ordner in Picasa hinzufügen* aus.

2. Nun öffnet sich der Ordner-Manager, mit dem Sie das gewünschte Verzeichnis auswählen, z. B. *Eigene Videos* oder *Öffentliche Videos*.

3. Wählen Sie die Option *Einmal scannen* oder *Immer scannen* aus und bestätigen Sie Ihre Auswahl mit *OK*.

Abbildung 2.27: Einen Videoordner hinzufügen

1. Soll nur eine einzelne Videodatei in Picasa importiert werden, wählen Sie im Hauptmenü den Punkt *Datei/Datei zu Picasa hinzufügen* aus.

2. Dadurch öffnet sich ein Explorer-Fenster, über das Sie in das Verzeichnis mit der Datei wechseln. Markieren Sie diese mit der Maus. Möchten Sie mehrere Dateien importieren, halten Sie die Taste `Strg` fest und klicken alle gewünschten Dateien der Reihe nach an.

2 · Einstieg – Picasa kennenlernen und Bilder verwalten

3. Zuletzt betätigen Sie die Schaltfläche **Öffnen** und importieren so die Videodateien in Picasa.

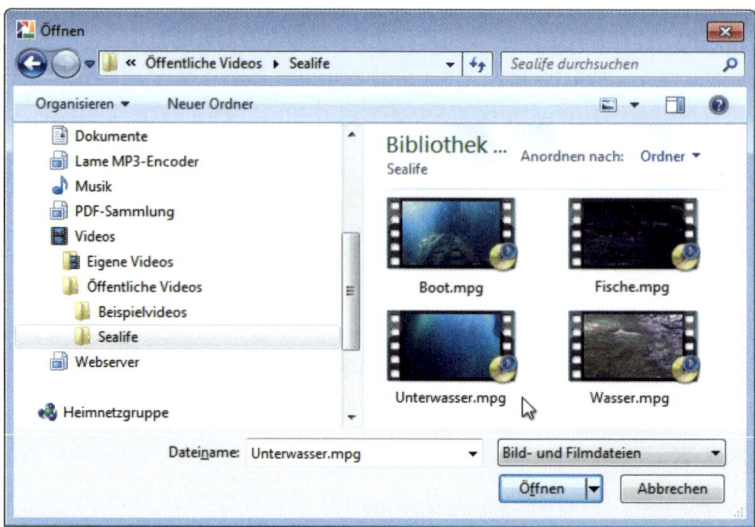

Abbildung 2.28: Eine Videodatei hinzufügen

Importierte Videodateien zeigt Picasa ebenfalls in der Ordnerliste links an. Weil Videos im Gegensatz zu Fotos meist keine Zusatzinformationen über den Tag und die Uhrzeit der Aufnahme besitzen, sortiert Picasa diese anhand des Dateidatums ein. Dafür wird ein eigener Abschnitt **Anderes** erstellt.

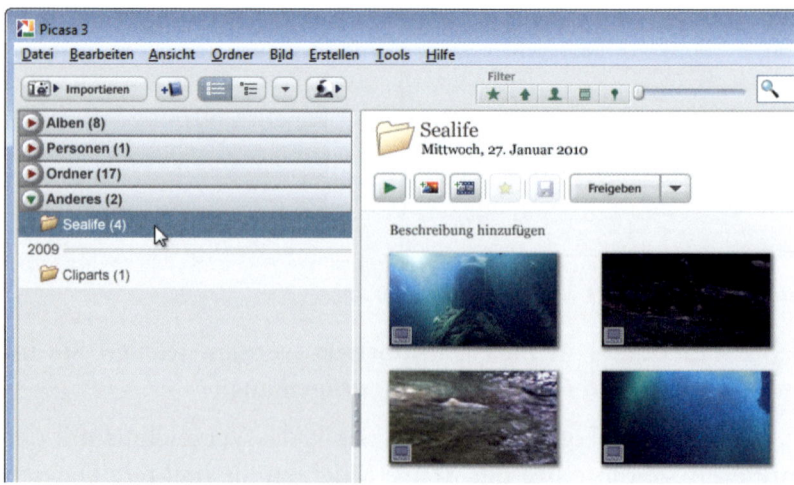

Abbildung 2.29: Die Ordnerliste zeigt die Videos

So importieren Sie alle Ihre Fotos in Picasa

Fotos von der Kamera kopieren & importieren

Immer wenn Sie mit Ihrer Digitalkamera neue Fotos aufgenommen haben, möchten Sie diese natürlich auf Ihren Computer kopieren. Den meisten Kameras liegt dafür eine spezielle Verwaltungssoftware bei. Allerdings ist diese meist unnötig, denn sobald Sie Ihre Kamera per USB mit dem Computer verbinden, geht das auch mit dem Windows-Explorer. Mit Picasa lässt sich der Vorgang noch weiter vereinfachen. Das Programm kann mit allen gängigen Kameras, Speicherkarten und USB-Sticks umgehen und importiert die gespeicherten Fotos direkt in Ihre Sammlung.

Abbildung 2.30: Fotos von Ihrer Kamera importieren

1. Schließen Sie Ihre Kamera per USB an den Computer an und schalten Sie diese ein. Speicherkarten oder USB-Sticks stecken Sie in Ihren Speicherkartenleser bzw. in eine freie USB-Buchse. Falls die automatische Wiedergabe von Windows erscheint, schließen Sie das Fenster mit der Schaltfläche **Abbrechen**.

2. In Picasa klicken Sie nun oben links auf die Schaltfläche **Importieren**. Dadurch öffnet sich die Importansicht. Sind an Ihrem Computer mehrere Geräte angeschlossen, wählen Sie über die Liste **Gerät auswählen** das gewünschte Gerät aus.

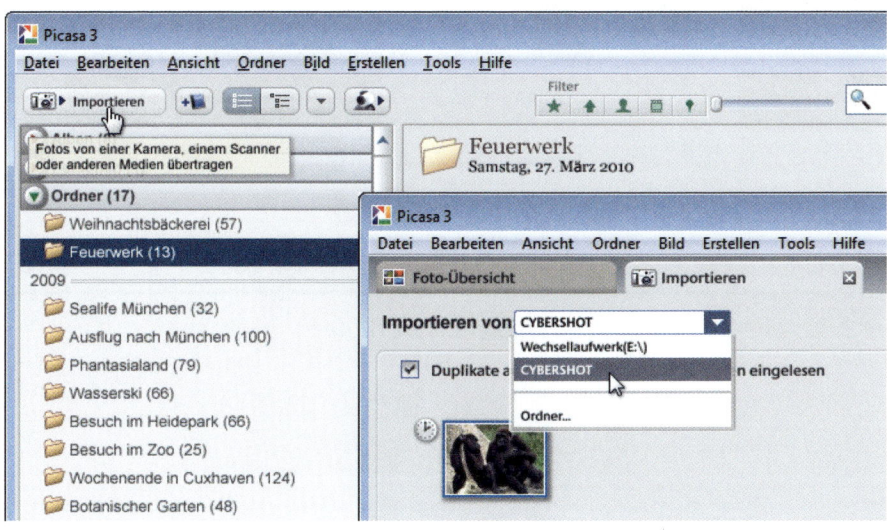

Abbildung 2.31: Wählen Sie Ihre Kamera aus

2 • Einstieg – Picasa kennenlernen und Bilder verwalten

3. Picasa öffnet nun das gewählte Gerät und zeigt den Inhalt an. Oben links steht der Name des Geräts, im Beispiel „Cybershot". Direkt darunter erscheinen die gespeicherten Bilder. Picasa erstellt dabei eine Liste mit der Uhrzeit der Aufnahmen.

- Klicken Sie auf eines der Bilder, um es rechts in der Vorschau anzusehen.
- In der Vorschau lassen sich die Bilder nach rechts oder links drehen.
- Mit den Pfeiltasten unter der Vorschau schalten Sie der Reihe nach durch die Bilder.
- Falls sich auf der Kamera Bilder befinden, die Sie bereits früher importiert haben, sollten Sie oben links die Option ***Duplikate ausschließen*** aktivieren. Dann importiert Picasa nur die neuen Fotos.

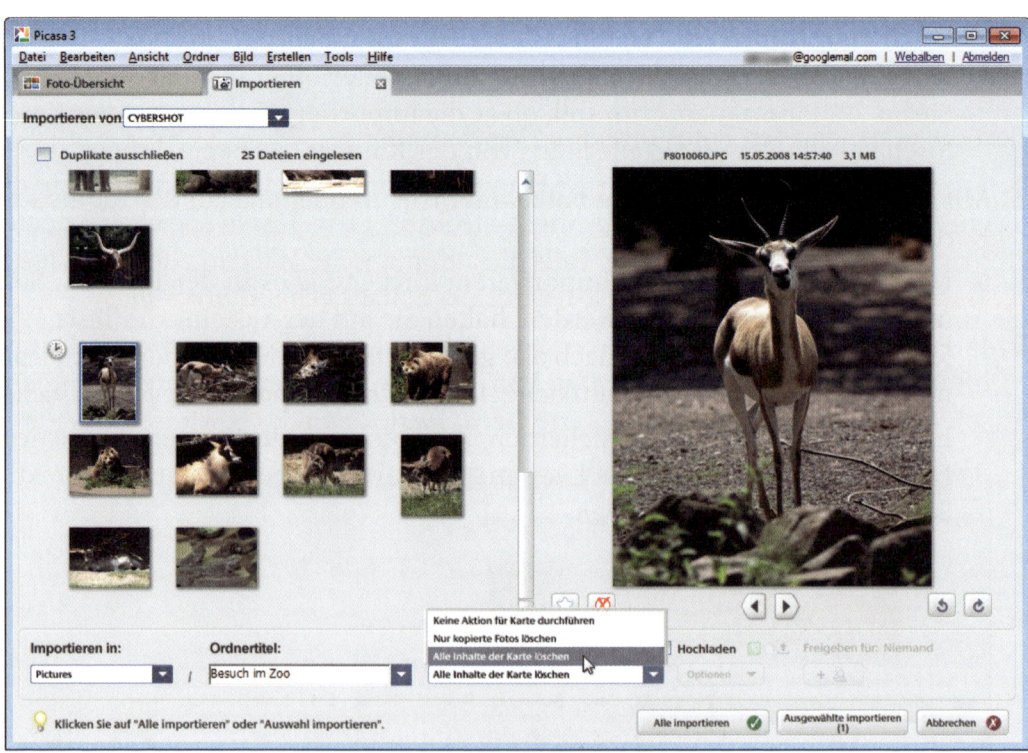

Abbildung 2.32: Die Vorschau der gespeicherten Bilder

So importieren Sie alle Ihre Fotos in Picasa

4. Um die Bilder nun von der Kamera auf den Computer zu kopieren, müssen Sie im unteren Bereich des Fensters ein paar Angaben machen bzw. die gewünschte Option auswählen.

- **Importieren in** – Per Standard speichert Picasa alle Fotos und neue Ordner innerhalb des Verzeichnisses **Bilder** bzw. *Eigene Bilder*. Möchten Sie die neuen Fotos lieber woanders speichern, wählen Sie mit dieser Liste den gewünschten Ort auf Ihrer Festplatte aus.
- **Ordnertitel** – Dies ist der Name des Ordners, den Picasa auf Ihrer Festplatte neu anlegen wird. Die Fotos von der Kamera werden in diesen Ordner kopiert. Tippen Sie den gewünschten Namen ein oder wählen Sie eine automatische Option aus der Liste aus, z. B. das Datum.
- **Nach dem Kopieren** – Hat Picasa die Fotos importiert, kann es die Speicherkarte wieder frei machen, sodass Sie sofort weiterfotografieren können. Geben Sie an, ob Picasa nichts tun soll, ob es die importierten Fotos von der Kamera löschen soll oder ob Sie alle Fotos von der Kamera löschen möchten.

5. Mit Picasa lassen sich einzelne Fotos importieren oder alle auf der Kamera bzw. Karte gespeicherten Bilder.

- Möchten Sie nur ein Bild importieren, klicken Sie es in der Liste an. Sollen mehrere Fotos importiert werden, halten Sie auf der Tastatur die Taste Strg fest und klicken der Reihe nach alle gewünschten Bilder an, sodass sie farblich markiert sind. Mit der Schaltfläche *Ausgewählte importieren* geht es weiter.
- In der Regel möchten Sie sicherlich alle Fotos von der Kamera importieren. Deshalb müssen Sie in der Liste nichts markieren und betätigen direkt die Schaltfläche *Alle importieren*.

Abbildung 2.33: Den Importvorgang starten

2 • Einstieg – Picasa kennenlernen und Bilder verwalten

6. Nachdem Sie den Importvorgang gestartet haben, schließt sich das Importfenster automatisch wieder. Sie gelangen zurück in die Ordneransicht. Das Kopieren und Importieren der Bilder läuft ganz unsichtbar im Hintergrund ab. Sobald der Vorgang abgeschlossen ist, blendet Picasa die neuen Fotos in der Ordnerliste ein.

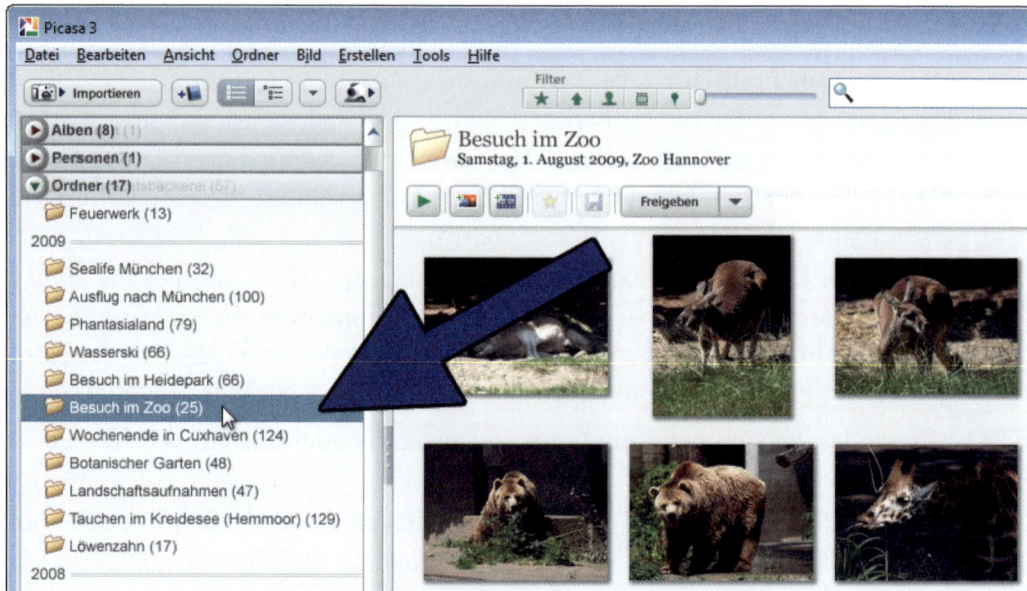

Abbildung 2.34: Die Bilder wurden importiert und erscheinen in der Liste

Einen eigenen Importordner wählen

Importieren Sie Ihre Bilder mit Picasa, erstellt das Programm automatisch ein neues Verzeichnis innerhalb des Ordners **Bilder** bzw. **Eigene Bilder**. Möchten Sie Ihre Fotos lieber woanders speichern, lässt sich der Importordner dauerhaft umstellen.

Wählen Sie hierzu im Hauptmenü den Punkt **Tools/Optionen** aus. Es öffnet sich ein neues Fenster, in dem Sie das Register **Allgemein** auswählen. Ganz unten finden Sie die Option **Importierte Bilder speichern in**. Mit der Schaltfläche **Durchsuchen** wählen Sie ein beliebiges Standardverzeichnis zum Importieren von Bildern aus.

Kapitel 3
Bilder sortieren – Arbeiten mit Alben, Stichworten, Gesichtern und Markierungen

Haben Sie sich erst einmal mit den Grundfunktionen und der Ordnerverwaltung von Picasa vertraut gemacht, kann es mit der ganz individuellen Sortierung Ihrer Bilder losgehen. Legen Sie persönliche Alben für jeden Anlass und jedes Motiv an. So haben Sie Ihre Lieblingsfotos sofort im Blick. Zusätzlich erleichtern Stichworte, sogenannte Tags, sowie Markierungen das Sortieren und Auffinden der besten Bilder. Mit der Suchfunktion finden Sie Begriffe, Motive und Personen besonders schnell. Und wenn Sie gern auf Reisen fotografieren, werden Sie schon bald die geografische Markierung, das sogenannte Geotagging, sehr zu schätzen wissen. Dieser Abschnitt zeigt Ihnen Schritt für Schritt, wie das alles funktioniert.

Ihre Fotos in Picasa-Alben verwalten

Zu den wichtigsten Sortierfunktionen in Picasa gehören die Alben. Diese funktionieren ganz ähnlich wie herkömmliche Ordner, sind aber deutlich flexibler und funktionsreicher. Alben funktionieren vollkommen unabhängig von Ihren Bildordnern, ergänzen diese aber sehr sinnvoll. Die Alben in Picasa lassen sich als eine Art virtueller Ordner oder verknüpfte Sammlung beschreiben. Die Bilder werden nämlich nicht tatsächlich in das Album kopiert oder verschoben, sondern lediglich damit verknüpft. Das Erstellen und Einsortieren von Alben verändert Ihre Ordner und Bilddateien also nicht.

3 · Bilder sortieren

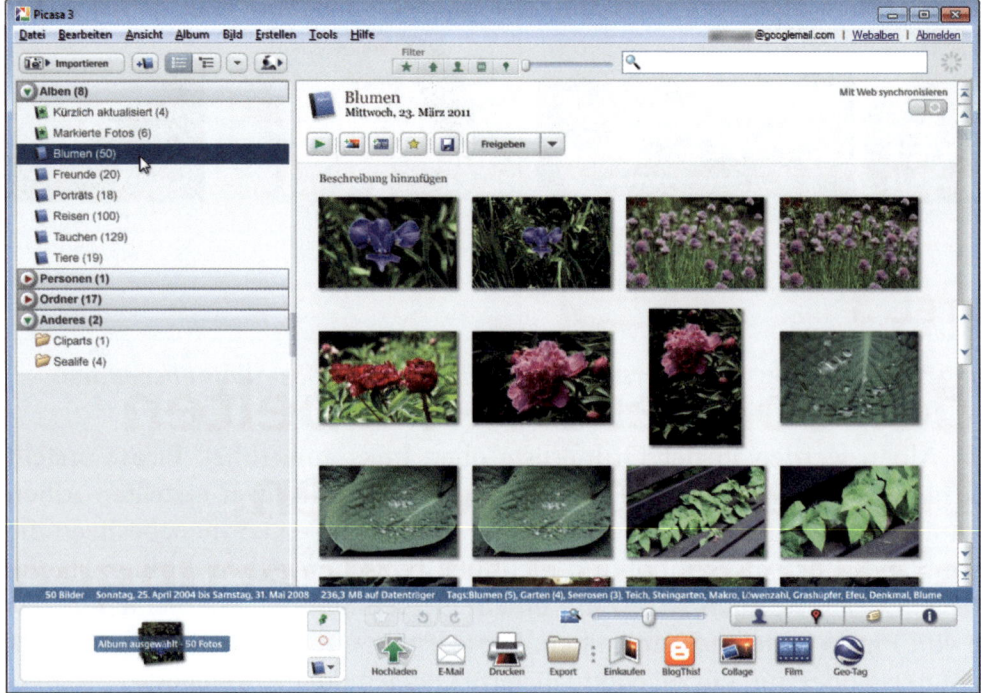

Abbildung 3.1: Beliebige Fotoalben in Picasa erstellen und verwalten

- Alben sind eine Art Verknüpfung oder Gruppierung von Fotos, sodass ein Kopieren oder Verschieben der Ordner und Fotodateien nicht notwendig ist.
- In Picasa lassen sich beliebig viele Alben mit individuellen Namen erstellen.
- In jedes Album lassen sich wiederum beliebig viele Fotos einfügen.
- Ein Foto kann problemlos in mehrere Alben einsortiert werden.
- Alben werden völlig unabhängig von den Bildordnern verwaltet.

So erstellen Sie Ihre eigenen Alben

Neue Alben lassen sich in Picasa mit wenigen Mausklicks erstellen und stehen dann sofort für das Einsortieren von Fotos bereit. Ähnlich wie bei den Ordnern lassen sie sich auch mit Zusatzinformationen ausstatten.

1. Klicken Sie oben links auf die Schaltfläche **Neues Album erstellen**.
2. Jetzt öffnet sich ein neues Fenster. Tragen Sie oben in das Feld **Name** den gewünschten Namen für dieses Album ein. Die anderen Felder müssen nicht ausgefüllt werden und lassen sich auch später noch nachtragen.
3. Sobald Sie die Schaltfläche **OK** betätigen, wird das neue Album erstellt.

Ihre Fotos in Picasa-Alben verwalten

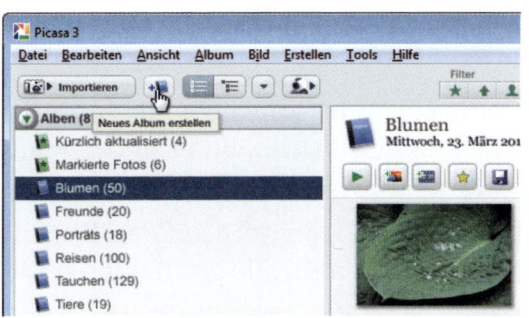

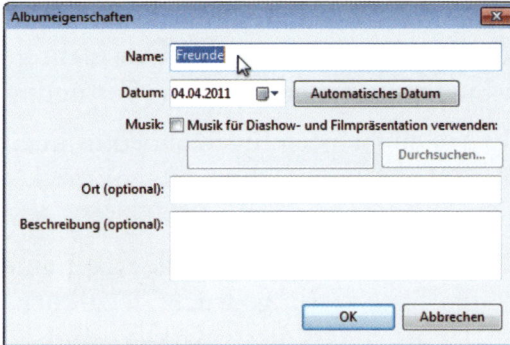

Abbildung 3.2: Ein neues Album erstellen   *Abbildung 3.3: Das Album benennen*

Alle Ihre Alben werden in der Ordnerliste oben links aufgeführt. Picasa erstellt dafür extra den Abschnitt **Alben**. Dahinter wird die Anzahl Ihrer erstellten Alben angezeigt. Damit Sie Alben und Ordner besser unterscheiden können, besitzen die Alben ein blaues Buch als Symbol und nicht den typischen gelben Ordner. Häufig erscheinen in der Liste auch Alben mit einem grünen Symbol. Hierbei handelt es sich um von Picasa erstellte Systemalben. Diese listen z. B. automatisch die zuletzt hinzugefügten Bilder auf, kürzlich aktualisierte Dateien oder Ähnliches.

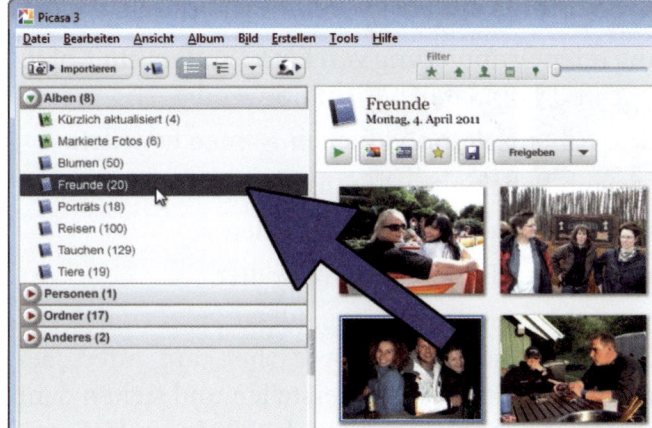

Abbildung 3.4: Der Abschnitt listet alle Ihre Alben auf

Fotos einem Album hinzufügen oder wieder entfernen

Nachdem Sie ein Album angelegt und mit Zusatzinformationen ausgestattet haben, möchten Sie natürlich Ihre Bilder darin einsortieren. Das geht mit Picasa besonders einfach, sodass Sie schon mit wenigen Mausklicks Ihre schönsten Fotos oder alle

3 · Bilder sortieren

Bilder mit bestimmten Motiven in einer Sammlung zusammengestellt haben. Dabei können Sie ein Foto problemlos mehreren Alben zuordnen. Ihnen stehen dabei verschiedene Möglichkeiten zur Verfügung:

1. Am einfachsten fügen Sie Fotos in ein Album ein, indem Sie diese mit der Maus in das Album ziehen. Hierzu markieren Sie das gewünschte Bild mit der Maus rechts im Anzeigefenster.

2. Möchten Sie mehrere Bilder auf einmal hinzufügen, halten Sie auf der Tastatur die Taste [Strg] gedrückt. Jetzt klicken Sie der Reihe nach alle gewünschten Bilder an, sodass diese markiert sind.

3. Haben Sie ein oder mehrere Bilder markiert, halten Sie nun die linke Maustaste fest und ziehen die Bilder links auf die Ordnerliste in das gewünschte Album.

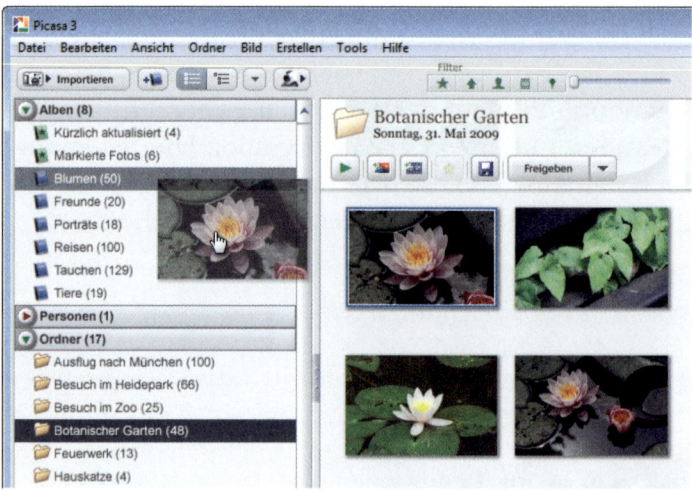

Abbildung 3.5: Die Bilder einfach in das Album ziehen

Wenn Sie lieber mit den Menüs eines Programms arbeiten, bietet Picasa dafür eine alternative Möglichkeit an. Sie geht genauso schnell wie das Ziehen und unterscheidet sich nur geringfügig in der Vorgehensweise.

1. Als Erstes markieren Sie das gewünschte Foto mit der Maus, sodass es farblich unterlegt ist.

2. Möchten Sie mehrere Fotos einem Album hinzufügen, halten Sie die Taste [Strg] fest und klicken alle gewünschten Fotos der Reihe nach an.

3. Jetzt betätigen Sie einmal die rechte Maustaste, sodass sich ein Menü öffnet. Wenn Sie nun den Punkt **Zum Album hinzufügen** auswählen, erscheint eine Liste Ihrer bereits erstellten Alben. Wählen Sie das gewünschte Album aus.

Ihre Fotos in Picasa-Alben verwalten

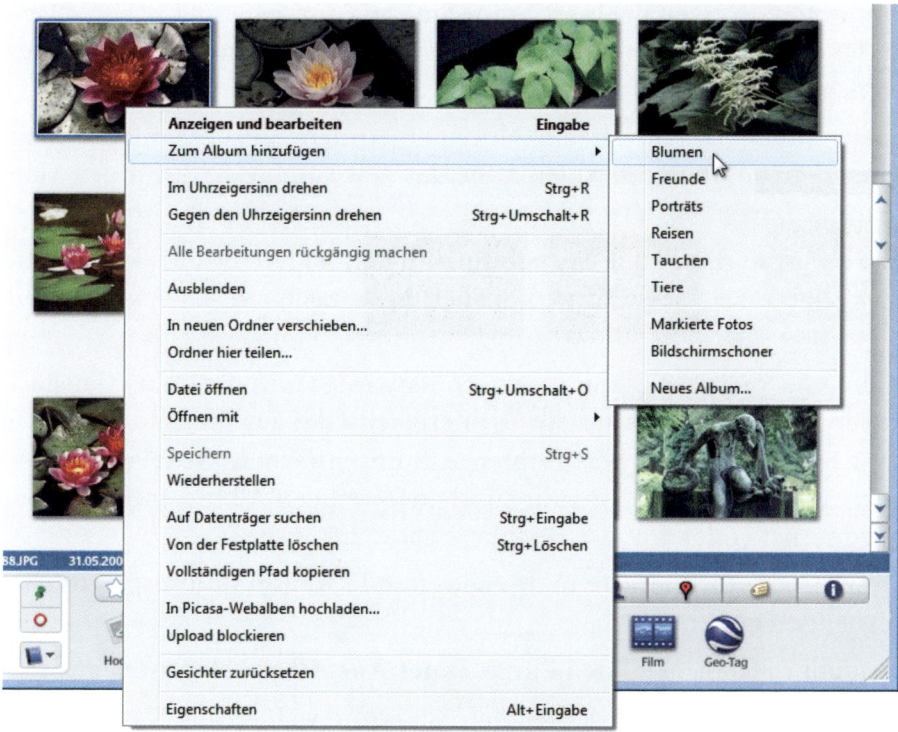

Abbildung 3.6: Fotos über das Menü in ein Album legen

Auf diese Weise fügen Sie Ihre Fotos nun bequem in Ihre Alben ein. Erstellen Sie Alben zu verschiedenen Themen, zu bestimmten Anlässen, eines mit Ihren Freunden oder für bestimmte Motive, z. B. für die besten Tieraufnahmen oder die schönsten Blumenbilder usw. Ihnen stehen alle Möglichkeiten offen, diverse Alben anzulegen und beliebige Fotos darin abzulegen.

Möchten Sie ein Bild von einem Picasa-Album in ein anderes verschieben, ist das zumindest theoretisch möglich. Im Alltag funktioniert Picasa hier noch ein wenig eigenwillig.

1. Markieren Sie hierzu in einem Album das gewünschte Foto mit der Maus.
2. Jetzt halten Sie die linke Maustaste fest und schieben das Bild in das gewünschte Album.

Picasa legt das Foto nun wie gewünscht in das neue Album. Allerdings bleibt es auch weiterhin mit dem vorherigen verknüpft. Sie haben das Foto also nicht von einem Album in ein anderes verschoben, sondern lediglich in ein weiteres Album kopiert.

3 · Bilder sortieren

Abbildung 3.7: Fotos in andere Alben schieben

Möchten Sie ein Foto aus einem bestimmten Album entfernen, ist das natürlich ebenfalls möglich. Dabei wird das Foto nur aus dem jeweiligen Album entfernt, aber nicht aus der Ordnerliste oder von der Festplatte gelöscht.

1. Gehen Sie links in der Ordnerliste in das betreffende Album und markieren Sie das zu entfernende Foto.
2. Wählen Sie nun im Hauptmenü den Punkt **Datei/Aus Album entfernen** aus.
3. Alternativ klicken Sie einmal mit der rechten Maus und wählen aus diesem Menü den Punkt **Aus Album entfernen** aus.
4. Am schnellsten geht es, wenn Sie einfach die Taste `Entf` auf der Tastatur drücken.

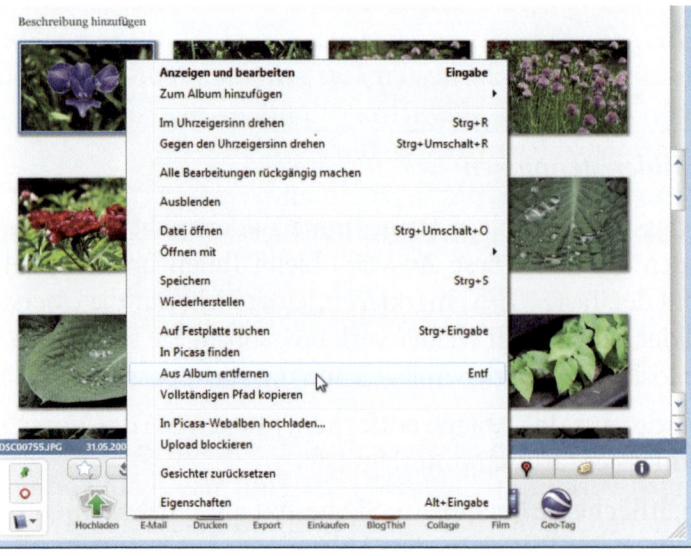

Abbildung 3.8: Das Bild aus dem Album entfernen

Ihre Fotos in Picasa-Alben verwalten

Fotos mit der Ablage bequem zusammenstellen

Ein ganz besonderes Werkzeug beim Sortieren Ihrer Fotos stellt die Ablage dar. Picasa nennt diese Funktion zwar „Auswahl", doch die Bezeichnung Ablage oder Zwischenablage trifft es eigentlich besser und klingt vertrauter. Wenn Sie in Ihrer Sammlung nach bestimmten Fotos suchen, um diese anschließend in ein Album zu legen, leistet Ihnen die Ablage sehr gute Dienste. Sie funktioniert ähnlich wie ein Ablagestapel, auf den Sie alle infrage kommenden Fotos legen. Ist der Stapel komplett, fügen Sie ihn in ein Album ein. Gehen Sie dafür wie folgt vor:

1. Wählen Sie in der Ordnerliste einen Ordner aus, in dem sich die gewünschten Fotos befinden. Haben Sie ein Foto gefunden, das Sie einem Album hinzufügen möchten, klicken Sie es einmal an. Es erscheint unten links in der Ablage.
2. Klicken Sie in der Ablage auf die Schaltfläche **Halten** – sie besitzt als Symbol einen grünen Pin. In der Ablage wird das Bild jetzt mit einem grünen Kreis dargestellt. Es ist „festgepinnt" und bleibt dauerhaft in der Ablage erhalten.
3. Nun suchen Sie in Ihren Ordnern nach weiteren Bildern, die Sie diesem Album hinzufügen möchten. Sobald diese markiert sind, erscheinen sie ebenfalls in der Ablage. Klicken Sie erneut auf die Schaltfläche **Halten**, um diese auch festzuhalten.

Abbildung 3.9: Weitere Bilder „festpinnen"

Der Vorteil besteht darin, dass in der Ablage festgepinnte Bilder nicht aus Versehen gelöscht oder entfernt werden können. Diese Auswahl bleibt Ihnen immer erhalten. Würden Sie die Bilder nur mit der Taste [Strg] markieren, leidet nicht nur die Übersicht, die bereits ausgewählten Bilder gehen auch wieder verloren, sobald Sie sich verklicken oder die Taste aus Versehen loslassen. Mit der Ablage kann das nicht passieren.

1. Möchten Sie ein Bild wieder aus der Ablage entfernen, klicken Sie das Vorschaubild in der Ablage an, sodass es farblich unterlegt ist.
2. Jetzt klicken Sie die Schaltfläche **Entfernen** an. Sie besitzt als Symbol einen roten Kreis. Markieren Sie keines der Bilder in der Ablage, werden automatisch alle Bilder aus der Ablage entfernt, sobald Sie die Schaltfläche **Entfernen** betätigen.

Abbildung 3.10: Bilder aus der Ablage entfernen

Mit den beschriebenen Vorgehensweisen lassen sich nun beliebig viele Fotos in die Ablage legen. Das Praktische dabei ist, dass Sie die Bilder auch aus verschiedenen Ordnern auswählen und festpinnen können. Es ist also möglich, eine ganz „bunte" Mischung zu erstellen. Falls Sie ein Foto doch nicht benötigen, lässt es sich genauso einfach wieder entfernen. Jetzt möchten Sie die zusammengesuchten Fotos natürlich einem Album hinzufügen. Dafür sind nur noch wenige Mausklicks notwendig.

1. Im rechten Bereich der Ablage finden Sie die Schaltfläche **Einem Album hinzufügen**. Sie besitzt ein blaues Fotoalbum als Symbol. Klicken Sie mit der Maus einmal auf diese Schaltfläche.

2. Jetzt öffnet sich ein Menü, das Ihnen alle bereits vorhandenen Picasa-Alben auflistet. Wählen Sie mit der Maus das gewünschte Album aus, und schon werden diesem alle Fotos der Ablage hinzugefügt.

Abbildung 3.11: Wählen Sie das gewünschte Album aus

3. Möchten Sie aus den gesammelten Fotos ein neues Album erstellen, wählen Sie in dem Menü die Option **Neues Album** aus. Es erscheint das normale Fenster mit dem Namen **Albumeigenschaften**, in welches Sie den Namen, das Datum und die Beschreibung eintippen.

Ihre Fotos in Picasa-Alben verwalten

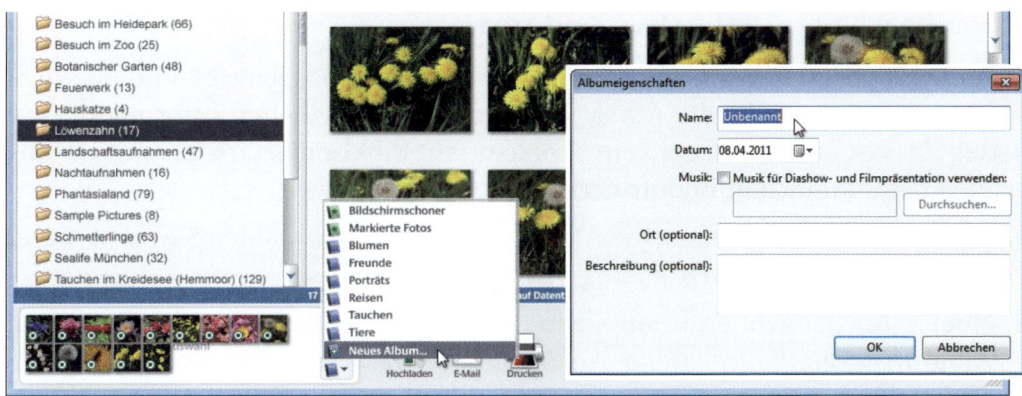

Abbildung 3.12: Erstellen Sie ein neues Album

Nachdem Sie einem Album die Bilder hinzugefügt haben, verbleiben diese weiterhin in der Ablage. Picasa leert sie nicht automatisch, denn vielleicht möchten Sie die ausgewählten Fotos noch in weitere Alben kopieren oder auf andere Weise bearbeiten. Sind Sie mit dieser Auswahl fertig und möchten nun neue Bilder suchen und markieren, müssen Sie die Ablage erst leeren. Klicken Sie dafür auf eine freie Stelle der Ablage, sodass kein Bild markiert ist. Nun betätigen Sie die Schaltfläche **Entfernen** (roter Kreis) und leeren damit die Ablage.

Abbildung 3.13: Die Ablage wieder leeren

3 • Bilder sortieren

Alben bearbeiten, verwalten und sortieren

Die Alben werden in der Ordnerliste mit ihrem Namen angezeigt. Für eine richtige Sortierung möchten Sie die Alben sicherlich mit zusätzlichen Informationen ausstatten. Das ist mit Picasa gar kein Problem und funktioniert im Grunde genau wie bei den herkömmlichen Bildordnern.

1. Markieren Sie das gewünschte Album in der Liste und wählen Sie dann im Menü den Punkt **Album/Beschreibung bearbeiten** aus.
2. Noch schneller geht es, wenn Sie in der Ordnerliste doppelt auf das gewünschte Album klicken.

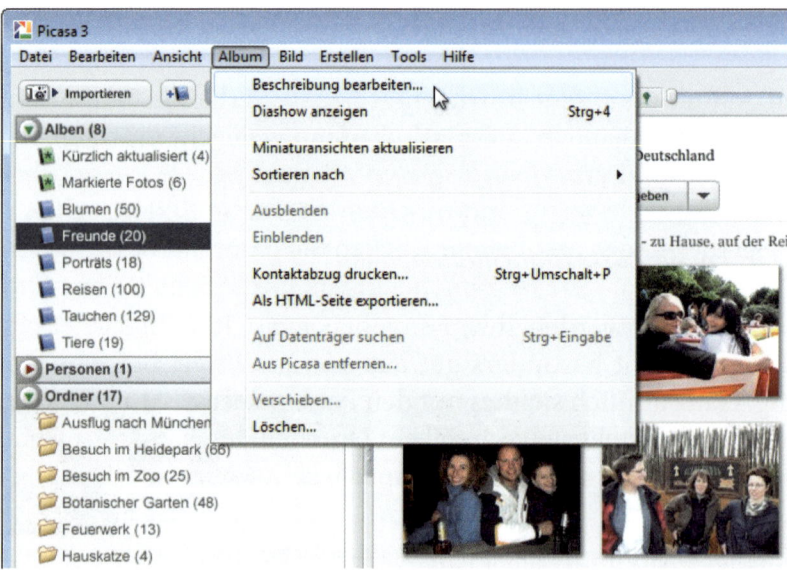

Abbildung 3.14: Das Bearbeitungsfenster öffnen

3. Jetzt öffnet sich ein Fenster mit dem Namen **Albumeigenschaften**. Es sieht aus wie das Fenster für die Ordnereigenschaften und bietet auch dieselben Felder.
   - **Albumname** – Dies ist der Name des Albums. Er kann beliebig geändert werden.
   - **Datum** – Tippen Sie das Aufnahmedatum ein oder wählen Sie über den schwarzen Pfeil einen Tag im Kalender aus. Weil in Alben meist Bilder verschiedener Herkunft gespeichert sind, macht die Funktion **Automatisches Datum** wenig Sinn, weil Picasa das Datum dann aus den Exif-Informationen liest.
   - **Musik** – Hiermit lässt sich eine Musikdatei mit diesem Album verknüpfen, die bei einer Diaschau automatisch im Hintergrund abgespielt wird. Mit den Themen Präsentation und Diaschau beschäftigt sich Kapitel 6.

Ihre Fotos in Picasa-Alben verwalten

- **Ort** – Geben Sie den Ort der Aufnahmen ein, z. B. die Stadt, das Land oder die Veranstaltung.
- **Beschreibung** – Geben Sie hier eine aussagekräftige Beschreibung für das Album und die darin gespeicherten Fotos an.

4. Nachdem Sie Ihre Eingaben über die Schaltfläche **OK** bestätigt haben, schließt sich das Fenster wieder.

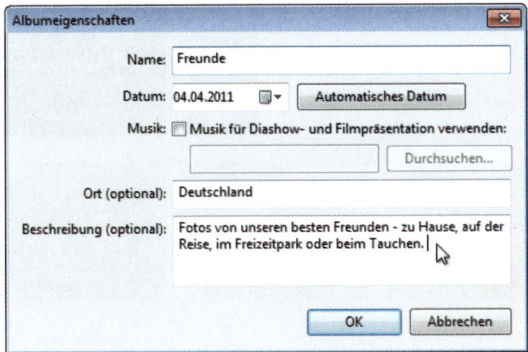

Abbildung 3.15: Geben Sie Zusatzinformationen ein

Innerhalb des Bereichs **Alben** werden Ihre Fotoalben meist in beliebiger Reihenfolge angezeigt. Das sieht nicht besonders gut aus und erschwert bei sehr langen Listen die Sortierung. Ganz ähnlich sieht es mit den Fotos selbst aus. Bei Bildern aus vielen verschiedenen Quellen stellt sich schnell ein Durcheinander ein. Mit wenigen Mausklicks passen Sie die Sortierung an Ihre Wünsche an.

1. Um die Reihenfolge der Alben in der Ordnerliste zu verändern, markieren Sie zunächst ein beliebiges Album in der Liste. Nun klicken Sie in der Symbolleiste einmal auf den schwarzen Pfeil links neben der Webcam-Schaltfläche. Dadurch öffnet sich ein Menü mit Sortieroptionen.
   - **Nach Erstellungsdatum** – Sortieren Sie die Alben in der Reihenfolge, wie Sie diese erstellt haben.
   - **Nach neuesten Änderungen** – Alben, in denen kürzlich Änderungen vorgenommen wurden, stehen oben in der Liste.
   - **Nach Größe** – Die Alben werden nach der Anzahl der enthaltenen Bilder und der Gesamtgröße in MByte sortiert.
   - **Nach Name** – Die Alben werden alphabetisch von A bis Z sortiert.

3 · Bilder sortieren

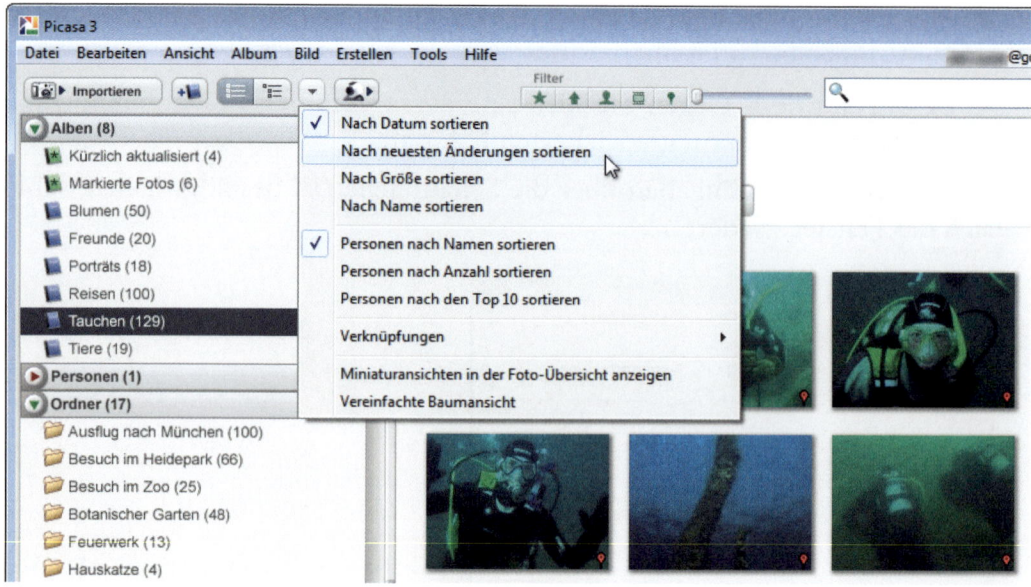

Abbildung 3.16: Sortieren Sie Ihre Alben in der Liste

2. Möchten Sie die Reihenfolge der Fotos innerhalb eines Albums verändern, markieren Sie zunächst das gewünschte Album in der Liste. Anschließend wählen Sie im Hauptmenü den Punkt **Album/Sortieren nach** aus. Folgende Optionen stehen Ihnen zur Verfügung:

- **Name** – Sortieren Sie die Fotos nach ihrem Dateinamen.
- **Datum** – Hiermit werden die Fotos innerhalb des Albums nach ihrem Aufnahmedatum sortiert.
- **Größe** – Mit dieser Option sortieren Sie die Fotos nach ihrer Dateigröße in MByte.

Falls Sie ein bestimmtes Album irgendwann doch nicht mehr benötigen, lässt es sich jederzeit löschen. Dabei wird natürlich nur das Album selbst aus Picasa entfernt. Die darin enthaltenen Bilder betrifft das nicht. Sie werden also nicht gelöscht und befinden sich weiterhin in ihren ursprünglichen Ordnern in der Ordnerliste. Ihnen stehen dafür folgende Möglichkeiten zur Verfügung:

- Markieren Sie das zu löschende Album mit der Maus und wählen Sie dann im Hauptmenü den Punkt **Album/Löschen** aus.
- Klicken Sie mit der rechten Maustaste auf das Album, sodass sich ein Menü öffnet. Wählen Sie hier den Punkt **Album löschen** aus.
- Markieren Sie das betreffende Album in der Liste und betätigen Sie die Taste `Entf`.

Ihre Fotos in Picasa-Alben verwalten

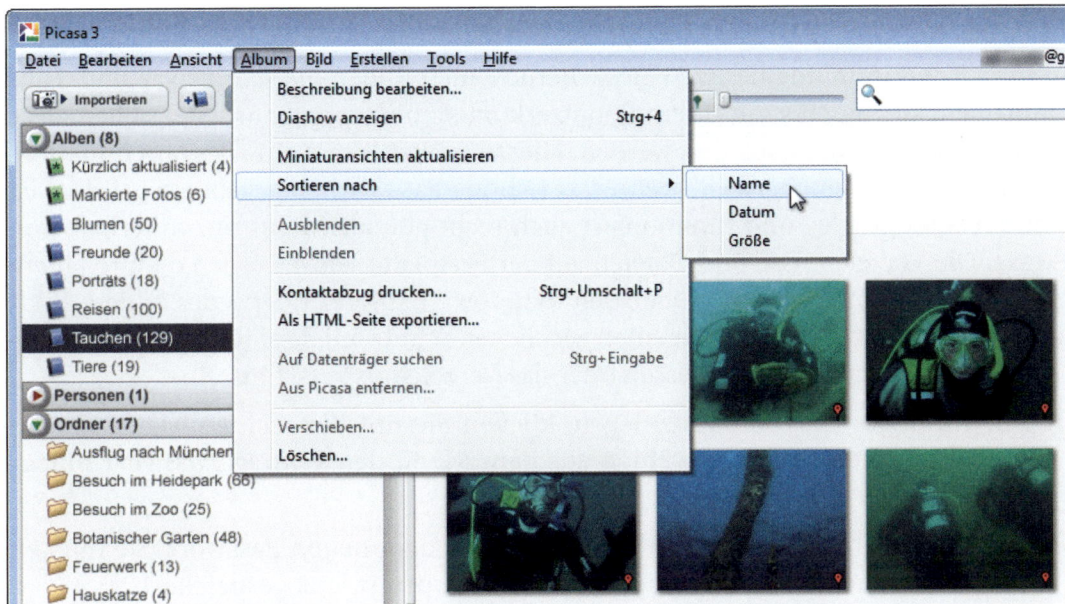

Abbildung 3.17: Die Fotos innerhalb des Albums sortieren

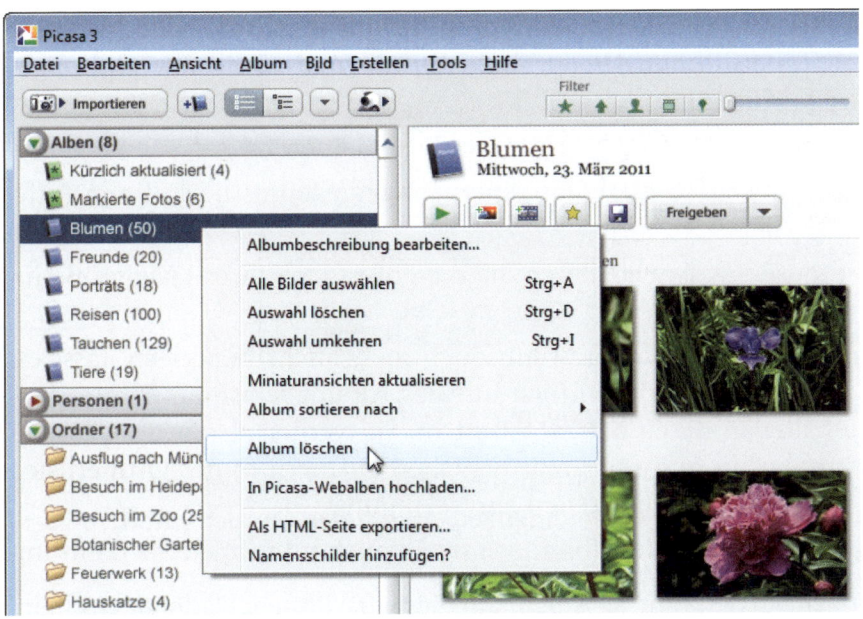

Abbildung 3.18: Beispiel – Rechtsklick und Album löschen

3 • Bilder sortieren

Private Alben mit einem Passwort versehen

In Ihrer Fotosammlung besitzen Sie sicherlich auch Bilder, die sehr privat sind. Falls einmal jemand anderes mit Ihrem Benutzerkonto am Computer arbeitet, sollen diese Bilder vielleicht nicht angezeigt werden. Hierzu besitzt Picasa eine Passwortfunktion, welche die Alben nur anzeigt, wenn das richtige Passwort eingegeben wird. Das ist eine vernünftige Idee und funktioniert auch recht gut, allerdings nur innerhalb von Picasa. Die Verzeichnisse und Dateien auf der Festplatte selbst werden dadurch nicht geschützt und sind weiterhin über den Windows-Explorer oder jedes andere Bildanzeigeprogramm zu öffnen. Für einen wirklichen Schutz müssen Sie die Zugriffsrechte in Windows entsprechend anpassen oder das Verzeichnis verschlüsseln.

1. Um ein neues Passwort festzulegen, klicken Sie mit der rechten Maustaste auf den Abschnitt **Alben** und wählen aus dem Menü den Eintrag **Passwort hinzufügen/ändern** aus.

2. Dadurch erscheint ein Fenster und fragt nach dem neuen Passwort. Sie müssen es zur Sicherheit zweimal eintippen. Das Passwort ist jetzt gespeichert.

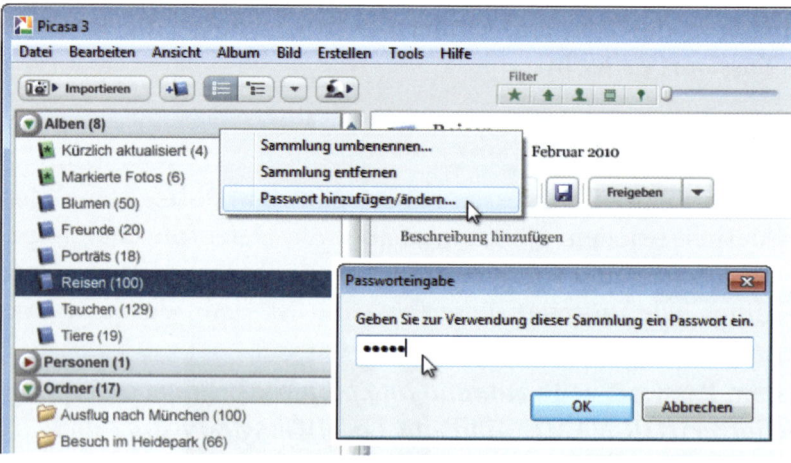

Abbildung 3.19: Ein Passwort hinzufügen

Picasa listet Ihre Alben nun nicht mehr in der Ordnerliste auf, weil sie durch das Passwort geschützt sind. Um sie wieder anzuzeigen, müssen Sie sich mit dem Passwort autorisieren.

1. Klicken Sie doppelt auf den Eintrag **Alben**, um diesen zu öffnen. Dadurch erscheint ein Abfragefenster, in welches Sie Ihr Passwort eintippen müssen.

2. Haben Sie das Passwort richtig eingetippt, öffnet sich die Liste und zeigt alle Ihre Alben an. War das Passwort falsch, bleibt der Zugriff verweigert.

Fotos sortieren – Stichworte, Personen & Marker

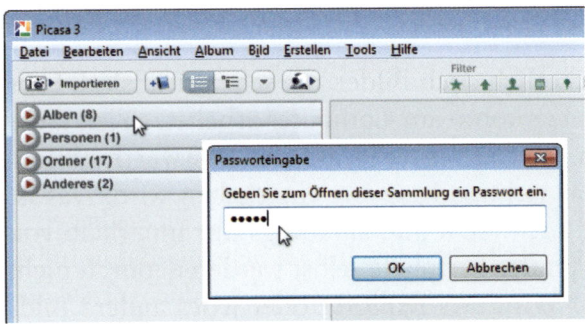

Abbildung 3.20: Picasa fragt das Passwort ab

Möchten Sie das aktuelle Passwort ändern oder löschen, funktioniert das ganz ähnlich wie das Festlegen des ersten Passwortes. Gehen Sie dafür wie folgt vor:

1. Klicken Sie mit der rechten Maustaste auf den Abschnitt **Alben** und wählen Sie den Menüpunkt **Passwort hinzufügen/ändern** aus.
2. Nun öffnet sich wieder das Fenster zur Eingabe des Passwortes.
   - Tippen Sie das neue Passwort in das Feld ein. Sie müssen das zur Bestätigung zweimal tun. Die Änderung ist sofort wirksam.
   - Tippen Sie nichts in das Feld ein, sondern betätigen direkt die Schaltfläche **OK**, wird das Passwort gelöscht.

> ### Falls Sie Ihr Passwort vergessen haben
>
> Falls Sie Ihr Passwort einmal vergessen haben, gibt es in Picasa keine Möglichkeit, es wiederherzustellen. Sie können aber die Datei mit dem gespeicherten Passwort löschen und somit den Zugriff wieder komplett freigeben. Das zeigt allerdings, wie unsicher diese Funktion ist, denn das kann auch jeder andere tun, um Zugriff auf die Alben zu erlangen.
>
> Die Datei mit dem Passwort heißt *catdata_info.pmp*. Sie befindet sich im Verzeichnis *C:\Benutzer\IHR-NAME\AppData\Local\Google\Picasa2\db3*. Sie können den Namen auch einfach in der Explorer-Suche von Windows eingeben. Löschen Sie die Datei mit der Taste `Entf`, und Ihre Alben sind wieder passwortfrei.

Fotos sortieren – Stichworte, Personen & Marker

Picasa bietet Ihnen noch weitere Funktionen, mit denen sich die Fotos sortieren und ordnen lassen. Besonders wichtig ist dabei die Stichwortfunktion. Mit ihr lassen sich Fotos beliebig kennzeichnen und jederzeit wiederfinden. Das ist vollkommen unabhängig von den Alben und den Ordnerstrukturen. Sehr interessant ist

3 · Bilder sortieren

auch die Sortierung nach Personen, bei der Picasa Gesichter automatisch erkennt und zuordnet. Außerdem lassen sich besonders wichtige oder interessante Fotos mit speziellen Markierungen versehen.

Fotos mit Stichworten versehen

Zu den wichtigsten Sortierfunktionen in Picasa gehören die Stichworte. Picasa bezeichnet sie als „Tags", gemeint ist aber dasselbe. Stichworte lassen sich beliebig und in unbegrenzter Zahl jedem Foto zuweisen. Sie können das Motiv beschreiben, den Aufnahmeort, die gezeigte Person, den Anlass usw. Hier sind Ihnen keine Grenzen gesetzt.

- Sie selbst legen die Stichworte fest und sind an keine Vorgaben gebunden.
- Sie dürfen beliebig viele verschiedene Stichworte festlegen.
- Jedem Bild lassen sich mehrere Stichworte zuweisen.
- Stichworte lassen sich über die Suchfunktion finden, sodass sie bestens geeignet sind, um die passenden Bilder in großen Sammlungen ausfindig zu machen.

Stichworte lassen sich für jedes Foto hinzufügen. Es spielt also keine Rolle, ob sich das Foto in einem Ordner oder in einem Album befindet. Die Stichworte werden für die Fotodatei selbst gespeichert, sodass sie automatisch in Alben und Ordnern übernommen werden.

1. Markieren Sie das gewünschte Foto in der Liste der Vorschaubilder, sodass es farblich unterlegt ist. Möchten Sie mehreren Fotos gleichzeitig ein Stichwort zuweisen, halten Sie die Taste Strg fest und klicken alle gewünschten Fotos einmal an.
2. Anschließend betätigen Sie unten rechts in der Leiste mit den Sonderfunktionen die Schaltfläche *Tags*. Alternativ können Sie auch im Hauptmenü den Punkt *Ansicht/Tags* auswählen oder die Tastenkombination Strg + T drücken.

Abbildung 3.21: Die Tag-Funktion aufrufen

Fotos sortieren – Stichworte, Personen & Marker

3. Jetzt öffnet sich rechts eine Leiste für die Stichworte. Tippen Sie das gewünschte Stichwort ein und betätigen Sie die Schaltfläche **Hinzufügen** (Pluszeichen). Wiederholen Sie den Vorgang, bis alle gewünschten Stichworte vergeben sind.

4. In der Liste darunter sehen Sie sofort alle für diese Fotos vergebenen Stichworte. Sind Sie mit der Bearbeitung fertig, klicken Sie oben rechts auf den schwarzen Kreis mit dem *X*, um die Leiste wieder zu schließen.

Abbildung 3.22: Stichworte eingeben

Stichworte anzeigen und bearbeiten

Mit der Zeit werden Sie sicherlich für die meisten Ihrer Fotos Stichworte vergeben. Damit Sie wissen, für welche Bilder Sie das bereits getan haben, lassen sich diese jederzeit anzeigen. Hierzu müssen Sie lediglich auf das Vorschaubild des gewünschten Fotos klicken. In der Informationszeile werden Ihnen sofort die vergebenen Stichworte angezeigt.

Abbildung 3.23: Die vergebenen Tags in der Informationszeile

Möchten Sie die Stichworte für alle Fotos angezeigt bekommen, ist das ebenfalls möglich. Hierzu müssen Sie im Hauptmenü den Punkt *Ansicht/Bildunterschrift für die Miniaturansicht* öffnen und die Option *Tags* auswählen. Unter jedem Vorschaubild werden jetzt die vergebenen Stichworte bzw. Tags angezeigt. Besonders praktisch ist dabei, dass die Informationszeile eine Zusammenfassung für diesen Ordner angibt. Sie zeigt an, welche Stichworte innerhalb dieses Ordners vergeben wurden und, in Klammern dahinter, wie oft.

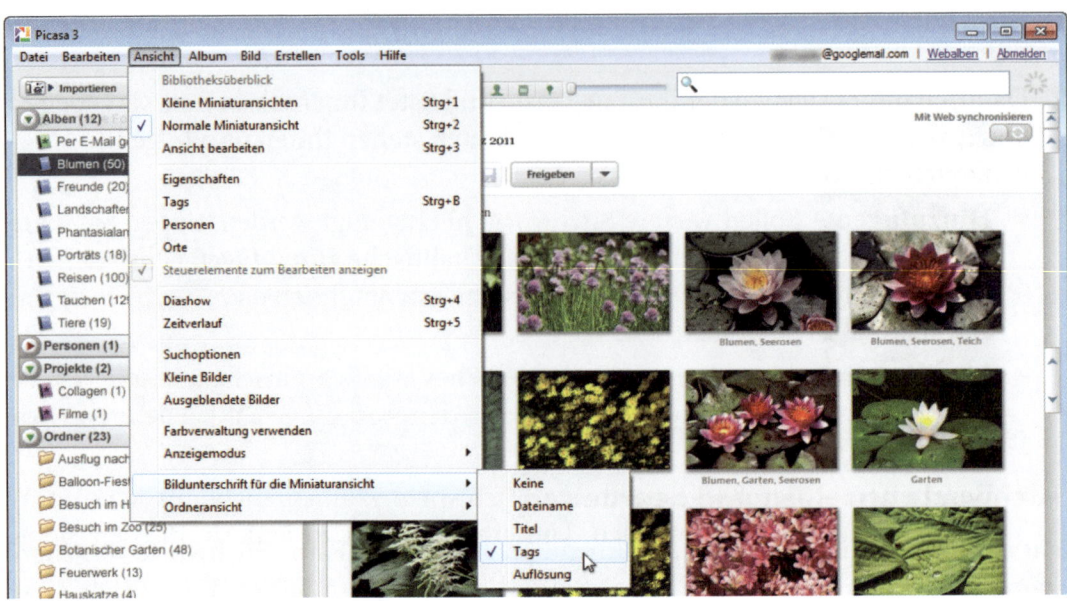

Abbildung 3.24: Stichworte unter den Bildern anzeigen

Die Stichworte eines Bildes lassen sich nachträglich natürlich wieder ändern oder löschen. Beachten Sie hierbei aber, dass Picasa die Stichworte pro Foto verwaltet und in die einzelnen Bilddateien schreibt. Ändern Sie also bei einem Bild z. B. das Stichwort *Garten* in *Gartenfotos*, ändert es sich deshalb nicht in allen anderen Fotos, in denen es auch vorkommt.

1. Markieren Sie in der Vorschau das Foto, für das Sie die Stichworte bearbeiten möchten. Sie können auch mit der Taste [Strg] mehrere Fotos markieren und somit auf einmal bearbeiten. Anschließend klicken Sie unten wieder auf die Schaltfläche *Tags*.

Fotos sortieren – Stichworte, Personen & Marker

Abbildung 3.25: Stichworte für ein Bild bearbeiten

2. Dadurch öffnet sich wieder die Tag-Leiste und listet Ihnen die bereits vergebenen Stichworte für dieses Foto auf. Zum Bearbeiten stehen Ihnen nun folgende Möglichkeiten zur Verfügung:

- **Hinzufügen** – Sollen weitere Stichworte hinzugefügt werden, tippen Sie diese in das Textfeld und betätigen dann die Schaltfläche *Hinzufügen* (Pluszeichen). Picasa merkt sich zuvor vergebene Tags und schlägt Ihnen diese beim Eintippen automatisch in einer Liste vor.
- **Löschen** – Möchten Sie ein zuvor vergebenes Stichwort löschen, markieren Sie es in der Liste und betätigen dann rechts daneben die Schaltfläche *Entfernen* (X-Zeichen).
- **Bearbeiten** – Bereits gespeicherte Stichworte können nicht im herkömmlichen Sinne bearbeitet werden. Um ein Stichwort zu ändern, müssen Sie es erst löschen und dann das neue Stichwort vergeben.

Abbildung 3.26: Bearbeiten Sie die Tags

3. Haben Sie alle Änderungen an diesem Foto abgeschlossen, klicken Sie oben rechts auf den schwarzen Kreis mit dem *X*, um die Leiste wieder zu schließen.

Ein Album aus Stichworten erstellen

Mit den Stichworten lassen sich ähnliche Fotos oder Bilder zu einem Thema einfach finden und gruppieren. Manchmal ist es ganz praktisch, diese zusammen aufzulisten und so den Überblick zu behalten. Dafür bietet Picasa eine Funktion, mit der sich alle Fotos mit demselben Stichwort zu einem Album zusammenfassen lassen. Wählen Sie hierzu im Hauptmenü den Punkt **Tools/Sonstiges/Tag als Album anzeigen** aus. Ein kleines Fenster fragt nach dem gewünschten Tag, und schon wird in der Ordnerliste ganz oben ein temporäres Album (grünes Symbol) mit dem Namen des Tags erstellt.

Die Schnelltasten mit Ihren Stichworten belegen

Sicherlich werden Sie immer wieder ähnliche Stichworte vergeben oder vermutlich sogar dieselben. So lassen sich ähnliche Fotos schnell wiederfinden und z. B. für eine Diaschau oder ein Album gruppieren. Damit Sie nun nicht jedes Mal dieselben Stichworte eintippen müssen, kann Picasa diese für Sie speichern und auf die Schaltflächen in der Tag-Leiste legen.

1. Öffnen Sie wie gewohnt die Liste für die Tag-Bearbeitung. Jetzt klicken Sie unten rechts auf die Schaltfläche mit dem Zahnradsymbol **Schnell-Tags konfigurieren**.

Abbildung 3.27: Die Schaltflächen konfigurieren

2. Nun öffnet sich das Konfigurationsfenster für die Tag-Schaltflächen.
   - Tippen Sie in die Felder die Stichworte ein, die Sie am häufigsten verwenden.
   - Die beiden oberen Zeilen belegt Picasa automatisch mit den am meisten benutzten Stichworten. Möchten Sie das nicht, entfernen Sie den Haken vor der Option und tippen eigene Tags ein.

Fotos sortieren – Stichworte, Personen & Marker

- Klicken Sie unten links auf die Schaltfläche mit dem Zauberstab, füllt Picasa die Eingabefelder automatisch mit zuvor von Ihnen vergebenen Stichworten aus.

3. Klicken Sie auf die Schaltfläche *OK*, um die Tags auf den Schaltflächen zu speichern.

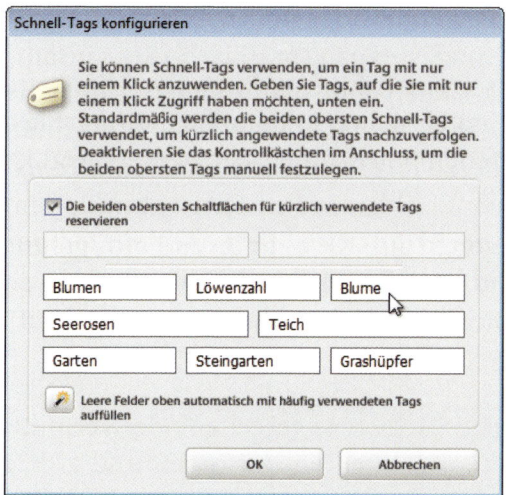

Abbildung 3.28: Speichern Sie Ihre Stichworte

4. Zurück in der Liste mit den Stichworten sehen Sie nun, dass die Schaltflächen unten mit Ihren Stichworten versehen sind. Jetzt müssen Sie nur noch ein Foto markieren und auf die Schaltfläche mit dem gewünschten Stichwort klicken. Es wird dem Foto sofort zugewiesen.

Abbildung 3.29: Stichworte mit einem Klick vergeben

3 • Bilder sortieren

Fotos nach Personen sortieren

Picasa bietet neben den herkömmlichen Organisationsfunktionen auch eine Sortierung nach Personen. Dabei erkennt Picasa automatisch alle Ihre Freunde auf den Fotos und sortiert die Bilder danach. So ist es ganz leicht, z. B. alle Fotos des Bruders, der Schwester oder des besten Freundes zu finden. Und Picasa macht das auch noch richtig gut und zuverlässig.

In der Ordnerliste erstellt Picasa automatisch einen Eintrag **Personen**. Hier werden alle Fotos zusammengefasst, auf denen Picasa Gesichter erkannt hat. Öffnen Sie diesen Eintrag, sodass rechts die darin enthaltenen Fotos aufgelistet werden. Jetzt kann es mit der Sortierung losgehen.

1. Im rechten Fenster listet Picasa alle Personen auf, die es in Ihren Fotos gefunden hat. Dabei werden die Fotos von ein und derselben Person automatisch zu einer Gruppe zusammengefasst. Um alle Fotos aufzulisten, klicken Sie oben auf die Schaltfläche **Gruppen erweitern**.

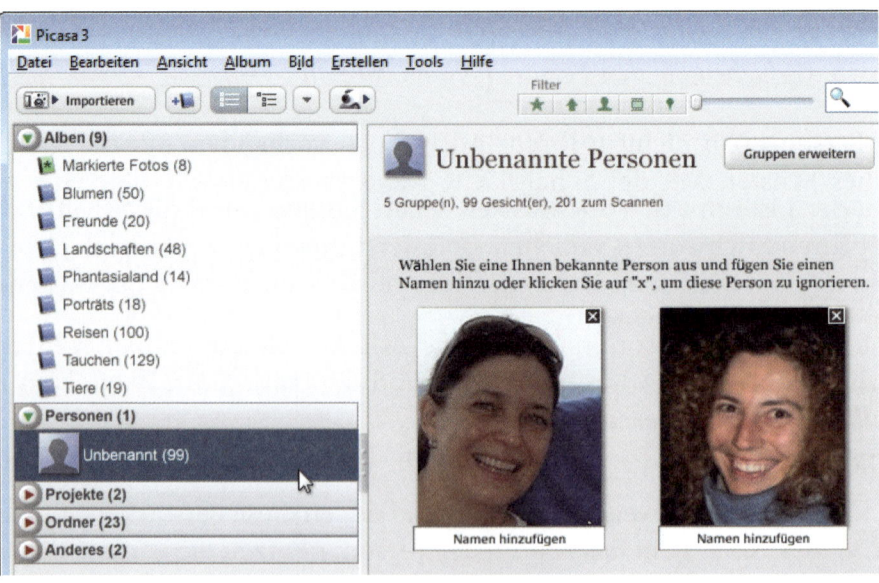

*Abbildung 3.30: Den Eintrag **Personen** öffnen*

2. Um nun einer Person einen Namen zu geben, klicken Sie in das Textfeld unter dem Foto und tippen den Namen der gezeigten Person ein. Weil Picasa sich automatisch mit Ihrem Google-Adressbuch synchronisiert, werden Ihnen beim Tippen Vorschläge gemacht. Klicken Sie auf den passenden Eintrag, um ihn mit den Fotos zu

Fotos sortieren – Stichworte, Personen & Marker

verknüpfen. Nun erstellt Picasa im Abschnitt **Personen** ein Album mit dem Namen der Person.

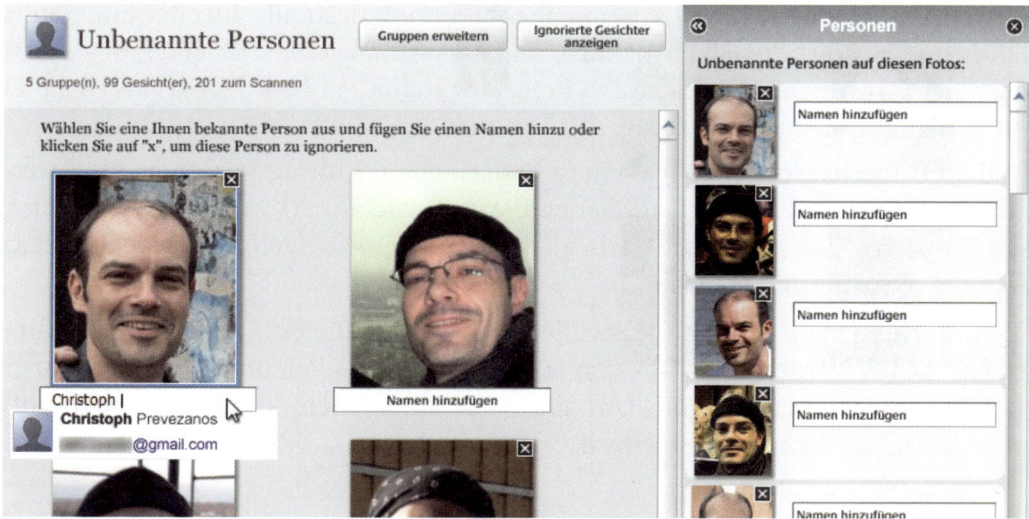

Abbildung 3.31: Geben Sie den Personen einen Namen

3. Ist diese Person noch nicht in Ihrem Adressbuch vorhanden, öffnet Picasa ein zusätzliches Fenster. Mit der Schaltfläche **Neue Person** erstellen Sie eine neue Visitenkarte.
   - Tippen Sie mindestens den Namen der Person ein. Ein Alias oder Spitzname ist optional.
   - Möchten Sie diese Person in Ihr Google-Adressbuch aufnehmen, sollten Sie zusätzlich die E-Mail-Adresse eingeben und die Option **Mit Kontakten und Webalben synchronisieren** aktivieren.
   - Mit **OK** bestätigen Sie die Angaben, und die Person ist neu in Picasa angelegt.
4. Picasa schlägt Ihnen nun weitere Fotos vor, auf denen diese Person vermutlich zu sehen ist. Gehen Sie z. B. in das Album der Person, besitzen die vorgeschlagenen Fotos unten links ein Fragezeichen. Klicken Sie auf den grünen Haken unter dem Bild, wenn es sich um dieselbe Person handelt. Lehnen Sie den Vorschlag mit dem roten *X* ab, wenn es sich nicht um dieselbe Person handelt.

3 • Bilder sortieren

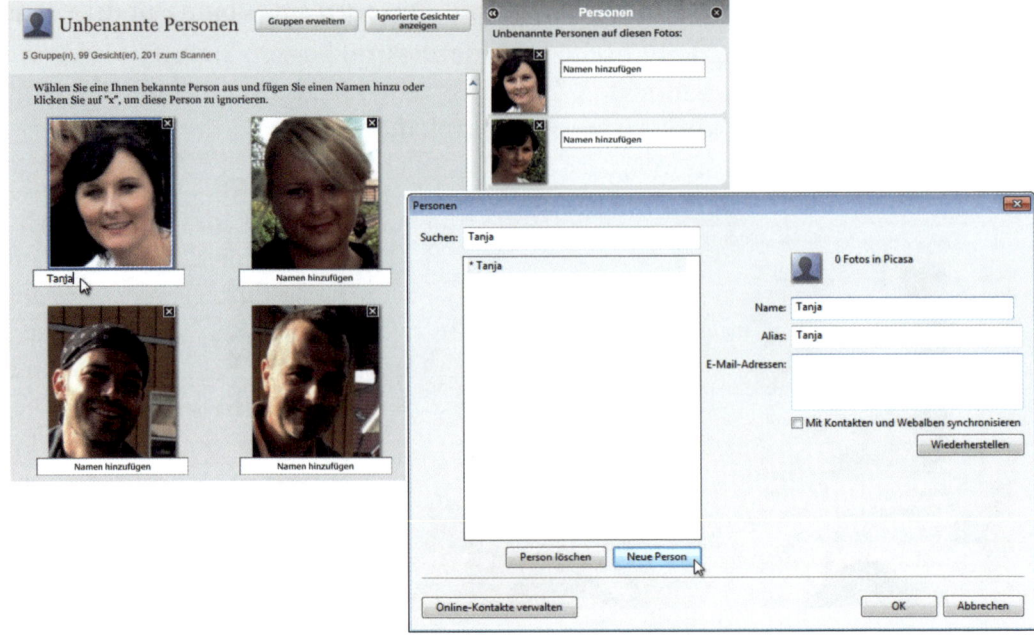

Abbildung 3.32: Legen Sie neue Kontakte an

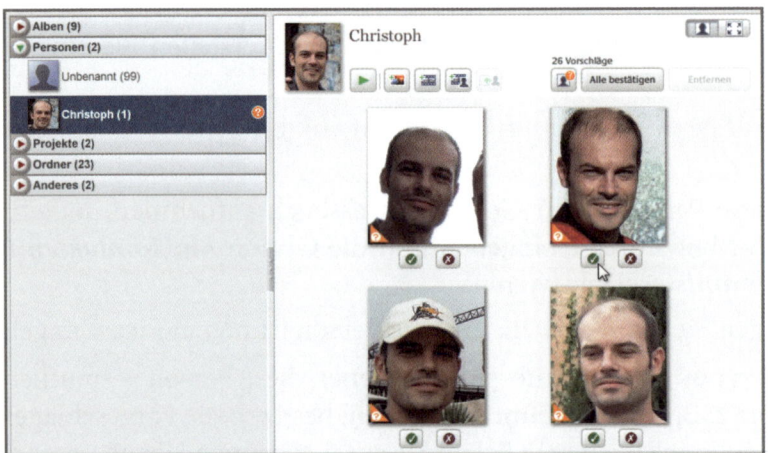

Abbildung 3.33: Weitere Fotos werden vorgeschlagen

Personen anzeigen und manuell hinzufügen

Auf die zuvor beschriebene Weise werden Sie im Laufe der Zeit sicherlich die meisten Ihrer Fotos nach Personen ordnen. Irgendwann sind alle Fotos im Abschnitt **Personen** verknüpft, und Picasa blendet diese Informationen an vielen Stellen ein.

Fotos sortieren – Stichworte, Personen & Marker

Am einfachsten geht das natürlich direkt über die Alben der Personen. Öffnen Sie hierzu in der Ordnerliste den Abschnitt **Personen** und klicken Sie auf das Personenalbum, das Sie betrachten möchten. Zunächst sehen Sie nur Gesichter, aber sobald Sie doppelt auf ein Foto klicken, wird es komplett angezeigt.

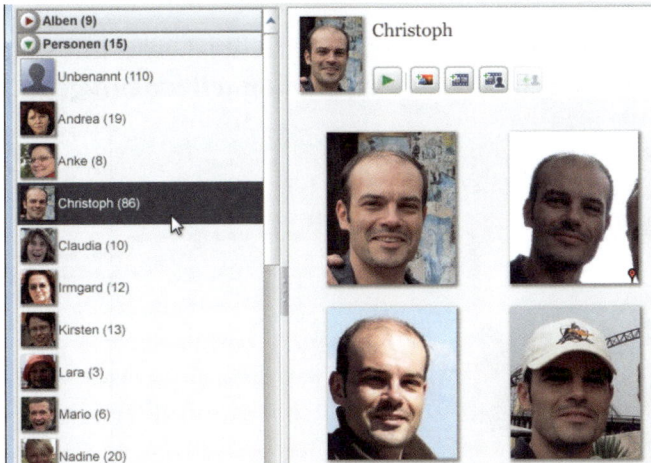

Betrachten Sie völlig unabhängig von der Personensortierung oder den Personenalben einen Ordner oder ein Album, können Sie sich jederzeit die auf dem Foto abgebildeten Personen anzeigen lassen. Klicken Sie dazu unten in der Leiste mit den Sonderfunktionen auf die Schaltfläche **Personen**. Es öffnet sich rechts eine Leiste, in der die Personen aufgelistet sind.

Abbildung 3.34: Jede Person hat ein Album

Abbildung 3.35: Jederzeit die Personen anzeigen lassen

73

3 • Bilder sortieren

Beim Betrachten Ihrer Ordner und Alben werden Sie immer wieder auf Fotos treffen, auf denen Picasa keine Personen markiert hat, obwohl darauf welche zu sehen sind. Das liegt oft an Sonnenbrillen, Hüten oder einer ungewöhnlichen Perspektive. Zum Glück können Sie bei solchen Fotos die Personenerkennung manuell durchführen.

1. Öffnen Sie zunächst mit der Schaltfläche **Personen** die rechte Leiste mit den Funktionen. Klicken Sie dort auf die Schaltfläche **Person manuell hinzufügen**.

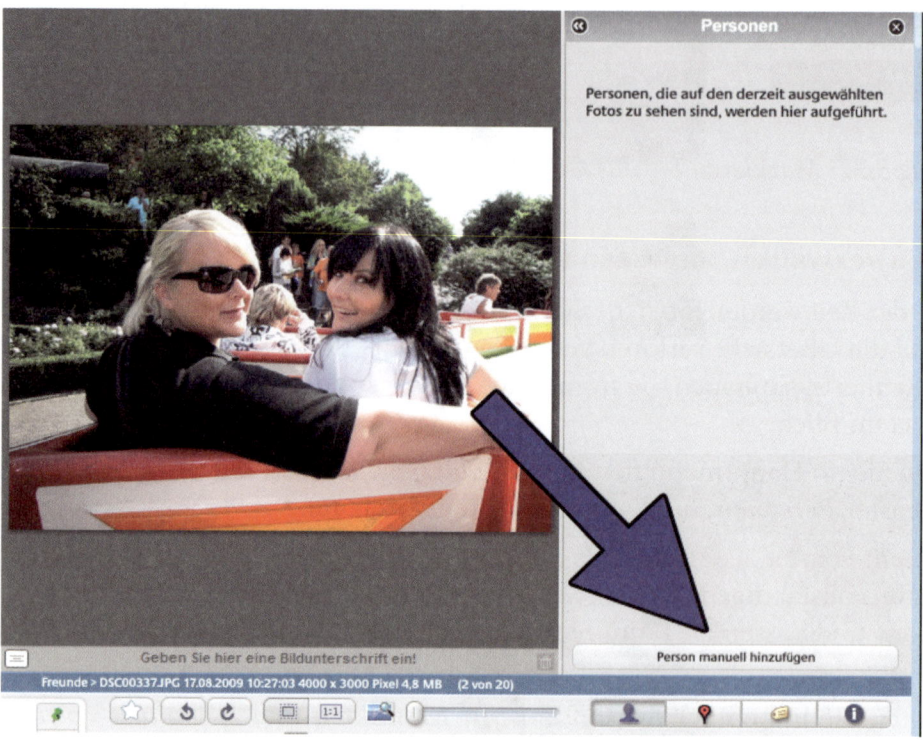

Abbildung 3.36: Personen manuell hinzufügen

2. Jetzt blendet Picasa einen Rahmen in diesem Foto ein. Legen Sie den Rahmen genau auf das Gesicht der gewünschten Person. Bei Bedarf lässt sich der Rahmen mit der Maus auch vergrößern oder verkleinern. Er sollte das gesamte Gesicht der Person erfassen, allerdings auch nicht mehr als den Kopf.

3. Als Nächstes tippen Sie den Namen der Person in das Textfeld unter dem Rahmen ein. Wie immer wird Ihnen Picasa automatisch Vorschläge aus Ihrem Adressbuch und den bereits angelegten Personenalben machen. Schon ist auch dieses Foto mit Personen verknüpft.

Fotos sortieren – Stichworte, Personen & Marker

Abbildung 3.37: Markieren Sie das Gesicht

Personen verwalten, anpassen und ignorieren

Im Laufe der Zeit werden Sie sicherlich eine Menge Personenalben anlegen. Da kann schon mal die Übersicht verloren gehen. Zum Glück erzeugt Picasa für jede Person eine Visitenkarte. So haben Sie immer alle Ihre Freunde und Bekannten innerhalb von Picasa im Blick.

1. Öffnen Sie im Hauptmenü den Punkt **Tools/Personen-Manager**. Jetzt öffnet sich das Fenster **Personen** und listet alle Visitenkarten auf.

2. In diesem Fenster lassen sich alle Personen bearbeiten oder die Daten des Adressbuchs vervollständigen. Wählen Sie in der linken Liste die zu bearbeitende Visitenkarte aus und passen Sie dann rechts die Felder für **Name**, **Alias**, **E-Mail-Adresse** an.

3. Beachten Sie unbedingt die Option **Mit Kontakten und Webalben synchronisieren**. Ist sie aktiviert, gleicht Picasa die interne Personenliste automatisch mit Ihrem Google-Adressbuch und dem Picasa-Webalbum ab.

   - Es kann ganz praktisch sein, wenn die Personen mit dem Google-Adressbuch synchronisiert werden. So haben Sie zu allen Ihren Freunden die wichtigsten Daten und auch gleich ein Foto in der Visitenkarte.

   - Bei den Webalben ist diese Option deutlich kritischer zu sehen. Geben Sie Ihre Fotos öffentlich frei, können die Personen nun über ihren Namen direkt gefunden werden. Die meisten Menschen möchten das nicht, und sicher nicht ohne ihre Zustimmung. Geben Sie Ihre Webalben nicht öffentlich frei, sondern nur für Freunde und Bekannte, stellt sich das Problem nicht.

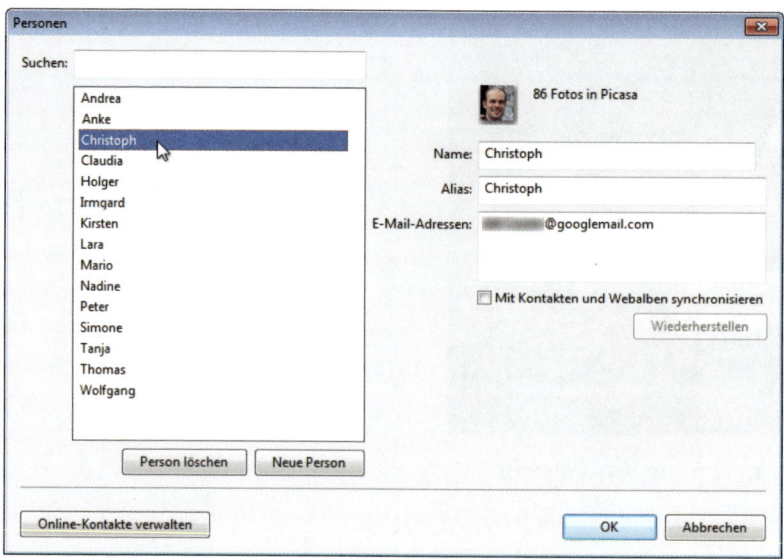

Abbildung 3.38: Verwalten Sie alle Personen

4. Mit den Schaltflächen **Person löschen** und **Neue Person** entfernen Sie Visitenkarten oder legen ganz neue an. Beachten Sie, dass eine Person auch aus Ihrem Google-Adressbuch gelöscht wird, wenn Sie die Option zum Synchronisieren aktiviert haben.

5. Mit der Schaltfläche **Online-Kontakte verwalten** öffnen Sie direkt Ihr Google-Adressbuch und können die darin enthaltenen Kontakte bearbeiten oder die Informationen vervollständigen.

Erstellen Sie mit Picasa eine neue Visitenkarte bzw. ein neues Personenalbum, wird dieser Person automatisch ein Standardbild zugeordnet. Es erscheint auf der Visitenkarte und in der Liste der Personenalben. Weil Picasa dieses Bild automatisch auswählt, ist es nicht immer das schönste. Mit ein paar Mausklicks lässt sich das ganz schnell ändern.

Gehen Sie hierzu im Abschnitt **Personen** in das Personenalbum, dessen Standardbild Sie ändern möchten. Klicken Sie mit der rechten Maustaste auf das gewünschte Foto und wählen Sie aus dem Menü den Punkt **Als Miniaturbild des Albums festlegen**. Schon ändert sich die Standardanzeige für diese Person.

Bereits nach kurzer Zeit werden Sie bemerken, dass Picasa bei der Gesichtserkennung sehr gründlich ist. Die Personenliste wird schnell sehr lang. Alle nicht zugeordneten Gesichter erscheinen im Album **Unbekannt**. Hier werden Sie eine Menge Personen finden, die Sie überhaupt nicht kennen, noch werden Sie sich daran erinnern können, diese jemals fotografiert zu haben. Picasa findet selbst winzig kleine Gesichter im Hintergrund. Das führt zu vielen unerwünschten Ergebnissen und macht die Alben unübersichtlich.

Fotos sortieren – Stichworte, Personen & Marker

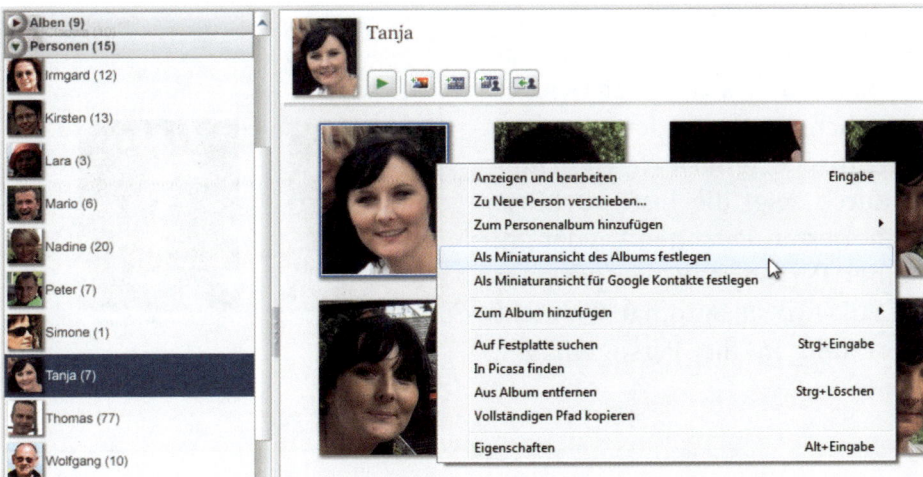

Abbildung 3.39: Legen Sie das persönliche Bild fest

Um die fremden Personen aus der Liste zu entfernen, öffnen Sie das Album **Unbekannt**. Jetzt klicken Sie bei den unerwünschten Fotos oben rechts auf das schwarze **X**. Picasa fragt nun, ob Sie diese Person wirklic‚h ignorieren möchten. Bestätigen Sie das, und diese Person wird nicht mehr in Ihren Alben aufgeführt.

Abbildung 3.40: Unbekannte Personen einfach ignorieren

Haben Sie aus Versehen einen Freund auf die Ignorieren-Liste gesetzt, ist das nicht weiter schlimm. Sie können das jederzeit wieder rückgängig machen. Dafür finden Sie oben rechts die Schaltfläche **Ignorierte Gesichter anzeigen**. Dadurch zeigt die Liste vorübergehend alle ignorierten Personen wieder an. Weisen Sie einer Person jetzt wie gewohnt einen Namen zu, wird sie automatisch nicht mehr ignoriert und in die Personenalben einsortiert.

Abbildung 3.41: Ignorierte Personen wieder anzeigen

Die Personenerkennung anpassen

Falls Picasa bei der Erkennung von Gesichtern und Personen nicht nach Ihren Wünschen arbeitet, lässt sich die Intensität ein wenig anpassen. Wählen Sie im Hauptmenü den Punkt **Tools/Optionen** aus. Es öffnet sich ein Konfigurationsfenster, in dem Sie in das Register **Namens-Tags** wechseln. Hier lässt sich die Gesichtserkennung generell ein- oder ausschalten. Ebenso legen Sie fest, ob Picasa Vorschläge für Personen machen soll. Mit den Schiebereglern passen Sie die Intensität der Erkennung an.

Markierungen – wichtige Fotos hervorheben

Picasa bietet Ihnen auch die Möglichkeit, einzelne Fotos speziell zu markieren. Anders als bei Stichworten oder Alben ist diese Markierung völlig zusammenhanglos und beliebig. Sie stellt also keine Kategorisierung oder Sortierung dar, sondern lediglich eine Hervorhebung. Auf diese Weise lassen sich z. B. wichtige oder besonders interessante Fotos merken und schnell wiederfinden, ohne dass Sie auf herkömmliche Weise danach suchen müssen.

1. Gehen Sie dafür in die Liste mit den Vorschaubildern. Klicken Sie einmal mit der linken Maustaste auf das Foto, das Sie markieren möchten, sodass es farblich unterlegt ist.

2. Anschließend klicken Sie unten in der Leiste mit den Sonderfunktionen auf die Schaltfläche **Markieren**. Sie besitzt als Symbol einen Stern.

3. Das Foto wird dadurch in der rechten unteren Ecke mit einem gelben Stern markiert.

Fotos sortieren – Stichworte, Personen & Marker

Auf diese Weise lassen sich nun beliebige Fotos in Ihrer Sammlung markieren. Zu welchem Zweck Sie das tun, ist im Grunde ganz Ihnen überlassen. Markieren Sie auf diese Weise z. B. Ihre schönsten Aufnahmen, besonders wichtige Fotos oder Bilder, die Sie immer wieder verwenden. Anhand des Sterns sehen Sie immer gleich, dass es sich um ein markiertes Bild handelt.

Damit Sie markierte Fotos besonders schnell wiederfinden, legt Picasa nun automatisch ein eigenes Album dafür an. Es trägt den Namen **Markierte Fotos** und befindet sich in der Albenliste ganz oben. Klicken Sie mit der Maus einmal auf dieses Album, um alle markierten Fotos aufgelistet zu bekommen.

Abbildung 3.42: Das Foto markieren

Abbildung 3.43: Das Album mit markierten Fotos

Möchten Sie die Markierung für ein Foto wieder aufheben, sind auch nur zwei Mausklicks notwendig. Zuerst klicken Sie einmal mit der Maus auf das betreffende Bild, sodass es farblich unterlegt ist. Anschließend klicken Sie erneut auf die Schaltfläche **Markieren**. Der gelbe Stern im Vorschaubild wird entfernt, und die Markierung ist aufgehoben.

3 · Bilder sortieren

Fotos komfortabel suchen und finden

Mit den Ordnern und Alben erstellen Sie eine sehr übersichtliche Sammlung Ihrer Fotos. Im Laufe der Zeit werden Sie aber sicherlich Hunderte oder gar Tausende Fotos auf Ihrem Computer speichern. Da geht die Übersicht leicht verloren. Benötigen Sie gerade ein besonderes Foto, müssen Sie manuell in Ihren vielen Ordnern suchen, was schnell umständlich wird. Zum Glück besitzt Picasa verschiedene Such- und Filterfunktionen, die Ihnen die Arbeit deutlich erleichtern.

Fotos einfach suchen und finden

Suchen Sie ein ganz bestimmtes Foto oder Bilder zu einem bestimmten Thema, bietet Ihnen die Suchfunktion eine zuverlässige Hilfe. Mit Ihr lassen sich Bilder blitzschnell auffinden. Das funktioniert über das Suchfeld in Picasa. Es befindet sich oben rechts und ist ganz einfach zu bedienen. Sie müssen lediglich den gewünschten Suchbegriff eintippen.

Abbildung 3.44: Das Suchfeld in Picasa

Bei der Suche werden die vielen Hintergrundinformationen zu Fotos berücksichtigt, die Sie im Laufe der Zeit eingegeben haben. Spätestens jetzt wird klar, warum Stichworte, Bildunterschriften und Exif-Informationen so wichtig sind. Folgende Informationen schließt Picasa bei der Suche mit ein:

- **Dateinamen** – Leider helfen die Dateinamen bei der Suche oft wenig, weil die meisten Kameras die Fotodateien lediglich durchnummerieren.
- **Bildunterschriften** – Sehr hilfreich ist es, wenn Sie Ihren Bildern Unterschriften bzw. Beschreibungen gegeben haben.

Fotos komfortabel suchen und finden

- **Tags** – Die Tags/Stichworte gehören zu den wichtigsten Suchelementen. Auch Teile eines Wortes oder einzelne Silben werden blitzschnell gefunden.
- **Ordner- und Albumname** – Auch die Namen von Ordnern und Alben werden durchsucht. Allerdings macht das oft wenig Sinn, denn wenn Sie den Namen des Ordners kennen, können Sie ihn auch direkt anklicken.
- **Kamerahersteller** – In den Exif-Informationen steht der Hersteller Ihrer Digitalkamera. Das ist praktisch, wenn Sie Fotos aus vielen verschiedenen Quellen bzw. Kameras gespeichert haben.
- **Datum** – Suchen Sie Bilder von einem bestimmten Ereignis oder Tag, lässt sich problemlos nach dem Datum suchen.

Die Suchfunktion von Picasa ist sehr übersichtlich gehalten, sodass Sie sehr schnell die gesuchten Bilder finden werden. Dabei verändert sich die Oberfläche ein wenig, und die bekannten Elemente zeigen die gefundenen Bilder an. Folgende Elemente und Funktionen stehen Ihnen dabei zur Verfügung:

Abbildung 3.45: Die Suchfunktionen im Überblick

3 · Bilder sortieren

1. **Suchfeld** – In das Suchfeld geben Sie den Begriff ein, nach dem gesucht werden soll. Bestätigen Sie Ihre Eingabe mit der Taste ⏎.

2. **Suchergebnisse** – Picasa erstellt hier einen temporären Ordner mit dem Namen *Suchergebnisse*. Er enthält alle gefundenen Bilder. Direkt darunter erscheinen die Alben, in denen passende Fotos gefunden wurden.

3. **Ergebnisordner** – Damit Sie leichter auf die gefundenen Bilder zugreifen können, erscheint hier eine Liste mit den Ordnern, in denen die Bilder gefunden wurden. Beim Anklicken zeigen sie nur die Bilder an, die auf Ihre Suche zutreffen.

4. **Gefundene Bilder** – Im Hauptfenster sehen Sie eine Liste der gefundenen Fotos als Vorschaubild.

5. **Zeitfilter** – Möchten Sie die Ergebnisliste zeitlich einschränken, betätigen Sie diesen Schieberegler. Dann werden nur die Fotos aus dem gewählten Zeitraum angezeigt.

Picasa versucht, Ihnen bei der Suche möglichst hilfreich zur Seite zu stehen. Deshalb merkt sich Picasa die von Ihnen vergebenen Stichworte/Tags sowie die wichtigsten Begriffe Ihrer Bildunterschriften. Sobald Sie oben rechts etwas in das Suchfeld eintippen, erscheint direkt darunter eine Liste mit diesen Begriffen. Die Liste enthält vergebene Stichworte, Bildunterschriften, Exif-Informationen und ähnliche Vorschläge. Die Liste passt sich fortlaufend an, während Sie Ihren Suchbegriff weiter eintippen. Trifft einer der Vorschläge aus der Liste genau auf Ihren Suchbegriff zu, klicken Sie ihn einfach mit der Maus in der Liste an. Auf diese Weise lässt sich z. B. gezielt nach vergebenen Stichworten/Tags suchen.

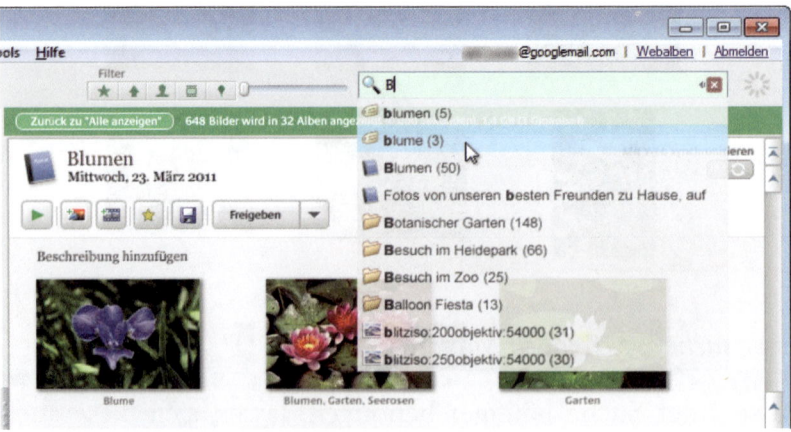

Abbildung 3.46: Picasa schlägt Begriffe vor

Mit einer guten Suche lassen sich die Ergebnisse deutlich optimieren. Wählen Sie deshalb Ihren Suchbegriff gut aus und probieren Sie immer verschiedene Alternati-

Fotos komfortabel suchen und finden

ven aus. Oft unterscheiden sich die Ergebnisse schon bei leichten Variationen. Folgende Tipps sollen Ihnen helfen, die Suche noch zu verbessern:

- Für eine ganz gezielte Suche wählen Sie aus der Liste der vorgeschlagenen Begriffe ein zuvor vergebenes Stichwort aus.
- Bei der Suche nach einem Datum berücksichtigt Picasa nur das Jahr als Zahl sowie den Monat als ausgeschriebenes Wort, z. B. *April* oder *2010*. Nach Monaten als Zahl oder nach Tagen kann nicht gesucht werden.
- Die Groß- und Kleinschreibung spielt bei der Suche keine Rolle. Picasa listet in jedem Fall alle Variationen auf.
- Möchten Sie nach einem Kameratyp suchen, sollten Sie nach Teilbegriffen suchen, z. B. nach *Sony* anstatt *Sony Cybershot* oder nach *Power* anstatt *Powershot*. Picasa tut sich hier manchmal ein wenig schwer.
- Sie können auch nach der Auflösung von Bildern suchen. Geben Sie hierzu einfach die horizontale oder vertikale Pixelzahl ein, z. B. *2560* oder *1920*. Beachten Sie aber, dass die Suche hierbei exakt ist und keine ähnlichen Werte auflistet.
- Die Suchergebnisse lassen sich wie alle anderen Ordner ganz einfach sortieren. Öffnen Sie hierzu im Hauptmenü den Punkt *Ordner/Sortieren nach* und wählen Sie eine der Optionen *Name*, *Größe* oder *Datum* aus.

Abbildung 3.47: Besser suchen, z. B. nach Monaten

Wenn Sie die Ergebnisse einer Suche häufiger benötigen, lassen sich diese auch abspeichern. Dabei erstellt Picasa ein ganz normales Album und fügt diesem Album alle Fotos der aktuellen Suche hinzu. Allerdings werden dabei nicht die Suchkriterien bzw. das Suchwort gespeichert. Es handelt sich dabei also nicht um ein dynamisches Album, sondern um eine Momentaufnahme. Importieren Sie später neue

3 · Bilder sortieren

Bilder in Picasa, auf die die Suche ebenfalls zutreffen würde, werden diese nicht berücksichtigt und nicht dem Album hinzugefügt.

1. Wählen Sie hierzu im Menü den Punkt **Tools/Sonstiges/Suchergebnisse speichern** aus.
2. Dadurch öffnet sich ein Fenster zum Erstellen neuer Alben. Dies funktioniert genau wie bei herkömmlichen Alben. Geben Sie also den Namen, das Datum, die Beschreibung usw. ein und betätigen Sie die Schaltfläche **OK**.
3. Das Album wird jetzt erstellt und erscheint links in der Liste zusammen mit allen anderen Alben.

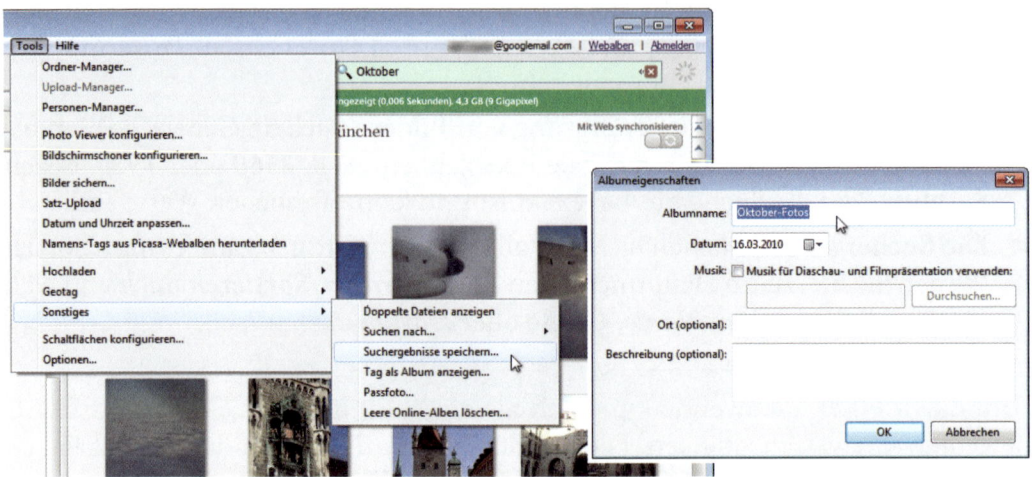

Abbildung 3.48: Speichern Sie Ihre Suchergebnisse

Arbeiten mit den Filtern

Beim Durchstöbern der eigenen Bilder möchte man manchmal nur bestimmte Fotos angezeigt bekommen. Hierzu bietet Picasa ein paar Filter. Dadurch werden nur die Fotos aufgelistet, auf die der Filter zutrifft. Alle anderen Bilder werden automatisch ausgeblendet. Das ist natürlich nicht so exakt wie die Suchfunktion, kann aber oft ganz praktisch sein. Außerdem lassen sich die Filter problemlos mit der Suchfunktion oder der Wahl eines Ordners kombinieren. Das verbessert die Suchergebnisse oftmals.

Die Filter befinden sich im oberen Bereich des Picasa-Fensters direkt unter der Menüzeile. Ihnen stehen dabei vier Schaltflächen zur Verfügung:

- **Markierte Fotos** – Dieser Filter zeigt nur Fotos an, welche Sie mit der Markierungsfunktion von Picasa mit einem gelben Stern versehen haben.
- **Uploads in Webalben** – Haben Sie sich bereits ein Online-Album in Picasa erstellt, werden nur Bilder angezeigt, die Sie in dem Album veröffentlicht haben.

Fotos komfortabel suchen und finden

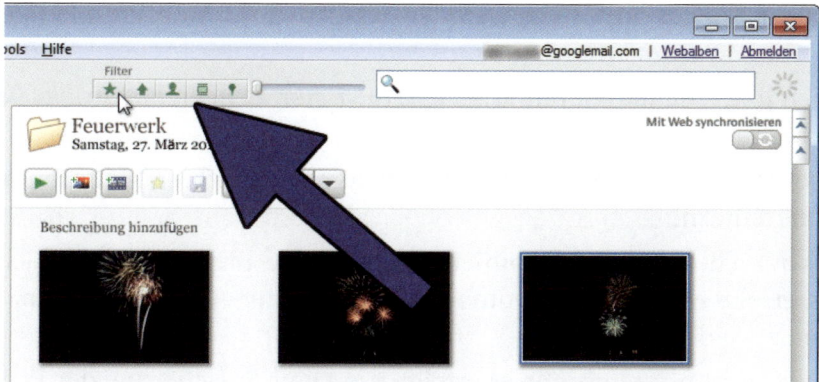

Abbildung 3.49: Nutzen Sie die Filterfunktion

- **Gesichter** – Lassen Sie sich nur Fotos anzeigen, auf denen Personen und Gesichter abgebildet sind.
- **Filme** – Dieser Filter zeigt nur Videos bzw. Videodateien an.
- **Orte** – Aktivieren Sie diesen Filter, zeigt Picasa nur Fotos mit geografischen Daten an.
- **Zeit** – Der Schieberegler rechts neben den Filter-Schaltflächen filtert die Fotos nach einem Zeitraum.

Um einen Filter anzuwenden, müssen Sie einmal mit der linken Maustaste auf die jeweilige Schaltfläche klicken. Die Schaltfläche wird dadurch dunkel gefärbt, damit Sie den aktivierten Filter sofort erkennen. Im unteren Bereich des Fensters erscheinen jetzt alle Fotos, Videos und sonstige Dateien, die auf den Filter zutreffen.

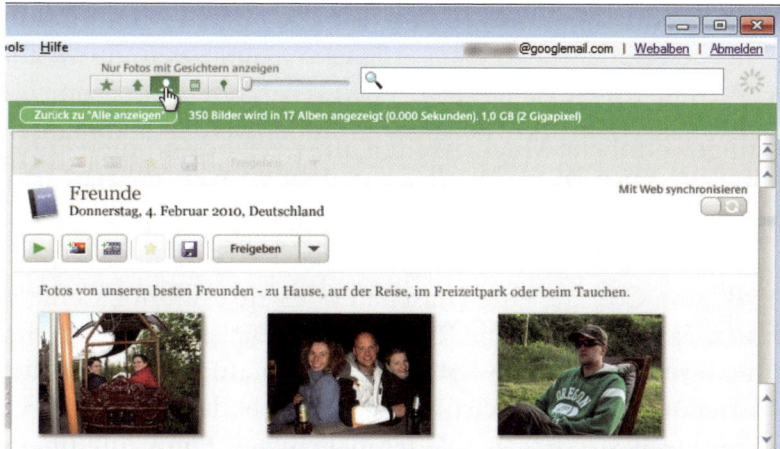

Abbildung 3.50: Beispiel – Fotos nach Gesichtern filtern

3 • Bilder sortieren

Bei der Verwendung von Filtern stehen Ihnen verschiedene Möglichkeiten und beliebige Kombinationen zur Verfügung.

- Filter lassen sich jederzeit aktivieren, während Sie einen beliebigen Ordner oder ein Album betrachten.
- Auch die Ergebnisse aus dem Suchfeld oben rechts lassen sich mit Filtern kombinieren bzw. verfeinern.
- Alle Filter lassen sich beliebig kombinieren, indem Sie mehrere Schaltflächen anklicken. Lassen Sie sich z. B. nur Fotos aus dem Online-Album anzeigen, auf denen Personen zu sehen sind.
- Diese Filterfunktion ist nur temporär, es erfolgt also keine Speicherung der Ergebnisse. Sobald Sie eine Filter-Schaltfläche deaktivieren, kehren Sie in die Standardansicht zurück.

Abbildung 3.51: Kombinieren – nach Monat suchen und nach Gesichtern filtern

Suchen nach Farben

Picasa bietet Ihnen auch ungewöhnliche Möglichkeiten, um nach bestimmten Fotos zu suchen. Hierzu gehört sicherlich das Suchen nach Farben. Dabei untersucht Picasa alle Fotos in Ihrer Sammlung und listet nur die Bilder auf, auf denen die gewählte Farbe besonders häufig vorkommt. Das kann in der Praxis durchaus sinnvoll sein. Erstellen Sie z. B. eine Collage, eine Diaschau oder ein Album zu einem bestimmten Thema, können Farben eine große Rolle spielen. Für eine romantische Zusammenstellung wählen Sie z. B. vor allem Fotos mit viel Rot, für ein Album mit Frühlingsbildern konzentrieren Sie sich auf Grün usw. Auch bei der Nachbearbeitung kann das Sinn machen, weil Sie so z. B. alle fehlbelichteten Fotos mit einem Farbstich schnell finden und korrigieren können.

Fotos komfortabel suchen und finden

1. Gehen Sie dafür in das Hauptmenü und wählen Sie den Punkt *Tools/Sonstiges/Suchen nach* aus. Dadurch erhalten Sie eine Liste mit Farben, nach denen gesucht werden kann. Ihnen stehen die Optionen *Rot*, *Orange*, *Gelb*, *Grün*, *Blau*, *Lila* und *Schwarzweiß* zur Verfügung.

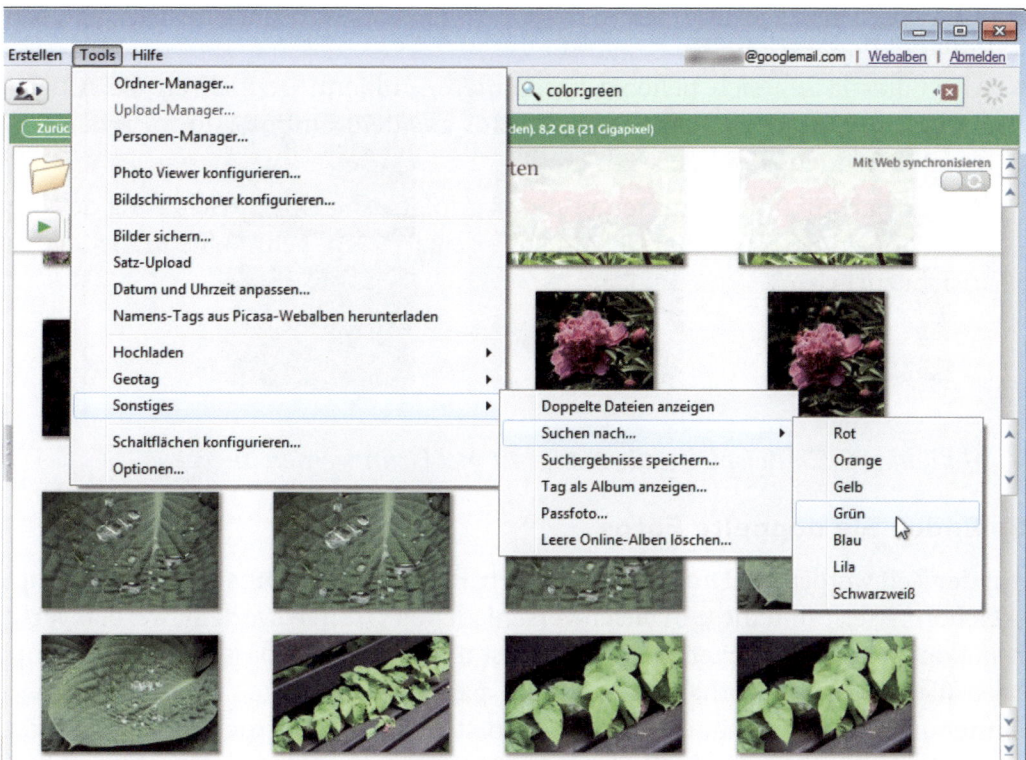

Abbildung 3.52: Durchsuchen Sie Ihre Fotos nach Farben

2. Picasa durchsucht jetzt Ihre Fotos und erstellt ein temporäres Album mit den Suchergebnissen. Klicken Sie es links in der Albenliste an, um die gefundenen Fotos aufgelistet zu bekommen.

3. Zusätzlich verändert sich die Ordnerliste im unteren Bereich. Sie zeigt nur die Ordner an, in denen sich gefundene Bilder befinden. Dadurch lassen sich die Suchergebnisse sofort eingrenzen, und Sie wählen gezielt aus den Motiven oder Anlässen aus.

4. Die gefundenen Bilder lassen sich nun wie üblich markieren, mit Tags versehen oder in ein neues Album kopieren, sodass sie Ihnen für die weitere Verarbeitung schneller zur Verfügung stehen.

3 · Bilder sortieren

Abbildung 3.53: Beispiel – alle Fotos mit viel Grün werden angezeigt

So finden Sie doppelte Fotos

Mit der Zeit werden Sie Hunderte oder auch Tausende von Fotos auf Ihrem Computer speichern. Meist sind diese in vielen verschiedenen Ordnern verteilt, werden verschoben, kopiert und bearbeitet. Dabei ist es fast unvermeidlich, dass einige Fotos doppelt oder auch mehrfach vorhanden sind. Ein paar doppelte Fotos kann man sicherlich hinnehmen, aber wenn ganze Ordner doppelt gespeichert werden, ist das eine ziemliche Platzverschwendung. Außerdem erschwert das eine übersichtliche Organisation.

Mit Picasa lassen sich doppelte Fotos ganz einfach finden. Wählen Sie hierzu im Hauptmenü den Punkt **Tools/Sonstiges/Doppelte Dateien anzeigen** aus. Sie erhalten sofort eine Liste mit allen Fotos, die mindestens zweimal auf Ihrem Computer gespeichert sind.

Auf diese Weise sehen Sie ganz schnell, welche Fotos mehrfach auf Ihrer Festplatte vorhanden sind. Bei Bedarf lassen sich die Fotos schnell umorganisieren oder auch löschen, sodass Sie keinen unnötigen Platz verschwenden.

- Doppelte Fotos lassen sich umgehend löschen. Sie müssen lediglich die Taste `Entf` auf der Tastatur drücken.
- Falls Sie sich nicht sicher sind, um welche Version einer Datei es sich handelt, klicken Sie mit der rechten Maustaste auf das Vorschaubild und wählen die Option **Auf Datenträger suchen** aus. Sie gelangen in den Windows-Explorer mit dem entsprechenden Verzeichnis.

Geotagging – Ihre Fotos auf der Landkarte anzeigen

- Möchten Sie die Bilder umorganisieren, klicken Sie mit der rechten Maustaste auf die jeweilige Datei und wählen die Option *In neuen Ordner verschieben* aus.
- Um die Anzeige der doppelten Bilder wieder zu verlassen, wählen Sie oben die Schaltfläche *Zurück zu „Alle anzeigen"* aus.

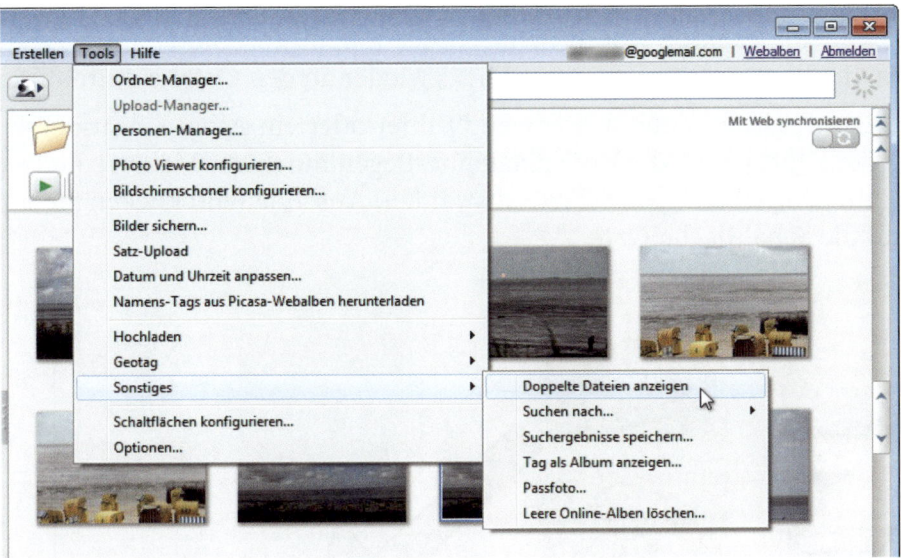

Abbildung 3.54: Zeigen Sie doppelte Fotos an

Geotagging – Ihre Fotos auf der Landkarte anzeigen

Neben Picasa gehören Google Maps und Google Earth zu den beliebtesten Google-Angeboten. Diese beiden Dienste bieten eine komplette Karte der Erde, entweder als kartografische Ansicht oder als Satellitenbild. Google Maps entspricht dabei eher einer Landkarte, und Google Earth bildet einen dreidimensionalen Globus mit interaktiven Funktionen und Zusatzinformationen. Da liegt es natürlich nahe, die Funktionen von Picasa und Google Maps bzw. Google Earth miteinander zu verknüpfen. Dabei wird häufig von sogenannten *Geotags* gesprochen. Damit ist nichts anderes gemeint, als dass die Fotos neben den üblichen Tags bzw. Stichworten auch noch die geografischen Koordinaten des Aufnahmeortes enthalten. Dann wissen Sie auch später noch, wo ein Foto aufgenommen wurde, und können mit wenigen Mausklicks den Ort wieder besuchen. Viele moderne Kameras besitzen bereits ein GPS-Modul und schreiben diese Daten bei jeder Aufnahme direkt in die Fotodatei. Solche Bilder lassen sich sofort in Picasa verwenden und auf der Karte anzeigen. Besitzen Sie eine herkömmliche Kamera ohne GPS-Modul, fügen Sie die geografischen Koordinaten einfach nachträglich ein.

3 · Bilder sortieren

Fotos in Google Maps platzieren

Möchten Sie Ihre Fotos mit geografischen Daten ausstatten, geht das am schnellsten und einfachsten mit Google Maps. Es ist bereits vollständig in Picasa integriert, sodass keinerlei Installation oder Konfiguration notwendig ist. Sie können sofort loslegen. Dabei geben Sie in Google Maps an, wo ein Foto aufgenommen wurde. Picasa speichert die exakten Koordinaten in der jeweiligen Fotodatei. In Zukunft führt Picasa Sie dann mit wenigen Mausklicks wieder an den Ort der Aufnahme.

1. Gehen Sie in Picasa in einen beliebigen Ordner oder ein Album. Markieren Sie dort das Foto, für das Sie die Koordinaten festlegen möchten. Mehrere Fotos lassen sich mit gedrückter Strg-Taste auswählen. Anschließend klicken Sie unten rechts auf die Schaltfläche *Orte*.

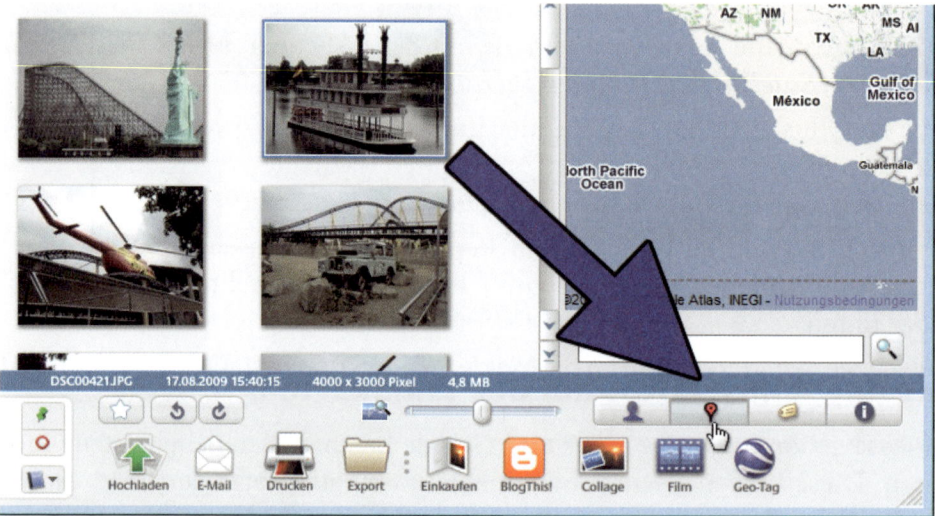

Abbildung 3.55: Öffnen Sie Google Maps

2. Meist startet die Anzeige mit einem Blick auf die USA. Um das zu ändern, tippen Sie unten in das Feld den Ort und das Land der Aufnahme ein, im Beispiel ist dies „Heidepark Soltau, Deutschland". Google Maps wird nun nach dem Ort suchen und Ihnen nach einem kurzen Augenblick einen Platzierungsvorschlag für Ihr Foto machen.

3. Entspricht der Vorschlag genau dem Aufnahmeort, klicken Sie auf die Schaltfläche *OK*. Möchten Sie die Position ein wenig verändern, klicken Sie mit der linken Maustaste auf den grünen Marker. Halten Sie die Maustaste fest und schieben Sie den Marker an die gewünschte Position. Mit *OK* bestätigen Sie die Änderung.

Geotagging – Ihre Fotos auf der Landkarte anzeigen

Abbildung 3.56: Picasa schlägt einen Ort vor

4. Möchten Sie die Position noch exakter festlegen, ist das ebenfalls möglich. Nutzen Sie dafür folgende Optionen:

- Wechseln Sie die Ansicht, indem Sie mit der Liste oben rechts zwischen **Straßenkarte**, **Satellit**, **Hybrid** oder **Terrain** auswählen.
- Mit den Plus-/Minus-Tasten in der linken oberen Ecke vergrößern oder verkleinern Sie den Bildausschnitt. Sie können dazu auch das Mausrad verwenden, wenn Sie die Zoom-Tasten vorher einmal angeklickt haben.
- Um sich im Bild zu bewegen, klicken Sie mit der linken Maustaste auf die Karte und schieben den Ausschnitt nach rechts oder links bzw. nach oben oder unten.
- Setzen Sie den Marker nun an die exakte Position und bestätigen Sie diese mit **OK**.

Abbildung 3.57: Legen Sie die exakte Position fest

3 · Bilder sortieren

5. Um weitere Fotos in diesem Ordner auf der Karte einzublenden, klicken Sie das oder die Fotos in der Vorschauansicht an. Nun gehen Sie mit der Maus oben links auf die Schaltfläche mit dem grünen Marker (rechts neben den Zoom-Tasten). Damit erzeugen Sie einen neuen Marker, den Sie für die nun ausgewählten Fotos verwenden.

Auf diese Weise lässt sich für alle Ihre Fotos die exakte Position in Google Maps festlegen. Das ist am Anfang vielleicht ein wenig Arbeit, bringt aber viele Vorteile und macht auch noch Spaß. Wenn Sie in Zukunft durch Ihre Ordner und Alben stöbern, können Sie jederzeit unten rechts die Schaltfläche **Orte** betätigen. Dadurch öffnet sich wieder die Leiste mit der Karte und zeigt Ihnen sofort an, wo die Fotos in diesem Ordner aufgenommen wurden. Die Marker auf der Karte sind jeweils anklickbar, zeigen eine Vorschau des Fotos und führen direkt zu einer vergrößerten Ansicht des Ortes.

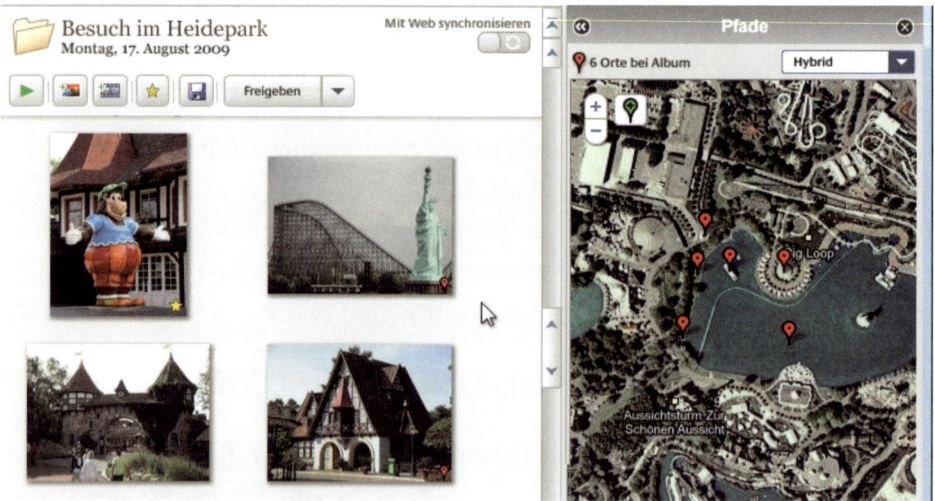

Abbildung 3.58: Alle Fotos des Ordners auf der Karte

Fotos in Google Earth verknüpfen

Arbeiten Sie lieber mit Google Earth und schätzen dessen dreidimensionale Ansicht der Erde, müssen Sie nicht auf Geodaten verzichten. Picasa arbeitet problemlos auch mit Google Earth zusammen. Allerdings ist es nicht Teil des Picasa-Pakets und muss extra heruntergeladen und installiert werden. Besitzen Sie Google Earth bereits, lassen sich Ihre Fotos sofort mit geografischen Angaben ergänzen. Sie müssen hierzu nichts weiter tun, denn Picasa verknüpft sich bei der ersten Verwendung automatisch mit Google Earth. Es kann also direkt losgehen.

Geotagging – Ihre Fotos auf der Landkarte anzeigen

Die folgende Übersicht zeigt die wichtigsten Elemente und Funktionen in Google Earth, die Sie für die Zusammenarbeit von Google Earth und Picasa kennen müssen.

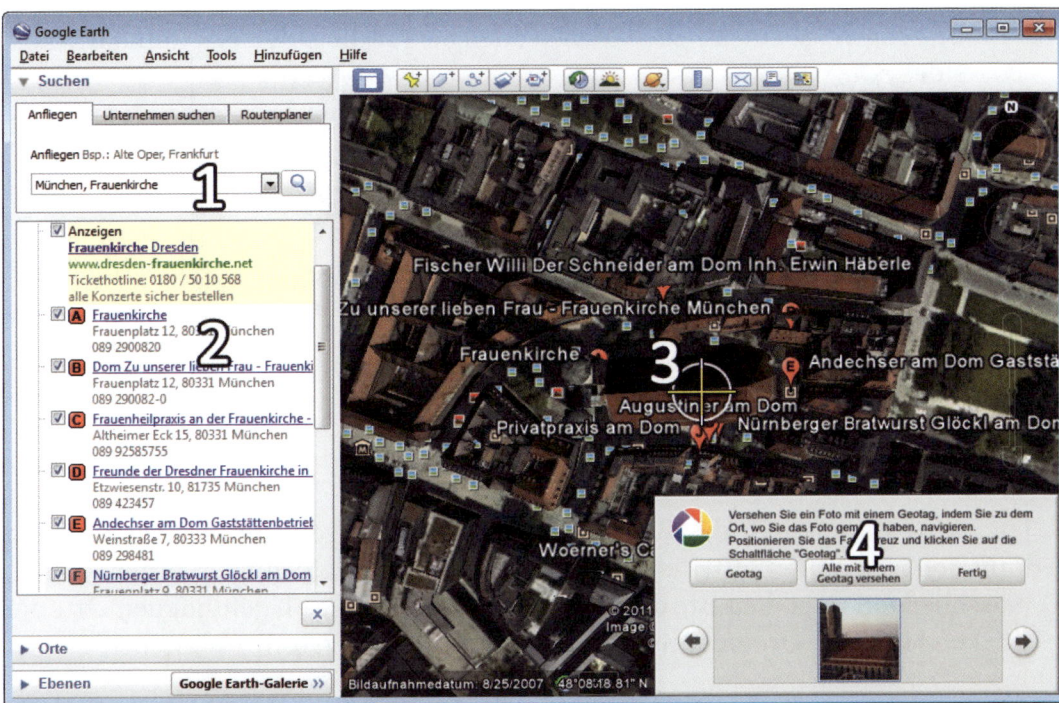

Abbildung 3.59: Die Picasa-Funktionen in Google Earth

1. **Suchfenster** – Hiermit suchen Sie nach dem Ort, an dem das Foto aufgenommen wurde.

2. **Gefundene Orte** – Hier listet Google Earth gefundene Orte auf, aus denen Sie auswählen können.

3. **Fadenkreuz** – Mit dem Fadenkreuz legen Sie die exakte Position für das Foto fest.

4. **Geotag** – Dies ist das Steuerfenster von Picasa, welches nun in Google Earth angezeigt wird und die Verknüpfung der beiden Programme herstellt.

Um nun Ihre Fotos in Google Earth zu verknüpfen und anzuzeigen, gehen Sie wie folgt vor:

1. Markieren Sie in der Liste der Vorschaubilder das gewünschte Foto. Halten Sie dabei die Taste [Strg] gedrückt, lassen sich auch mehrere Fotos auf einmal auswählen.

3 • Bilder sortieren

2. Als Nächstes klicken Sie unten rechts auf die Schaltfläche *Geo-Tag*. Alternativ können Sie auch im Menü den Punkt *Tools/Geotag/Geotag mit Google Earth* auswählen.

Abbildung 3.60: Starten Sie die Geotag-Funktion

3. Jetzt wird automatisch das Programm Google Earth gestartet. Geben Sie oben links den Namen des Ortes ein, an dem das gewählte Foto aufgenommen wurde. Anschließend zeigt die Liste darunter die von Google Earth gefundenen Orte an. Klicken Sie einen Ort an, um ihn auf der Weltkugel anzeigen zu lassen.

Abbildung 3.61:
Suchen Sie nach dem Aufnahmeort

4. Mit dem Fadenkreuz lässt sich der Ort ganz exakt bestimmen. Klicken Sie hierzu mit der linken Maustaste auf die Weltkarte, halten Sie die linke Taste fest und verschieben Sie damit die Anzeige. Das Fadenkreuz muss genau auf den Ort gesetzt werden, an dem das Foto aufgenommen wurde.

Geotagging – Ihre Fotos auf der Landkarte anzeigen

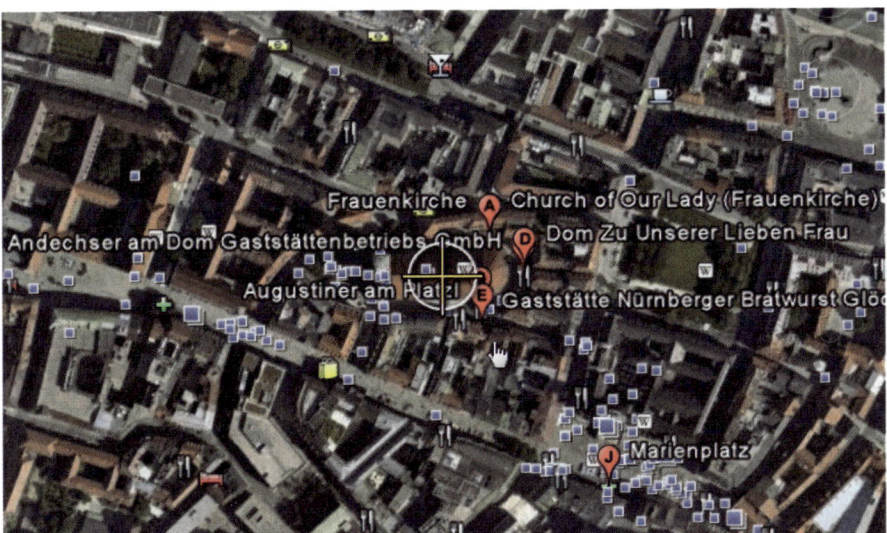

Abbildung 3.62: Mit dem Fadenkreuz den Ort genau festlegen

5. Jetzt müssen Sie die speziellen Picasa-Funktionen im Optionsfenster unten rechts verwenden.

- Klicken Sie auf die Schaltfläche **Geotag**, um das gewählte Bild mit Geodaten auszustatten.
- Mit den Rechts-/Links-Tasten wechseln Sie zum nächsten Bild und wiederholen den Vorgang.
- Möchten Sie die Koordinaten für alle markierten Bilder festlegen, betätigen Sie die Schaltfläche **Alle mit einem Geotag versehen**.
- Sind alle Bilder bearbeitet, verlassen Sie die Funktion mit der Schaltfläche **Fertig**.

Abbildung 3.63: Die Geodaten festlegen und speichern

Möchten Sie Ihre Fotos später wieder in Google Earth betrachten, wählen Sie im Hauptmenü den Punkt **Tools/Geotag/In Google Earth betrachten** aus. Dadurch wird automatisch das Programm Google Earth gestartet bzw. Picasa wechselt in das Programm, falls es im Hintergrund bereits gestartet war.

3 • Bilder sortieren

- Die Liste **Meine Orte** (links) wird nun automatisch um den Eintrag **My Picasa Pictures** erweitert. Er enthält alle verlinkten Fotos, sortiert nach Ihren Picasa-Ordnern.
- Klicken Sie doppelt auf eines der Bilder, um auf der Weltkugel zu dem Ort zu gelangen, mit dem das Bild verknüpft ist.
- Auf der Weltkugel sehen Sie automatisch kleine Vorschaubilder Ihrer Fotos. Klicken Sie auf diese Vorschau, um das Foto vergrößert in Google Earth anzuzeigen.
- Selbstverständlich werden diese Daten nur lokal auf Ihrem Computer gespeichert und angezeigt. Andere Google Earth-Anwender sehen Ihre Fotos natürlich nicht.

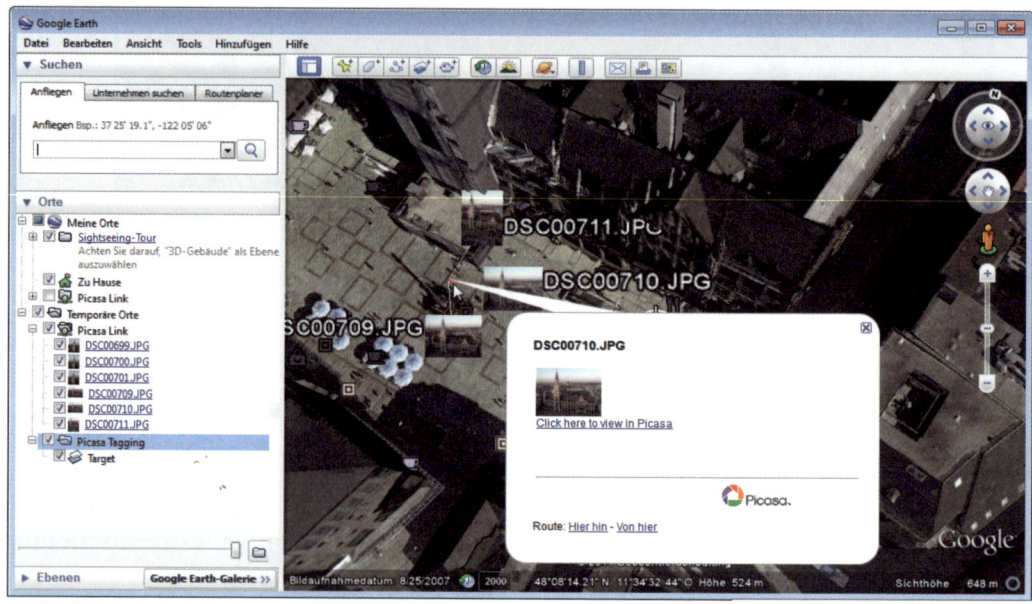

Abbildung 3.64: Ihre verlinkten Fotos erscheinen in Google Earth

Dateien mit geografischen Daten verwalten

Alle Fotos, die geografische Positionsdaten besitzen, werden in Picasa speziell markiert. Das gilt sowohl für manuell als auch automatisch positionierte Fotos. Es spielt also keine Rolle, ob Sie die Fotos in Picasa per Hand auf die Karte gesetzt haben oder ob das GPS-Modul Ihrer Kamera die Daten in die Datei geschrieben hat. Für Picasa sind alle diese Fotos und deren Geodaten gleich. Sie alle tragen unten rechts in der Ecke einen roten Marker. So wissen Sie sofort, welche Fotos bereits Geotags besitzen und welche nicht. Es spielt dabei auch keine Rolle, ob die Fotos in Google Maps oder in Google Earth verarbeitet wurden. Alle Geo- bzw. GPS-Daten sehen gleich aus und werden auf dieselbe Weise angezeigt und verarbeitet.

Geotagging – Ihre Fotos auf der Landkarte anzeigen

Um sich die Koordinaten eines Fotos anzusehen, markieren Sie das Foto und klicken unten rechts auf die Schaltfläche *Eigenschaften* – sie ist mit einem *i* beschriftet. Dadurch öffnet sich rechts die Seitenleiste und listet sämtliche Informationen zu diesem Foto auf – auch die Geo- bzw. GPS-Daten. Alternativ können Sie das Bild auch markieren und dann die Tastenkombination Alt+Enter betätigen.

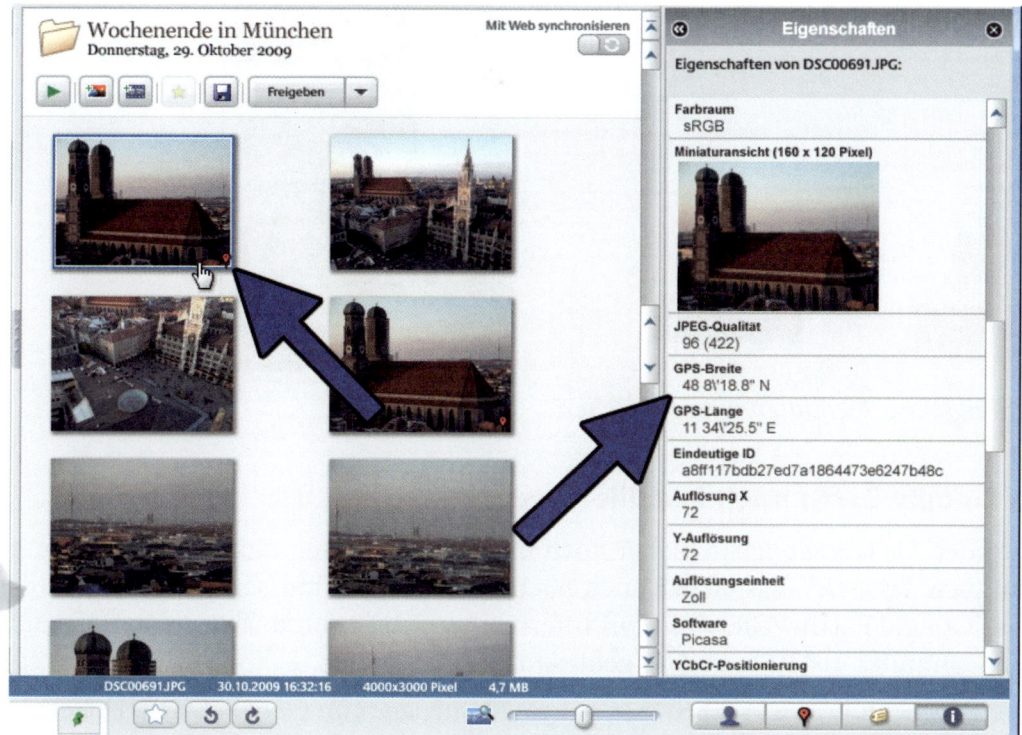

Abbildung 3.65: Geodaten werden in den Dateien gespeichert

Falls die geografischen Daten in einem Foto falsch sind oder Sie diese noch exakter festlegen möchten, ist das durchaus möglich. Die Geodaten können ganz einfach verändert bzw. korrigiert werden. Dazu müssen Sie den Vorgang zum Positionieren in Google Maps oder Google Earth einfach wiederholen. Weil jede Datei nur einen Satz Geodaten speichern kann, werden die vorherigen Daten automatisch überschrieben.

Falls Sie die Koordinaten für ein Foto nicht mehr benötigen oder wünschen, lassen sich diese auch wieder löschen. Markieren Sie dazu das betreffende Foto und wählen Sie dann im Menü den Punkt *Tools/Geotag/Geotags löschen* aus. Es spielt dabei keine Rolle, ob die Daten aus Google Maps, Google Earth oder aus Ihrer Kamera stammen. Die Informationen werden sofort aus der Fotodatei gelöscht und die Verknüpfungen zu Google Maps oder Google Earth aufgehoben.

3 • Bilder sortieren

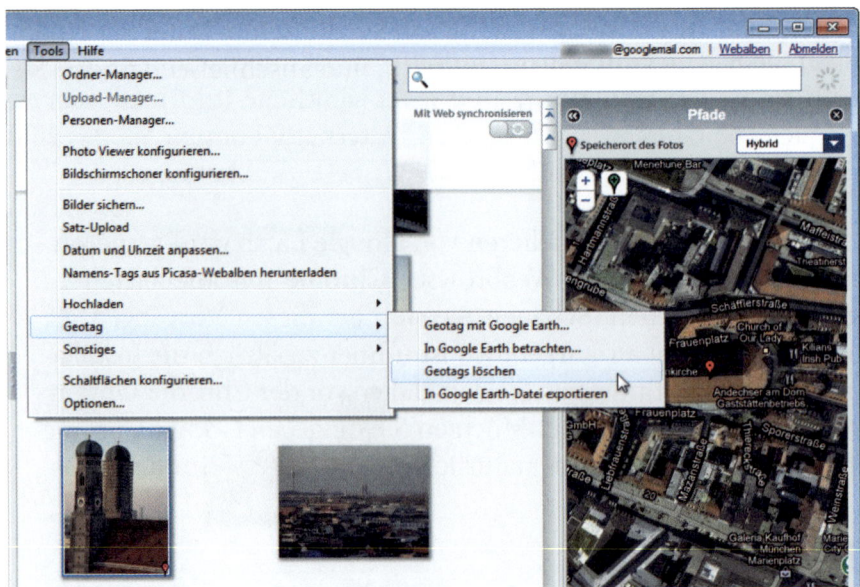

Abbildung 3.66: Geodaten wieder löschen

Falls Google Earth noch installiert werden muss

Verwenden Sie Google Earth bisher noch nicht und möchten nun Ihre Fotos damit verknüpfen, lässt sich das Ganze auch nachholen. Hierzu müssen Sie nur das kostenlose Google Earth-Paket aus dem Internet herunterladen und anschließend auf Ihrem Computer installieren. Das geht schnell und einfach.

1. Gehen Sie mit Ihrem Webbrowser auf die Homepage von Google Earth. Die deutsche Adresse lautet *http://www.google.de/intl/de/earth/index.html*. Klicken Sie hier auf die Schaltfläche **Google Earth 6 herunterladen** und speichern Sie die Installationsdatei auf Ihrem Computer.

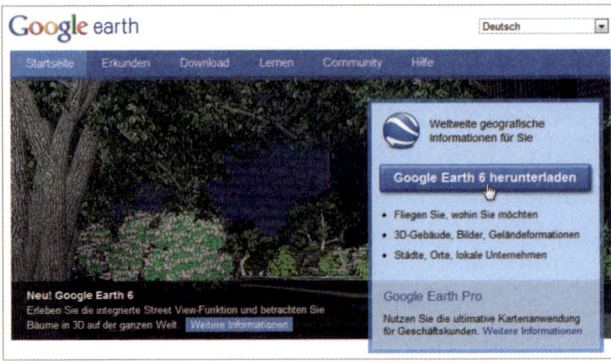

Abbildung 3.67: Google Earth herunterladen

Geotagging – Ihre Fotos auf der Landkarte anzeigen

2. Nachdem der Download abgeschlossen ist, öffnen Sie die Setup-Datei mit einem Doppelklick. Die Installation läuft vollautomatisch, und anschließend finden Sie im Startmenü den Eintrag **Google Earth**.

> ### Achten Sie auf Google Chrome
>
> Beim Herunterladen und/oder Installieren von Google Earth wird gerne versucht, Ihnen den Google-eigenen Webbrowser Chrome mit anzubieten ... besser gesagt, unterzuschieben. Schauen Sie sich bei diesen Vorgängen die vielen Optionen ganz genau an – irgendwo ist immer zusätzlich die Installation von Chrome aktiviert. Entfernen Sie den Haken vor der Chrome-Option, um nur Google Earth zu installieren. Möchten Sie hingegen Google Chrome ausprobieren, lassen Sie die Option natürlich eingeschaltet – immerhin ist Chrome ein recht guter Webbrowser.

Sobald Sie die Geotag-Funktion von Picasa das erste Mal aufrufen, wird automatisch eine Verknüpfung zwischen Picasa und Google Earth erstellt. Das läuft vollautomatisch ab und dauert nur einen kurzen Augenblick. In den allermeisten Fällen funktioniert das völlig problemlos.

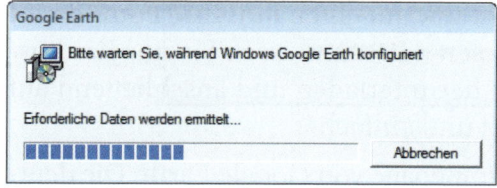

Abbildung 3.68:
Google Earth wird konfiguriert

Manchmal kann es aber vorkommen, dass Picasa nicht richtig auf die Google Earth-Dateien zugreifen kann. Das passiert z. B. gelegentlich nach Online-Updates von Google Earth oder wenn Ihre Version von Google Earth veraltet ist. In diesem Fall verlangt Picasa nach den Installationsdateien von Google Earth. Selbst wenn Sie diese noch besitzen, weigert sich Picasa manchmal, sie zu verwenden.

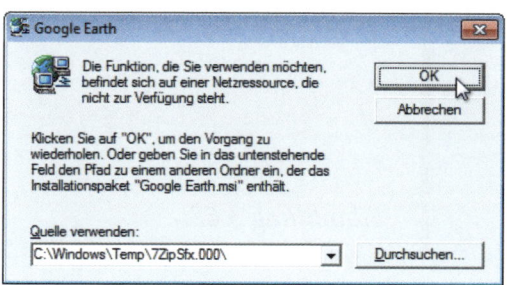

Abbildung 3.69:
Probleme mit Google Earth

Das Problem lässt sich meist nur dadurch lösen, dass Sie Google Earth erneut installieren. Allerdings müssen Sie das auf eine spezielle Weise tun, sonst wird Picasa sich auch in Zukunft beschweren. Bei der Installation legt Google Earth eine temporäre Kopie seiner Dateien an. Sie liegt unter *C:\Windows\Temp\7ZipSfx.000*. Öffnen Sie diesen Ordner und klicken Sie doppelt auf die Datei *Google Earth.msi*. Jetzt wird das vorhandene Google Earth noch einmal neu installiert sowie aktualisiert, und auch Picasa findet beim nächsten Start alle notwendigen Dateien.

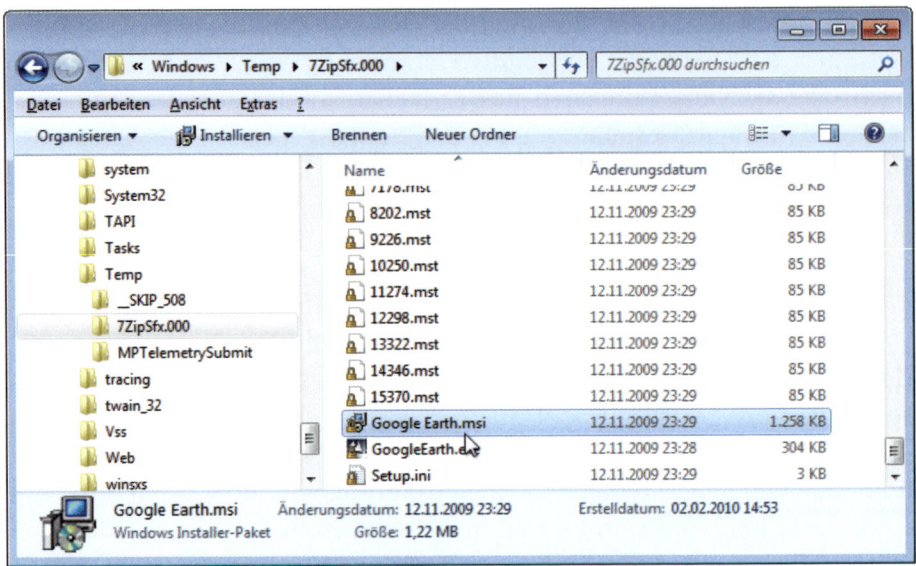

Abbildung 3.70: Hier findet sich die notwendige Datei

Kapitel 4
Picasa online nutzen – das Webalbum

Die ganzen Möglichkeiten von Picasa eröffnen sich Ihnen erst, wenn Sie auch dessen Onlinefunktionen nutzen. Es ist eine der Stärken von Picasa, die Verwaltung von Online- und Offline-Alben nahtlos miteinander zu verknüpfen. Mit Picasas Onlinefunktion erstellen Sie beliebige Webalben und veröffentlichen darin Ihre Fotos. Mit wenigen Mausklicks zeigen Sie Ihren Freunden die schönsten Aufnahmen des letzten Urlaubs, stellen allen Gästen die Bilder der Party zur Verfügung oder tauschen mit Bekannten Fotos zum gemeinsamen Hobby aus. Und damit private Fotos auch privat bleiben, besitzt Picasa eine Rechteverwaltung. Damit bestimmen Sie genau, wer welche Fotos sehen darf, und geben diese nicht automatisch für die ganze Welt frei. Ersparen Sie sich das mühevolle Versenden von Fotos per E-Mail und nutzen Sie die praktischen Picasa-Webalben.

Vorbereitungen für die Onlinenutzung

Damit Sie Picasa online nutzen können, benötigen Sie in jedem Fall ein Benutzerkonto bei Google. Schließlich ist Picasa ein Google-Produkt und lässt sich deshalb nur mit den Webservern von Google nutzen. Besitzen Sie bereits ein Google-Konto, z. B. weil Sie bereits Google Mail, Google Earth, YouTube usw. nutzen, müssen Sie nur noch Picasa und Ihr Konto miteinander verknüpfen. Besitzen Sie noch kein Google-Konto, richten Sie sich jetzt einfach eines ein. Es gibt zwei Arten von Google-Konten, die sich zwar nur im Detail unterscheiden, was aber bei regelmäßiger Nutzung wichtig sein kann.

4 • Picasa online nutzen – das Webalbum

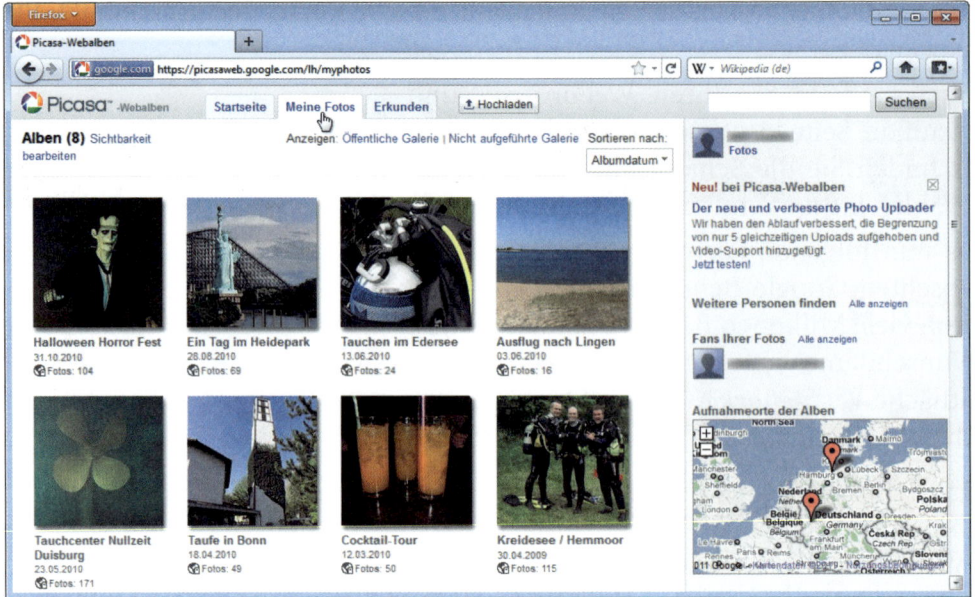

Abbildung 4.1: Fotos einfach mit Freunden teilen

- **Vollständiges Google-Profil** – Ein vollständiges Google-Profil legen Sie sich über den Dienst Google Mail an. Sie erhalten also automatisch eine E-Mail-Adresse in der Form **benutzer@googlemail.com**. Der Vorteil besteht darin, dass Sie für alle Google-Dienste nur Ihren Benutzernamen benötigen. Das kann ein Spitzname oder ein Pseudonym sein. Alle Ihre Fotos, Alben oder sonstige Google-Dienste werden nur damit angezeigt. Sie verraten Ihren Besuchern also nichts außer Ihrem Spitznamen. Dies ist fast immer der beste Weg, vor allem wenn Sie auch andere Dienste von Google nutzen möchten.
- **Einfaches Google-Konto** – Melden Sie sich direkt für einen bestimmten Google-Dienst an, müssen Sie hierzu eine externe E-Mail-Adresse angeben, z. B. **thomas.mueller@web.de**. Diese E-Mail-Adresse ist Ihr Benutzername und wird überall bei Google angezeigt. Jeder weiß, wer Sie sind, und sieht immer Ihre E-Mail-Adresse. Manche Google-Dienste sind auch eingeschränkt, wenn Sie kein vollständiges Google-Profil besitzen.

So richten Sie ein vollständiges Google-Profil ein

Möchten Sie Google sehr intensiv und regelmäßig nutzen, stellt ein vollständiges Google-Profil die bessere Lösung dar. Ihnen stehen mehr Dienste zur Verfügung, und trotzdem sind Sie ein ganzes Stück anonymer unterwegs. Sind Sie erst einmal auf den Geschmack gekommen und möchten noch mehr Google-Dienste nutzen, z. B. YouTube, Blogs oder

Vorbereitungen für die Onlinenutzung

die Onlinecommunity Orkut, stehen Ihnen mit diesem Konto uneingeschränkt alle Möglichkeiten offen.

1. Als Erstes öffnen Sie Ihren Webbrowser und gehen auf die Seite *http://mail.google.com*. Unten rechts finden Sie die Schaltfläche **Konto erstellen**. Wählen Sie diese mit einem Mausklick aus.

2. In das nun folgende Formular geben Sie Ihren gewünschten Google-Benutzernamen ein. Weil es schon viele Millionen Benutzerkonten gibt, ist Ihr Wunschname vielleicht schon belegt. Mit der Schaltfläche **Verfügbarkeit prüfen!** probieren Sie verschiedene Namen aus.

Abbildung 4.2: Ein Google-Konto über den E-Mail-Dienst

3. Vergeben Sie dem Konto ein gutes Passwort. Die Anzeige neben dem Eingabefeld zeigt die Qualität des Passwortes an. Als Name oder Vorname dürfen Sie einen Spitznamen angeben, und die alternative E-Mail-Adresse ist freiwillig. Sie wird benötigt, falls Sie Ihr Passwort vergessen und es sich zuschicken lassen möchten.

4. Zuletzt wählen Sie die Sicherheitsfrage aus der Liste aus und tippen unten zur Spam-Abwehr (Wortbestätigung) die angezeigte Zeichenfolge ein. Nun klicken Sie unten auf **Akzeptieren. Mein Konto einrichten.** und schon wird Ihr Google-Profil eingerichtet.

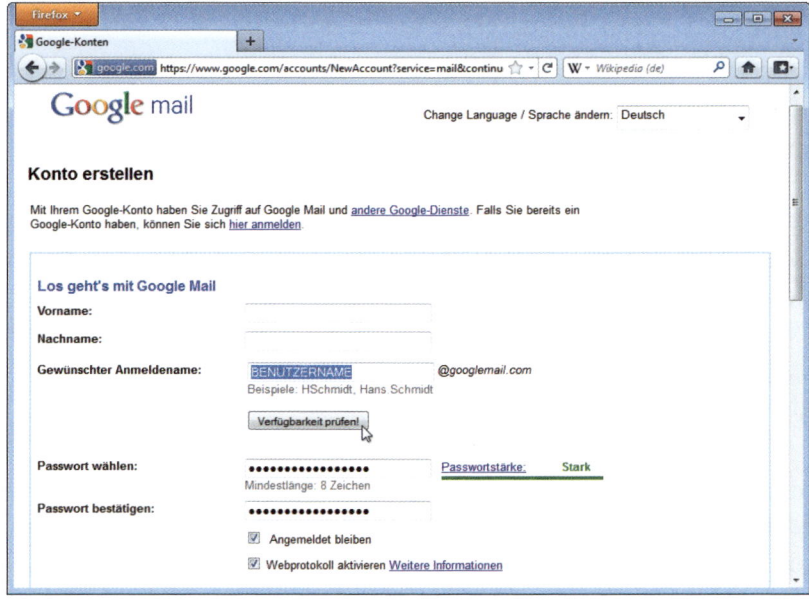

Abbildung 4.3: Profil und Benutzerkonto einrichten

4 • Picasa online nutzen – das Webalbum

Damit ist der Vorgang auch schon abgeschlossen. In Zukunft benötigen Sie nur noch Ihren Google-Benutzernamen und Ihr Passwort, um auf alle Dienste von Picasa und Google zugreifen zu können. Dabei wird nichts weiter angezeigt als der gewählte Benutzername.

Ein Google-Konto mit eigener E-Mail-Adresse einrichten

Möchten Sie die anderen Google-Dienste nicht nutzen oder wollen Sie einfach kein Postfach bei Google eröffnen, lässt sich ein Google-Konto auch mit Ihrer bereits vorhandenen E-Mail-Adresse einrichten. Beachten Sie hierbei, dass diese E-Mail-Adresse zu Ihrem Google-Benutzernamen wird und in allen Diensten öffentlich angezeigt wird.

1. Um nun ein Google-Konto zu erstellen, öffnen Sie die Startseite von Google, also *http://www.google.de*, und klicken oben rechts auf den Link ***Anmelden***.

Abbildung 4.4: Ein Google-Konto für Picasa

2. Sie gelangen auf die Anmeldeseite für Google. Da Sie noch kein Konto besitzen, klicken Sie unten rechts auf den Link ***Jetzt ein Konto anlegen***.

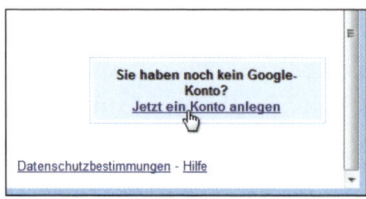

Abbildung 4.5: Legen Sie jetzt ein Konto an

3. Sie gelangen in eine Eingabemaske, in welche Sie Ihre bestehende E-Mail-Adresse und das gewünschte Passwort für Google eintippen. Bestätigen Sie unten noch die Spam-Abwehr (Wortbestätigung) und erstellen Sie das Konto mit der Schaltfläche ***Akzeptieren. Mein Konto einrichten***.

Vorbereitungen für die Onlinenutzung

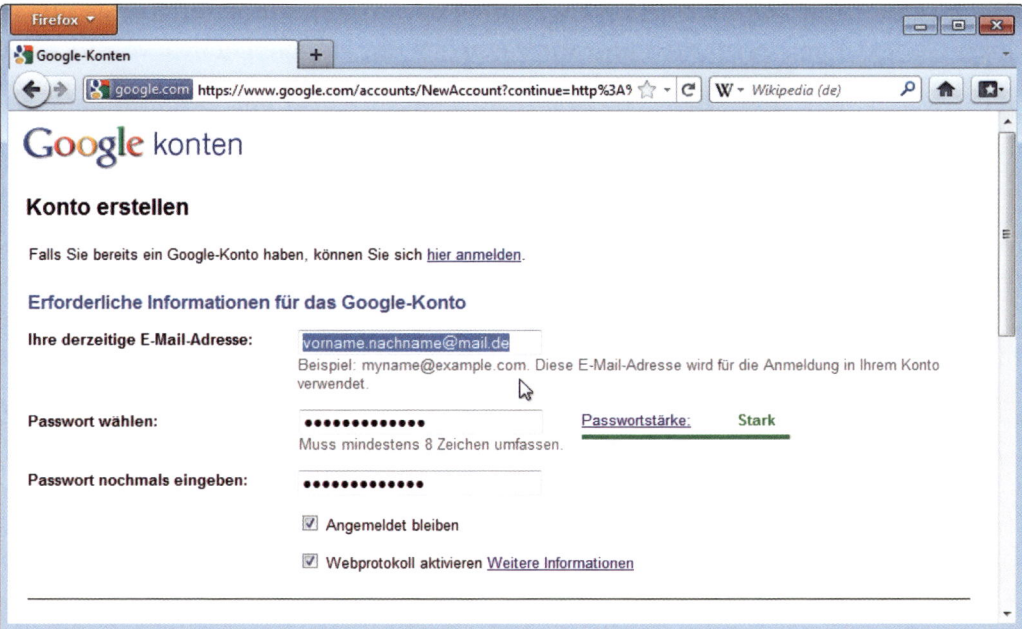

Abbildung 4.6: Ausfüllen und abschicken

Picasa und Ihr Google-Konto miteinander verknüpfen

Damit die auf Ihrem Computer installierte Picasa-Software auf die Onlinefunktionen zugreifen kann, müssen Sie Picasa noch mit Ihrem Google-Konto verknüpfen. Das geht schnell und gewährleistet eine nahtlose Zusammenarbeit zwischen den Offline- und Onlinefunktionen. Dabei müssen Sie sich keine Sorgen um Ihre Privatsphäre machen, denn dadurch werden noch keine Bilder veröffentlicht. Das passiert nur, wenn Sie die Funktion zum Veröffentlichen explizit auswählen und bestätigen.

1. Rufen Sie die Picasa-Software über das Startmenü von Windows auf. Oben rechts finden Sie den Link **In Webalben anmelden**. Klicken Sie diesen einmal mit der Maus an.

2. Jetzt öffnet sich ein neues Fenster. Geben Sie Ihren Google-Benutzernamen oder die externe E-Mail-Adresse ein. Tippen Sie darunter Ihr Passwort ein und aktivieren Sie die Option **Auf diesem Computer merken**.

4 • Picasa online nutzen – das Webalbum

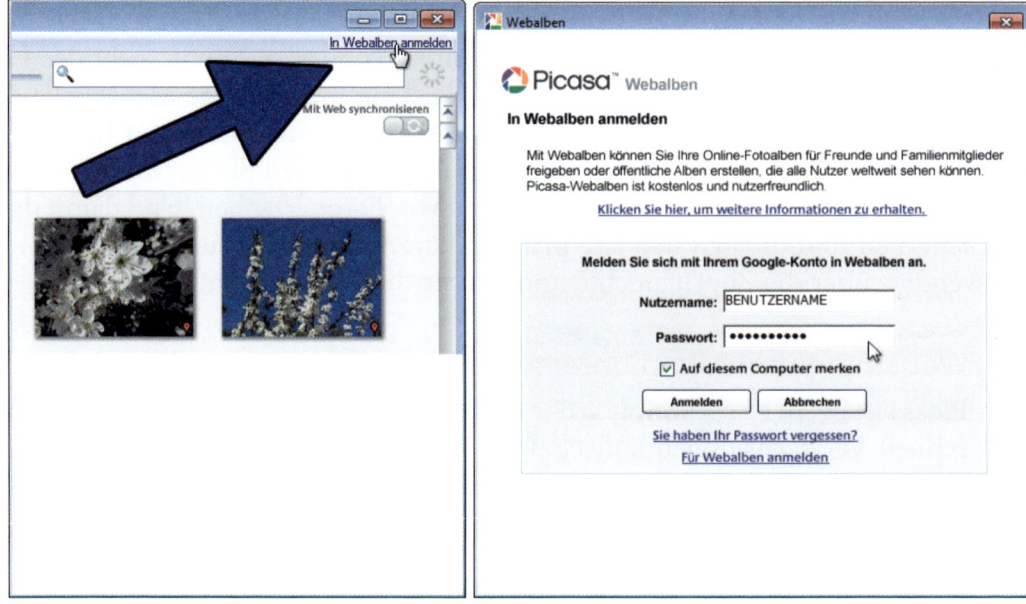

Abbildung 4.7: In Webalben anmelden

3. Sobald Sie die Schaltfläche *Anmelden* angeklickt haben, werden Sie bei den Onlinediensten von Picasa angemeldet. Oben rechts sehen Sie jetzt Ihren Benutzernamen, einen Link für den Zugriff auf Ihr Webalbum und eine Abmeldefunktion. Die Verknüpfung bleibt ab jetzt dauerhaft erhalten und wird automatisch wiederhergestellt, sobald Sie Picasa öffnen.

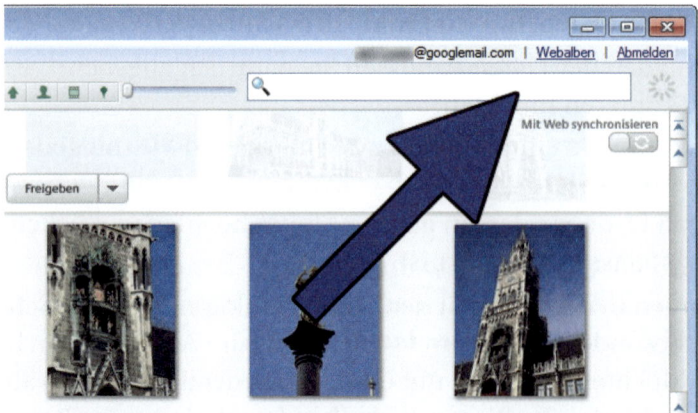

Abbildung 4.8: Picasa und das Webalbum sind verknüpft

So verwalten Sie Ihr Webalbum

So verwalten Sie Ihr Webalbum

Ist die Picasa-Software erst einmal mit Ihrem Webalbum verknüpft, geht das Freigeben von Fotos ganz schnell und einfach. Meist sind nur wenige Mausklicks notwendig, und schon wird das Webalbum gefüllt. Dieser Abschnitt zeigt Ihnen ganz genau, wie das funktioniert. Außerdem erfahren Sie, wie Sie Freunde zu Ihren Alben einladen oder Bekannten das Beitragen von Fotos erlauben. Und damit dabei die Sicherheit und die Privatsphäre nicht zu kurz kommen, erfahren Sie auch alles Notwendige über die Zugriffsrechte und wie Sie diese genau kontrollieren.

> ### Webalbum und Alben unterscheiden
> Picasa ist bei der Beschreibung der Bildsammlungen etwas unkonkret, sodass schnell Verwechslungen auftreten können. Mit dem Begriff **Webalbum** ist jeweils Ihre gesamte Onlinegalerie auf den Servern von Google gemeint. Man könnte dabei auch von Ihrer Picasa-Homepage sprechen. Innerhalb Ihres Webalbums legen Sie beliebig viele **Alben** an, in denen sich Ihre Fotos befinden. Sie stellen im Grunde eigene Ordner oder Sammlungen dar. Die Zugriffsrechte werden jeweils für die einzelnen Alben vergeben – niemals für das Webalbum insgesamt oder für einzelne Fotos.

Fotos in das Webalbum hochladen

Das Hochladen und Freigeben von Fotos funktioniert in Picasa immer gleich. Es spielt dabei keine Rolle, ob Sie ein einzelnes Foto, mehrere Fotos, einen kompletten Ordner oder ein zusammengestelltes Album veröffentlichen möchten. Das macht die Handhabung im Alltag sehr angenehm und fühlt sich schnell vertraut an.

Vor dem eigentlichen Hochladen der Dateien müssen Sie natürlich angeben, welche Fotos Sie in Ihr Webalbum kopieren möchten.

- Klicken Sie mit der Maus ein einzelnes Foto an oder markieren Sie mit gedrückter `Strg`-Taste mehrere Fotos.
- Möchten Sie einen ganzen Ordner oder ein ganzes Album hochladen, klicken Sie es in der Ordnerliste an, sodass es markiert ist.

Anschließend klicken Sie unten in der Liste mit den Sonderfunktionen auf die Schaltfläche **Hochladen**. Das geht besonders schnell und stellt deshalb im Alltag den am häufigsten genutzten Weg dar. Möchten Sie lieber mit dem Hauptmenü arbeiten, wählen Sie dort den Punkt ***Tools/Hochladen/In Picasa-Webalben hochladen*** aus. Alternativ können Sie auch mit der rechten Maustaste auf die Bilder oder den Ordner klicken und im sich öffnenden Kontextmenü den Punkt ***In Picasa-Webalben hochladen*** auswählen. Alle diese Optionen führen Sie zu einem speziellen Fenster zum Hochladen.

4 • Picasa online nutzen – das Webalbum

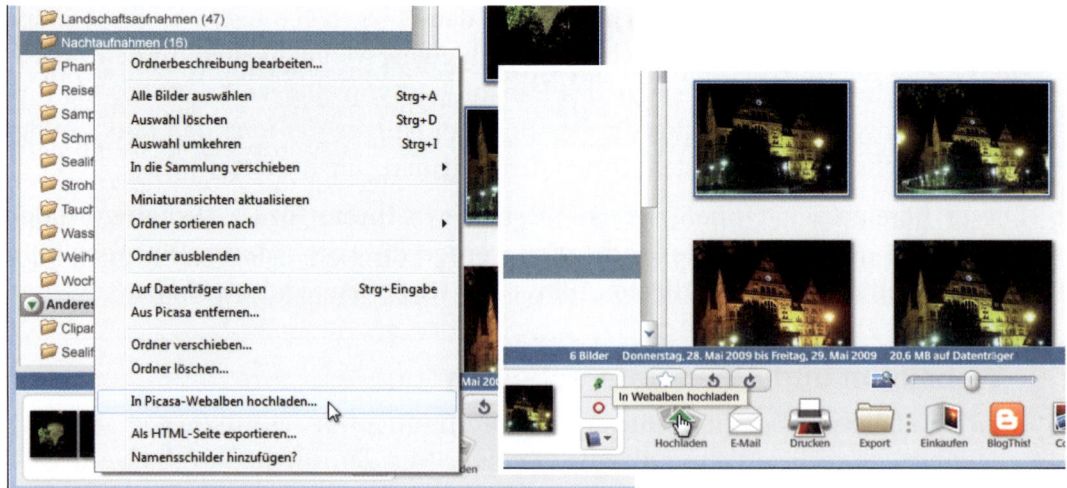

Abbildung 4.9: Fotos in das Webalbum kopieren

1. Wählen Sie aus, in welches Album die Fotos kopiert werden sollen.
   - Picasa vergibt automatisch den Namen, der auch auf Ihrem Computer verwendet wird.
   - Möchten Sie die Fotos in ein bereits bestehendes Album auf dem Server legen, wählen Sie dies in der Liste aus.
   - Um ein ganz neues Album zu erstellen, klicken Sie auf die Schaltfläche **Neu**.
2. In diese Felder tragen Sie den Titel des Albums und eine Beschreibung ein.
   - Picasa übernimmt automatisch die Informationen aus dem lokalen Album.
   - Klicken Sie auf die Felder, um den Titel oder die Beschreibung zu ändern.
   - Ändern Sie den Titel des Albums, wird online ein neues Album erstellt.
3. Geben Sie die Größe für die Fotos an.
   - Picasa lädt immer verkleinerte Versionen Ihrer Fotos in das Webalbum. Das geht schneller und spart eine Menge Onlineplatz. Die Standardeinstellung **Empfohlen** ist meist genau richtig.
   - Möchten Sie die empfohlene Standardgröße verändern, wählen Sie aus der Liste das gewünschte Format aus.
   - Seien Sie mit der Option **Originaldateien** vorsichtig, denn oft sind die Kameradateien unnötig groß und machen das Betrachten für Ihre Besucher sehr umständlich. Außerdem sollten Sie sich genau überlegen, ob Sie die Kameraoriginale überhaupt aus der Hand geben wollen.

So verwalten Sie Ihr Webalbum

4. Diese Option ist besonders wichtig, denn damit legen Sie fest, wer diese Fotos sehen darf und wer nicht. Picasa bietet verschiedene Möglichkeiten für den Zugriff und kann Ihren Freunden sogar das Hinzufügen von Bildern erlauben. Als Ihre Standardeinstellung bietet sich die Option *Jeder Nutzer, der über den Link verfügt* an. Der nächste Abschnitt stellt Ihnen die Zugriffsrechte im Detail vor.

5. Dieser Bereich zeigt Ihnen an, wie viel Platz in Ihrem Picasa-Webalbum noch frei ist. Mit der Schaltfläche *Hochladen* werden die Fotos nun in Ihr Webalbum kopiert, und mit der Schaltfläche *Abbrechen* schließen Sie dieses Fenster wieder, ohne etwas zu veröffentlichen.

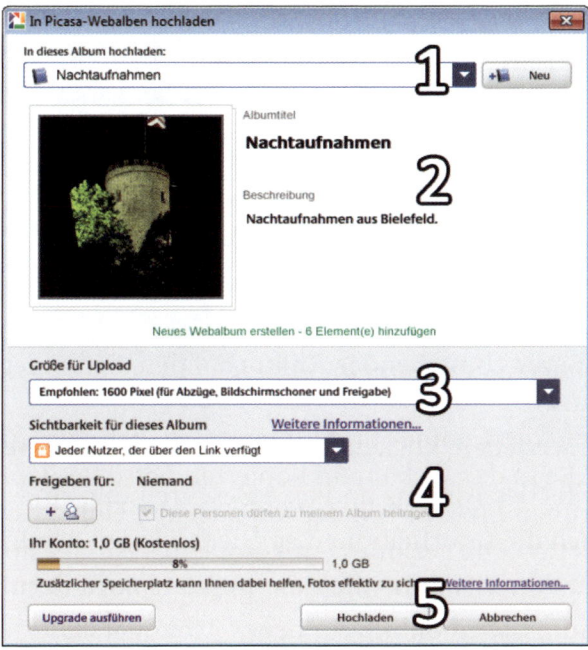

Abbildung 4.10: Legen Sie die Optionen für diese Fotos fest

Nachdem Sie die Schaltfläche *Hochladen* betätigt haben, öffnet sich der Upload-Manager und kopiert Ihre Fotos in das Online-Album. Abhängig von der Menge der Fotos, der Größe der Dateien und Ihrer Internetverbindung kann das nun einen Moment in Anspruch nehmen. Der Upload-Manager zeigt Ihnen dabei stets den Status des aktuellen Vorgangs an.

- Falls Sie es sich doch anders überlegt haben, brechen Sie das Hochladen mit der Schaltfläche *Abbrechen* ab.
- Damit große Uploads nicht Ihre komplette Internetverbindung lahmlegen, lässt sich mit der Option *Bandbreite einschränken* Picasas Tempo ein wenig begrenzen.

- Mit der Option *Ausblenden* schalten Sie dieses Fenster in den Hintergrund. Der Upload läuft aber weiter.
- Ist der Vorgang abgeschlossen, gelangen Sie mit der Schaltfläche *Online anschauen* direkt in das neue Album. Das Fenster des Upload-Managers kann nun geschlossen werden.

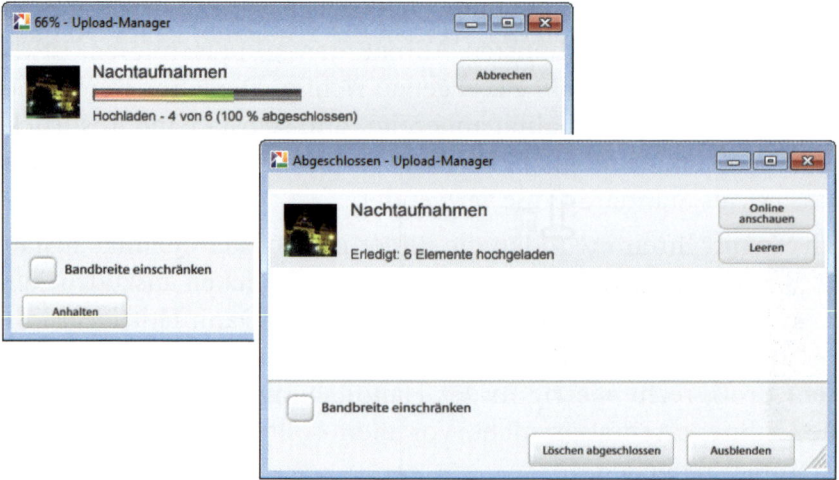

Abbildung 4.11: Der Upload-Manager übernimmt die Arbeit

Damit Sie nicht den Überblick über Ihre Online- und Offlinefotos verlieren, führt Picasa hierüber sehr genau Buch. Alle in das Webalbum kopierten Fotos besitzen in der Vorschau unten rechts einen grünen Pfeil. Er soll den vollzogenen Upload symbolisieren. Haben Sie einen kompletten Ordner oder ein komplettes Album hochgeladen, besitzen diese links in der Ordnerliste ebenfalls das grüne Upload-Symbol.

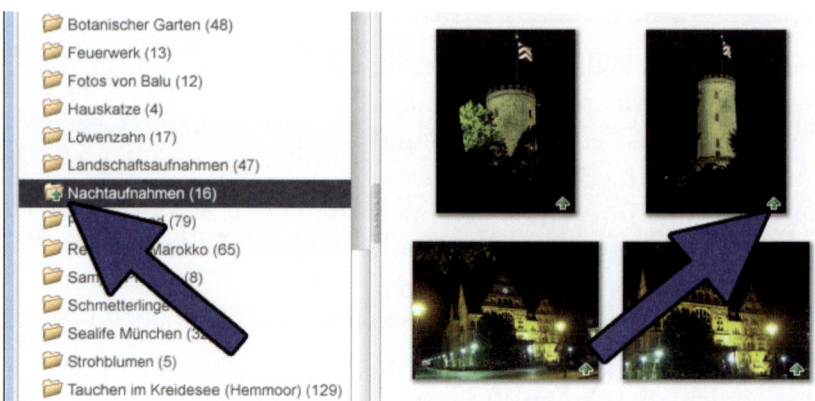

Abbildung 4.12: Hochgeladene Fotos und Ordner werden markiert

So verwalten Sie Ihr Webalbum

Welche Dateigröße sollte man hochladen?

Picasa bietet Ihnen beim Hochladen der Fotos verschiedene Größen bzw. Auflösungen an. Da stellt sich schnell die Frage, welche Größe Sie für Ihre Fotos wählen sollten. Das hängt in erster Linie davon ab, was Sie alles mit Ihrem Picasa-Webalbum tun möchten.

- Um Ihren Freunden die schönsten Aufnahmen zu präsentieren, ist die Einstellung **Empfohlen: 1600 Pixel** genau richtig. Die Fotos werden auf jedem Monitor in hoher Qualität angezeigt, und selbst kleine Ausdrucke sind damit problemlos möglich. Dies ist fast immer die beste Wahl, weshalb Picasa es als Standardgröße verwendet.

- Möchten Sie mit Ihren Freunden die Bilder in höchster Qualität austauschen, z. B. um sie zu bearbeiten und in großen Formaten auszudrucken, sollten Sie die Option **Originalgröße** auswählen. Dann lädt Picasa die echten Kameradateien in das Webalbum. Achtung, diese Dateien sind meist sehr groß, recht sperrig in der Handhabung und eignen sich für die reine Onlinepräsentation nicht. Vor allem sollten Sie diese Originale nicht öffentlich freigeben.

- Die beiden Optionen **Klein: 640 Pixel** und **Mittel: 1024 Pixel** werden Sie gar nicht oder sehr selten benötigen. Für moderne Monitore sind die Fotos einfach zu klein und sehen nicht gut aus. Außerdem können Ihre Besucher mit den Fotos nicht viel anfangen, denn zum Bearbeiten oder Ausdrucken sind sie zu schlecht. Aber vielleicht wollen Sie auch genau das bezwecken.

Zugriffsrechte – verstehen und richtig anwenden

Immer wenn Sie Ihre Fotos in das Webalbum kopieren, sollten Sie sich sehr genau die Zugriffsrechte anschauen. Damit legen Sie fest, wer Ihre Fotos betrachten darf und wer nicht. Picasa kennt drei verschiedene Freigabestufen. Abhängig davon, wie stark Ihre Fotos geschützt werden sollen und mit wie vielen Personen Sie die Fotos teilen möchten, eignet sich jeweils eine andere Freigabestufe.

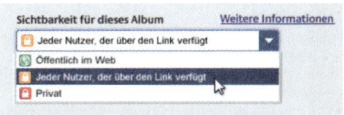

Abbildung 4.13: Wählen Sie die Sicherheitsstufe aus

Öffentlich im Web (Online: „Öffentlich im Web") – Mit dieser Option sind Ihre Fotos uneingeschränkt für die ganze Welt öffentlich einsehbar. Es gibt keinerlei Begrenzungen bezüglich der Nutzung, sodass Sie hiermit ganz besonders vorsichtig sein sollten.

- Jeder kann Ihr Webalbum besuchen, die Fotos anschauen und bei Bedarf auch herunterladen.
- Das Album wird auf Ihrer Picasa-Startseite gelistet und kann von jedem geöffnet werden.
- Der Zugriff durch Suchmaschinen ist erlaubt, sodass die Dateinamen, der Titel, die Beschreibung sowie die hinzugefügten Personen-Tags nach kurzer Zeit weltweit gefunden werden können.

> Die Option **Öffentlich im Web** ist am besten geeignet, wenn Sie Ihre Fotos frei von Beschränkungen für alle Internetbesucher freigeben möchten. Schon nach kurzer Zeit werden Ihre Fotos und die Zusatzinformationen in den Ergebnissen der Suchmaschinen erscheinen. So präsentieren Sie die Fotos einem möglichst großen Publikum. Eine Privatsphäre bezüglich dieser Bilder gibt es dabei allerdings nicht mehr.

Jeder Nutzer, der über den Link verfügt (Online: „Eingeschränkt, jeder mit dem Link") – Wählen Sie diese Option aus, werden Ihre Fotos in das Webalbum kopiert, aber weder die Dateien noch die Zusatzinformationen werden veröffentlicht. Man könnte auch von einem nicht öffentlichen Album sprechen.

- Dieses Album besitzt eine ganz spezielle und komplizierte Adresse, die von niemandem erraten werden kann. Nur wer diese Adresse kennt, kann die Fotos ansehen.
- Diese Fotos werden weder auf der Picasa-Startseite noch in irgendwelchen Suchmaschinen aufgelistet. Sie sind für die Öffentlichkeit praktisch unsichtbar.
- Die versteckte Adresse des Albums stellt aber keinen echten Schutz dar. Wer die Adresse kennt, kann die Fotos betrachten, ohne dass Sie das kontrollieren können.

> Verwenden Sie die Freigabestufe **Jeder Nutzer, der über den Link verfügt** für Fotos, die Sie nur Ihren Freunden und Bekannten zur Verfügung stellen möchten, z. B. Bilder vom Vereinstreffen, der letzten Party oder anderen gemeinsamen Aktivitäten. Sie müssen lediglich den geheimen Link an die gewünschten Personen verschicken – eine Anmeldung oder ein Benutzerkonto ist nicht notwendig. Die Öffentlichkeit bleibt grundsätzlich außen vor und kann das Album nirgends finden, doch der geheime Link kann von jeder Person weitergegeben und verwendet werden.

Privat (Online: „Nur für Sie") – Dies stellt die strengste Freigabestufe in Picasa dar, denn anders als alle anderen Optionen bietet sie wirklich Sicherheit. Sie haben die volle Kontrolle über Ihre Alben und Fotos. Im Gegenzug ist die Handhabung aber etwas umständlicher.

So verwalten Sie Ihr Webalbum

- Der Zugriff auf Ihre Fotos ist nur mit einem Google-Benutzerkonto möglich. Sie geben die konkreten Benutzer an und legen so genau fest, wem Sie den Zugriff gewähren möchten.
- Die Fotos erscheinen weder auf der Picasa-Startseite noch in irgendwelchen Suchmaschinen. Das Album ist vollkommen unsichtbar. Selbst wer die exakte Adresse kennt, erlangt ohne Google-Konto und Ihre Erlaubnis keinen Zugriff.
- Sie können die Bilder nicht für andere freigeben, die kein Google-Benutzerkonto besitzen. Ohne Anmeldung geht hier leider gar nichts.

> Die Freigabestufe **Privat** ist bestens geeignet, wenn es sich um private Fotos handelt, die auf keinen Fall in falsche Hände gelangen sollen. Sie legen exakt fest, wer die Fotos sehen darf. Es gibt keine Möglichkeit, diese Sicherheitsstufe zu umgehen. Allerdings müssen alle beteiligten Personen ein Benutzerkonto bei Google haben. Für einen geschlossenen Personenkreis ist das eine sehr sichere und auch komfortable Möglichkeit, Bilder auszutauschen.

Zugriffsrechte erstmalig festlegen

Sobald Sie Fotos, Ordner oder Alben in Ihr Webalbum hochladen, müssen Sie eine Freigabestufe auswählen. Hierzu bietet Ihnen das Upload-Fenster eine Auswahlliste mit den drei Optionen *Öffentlich im Web*, *Jeder Nutzer, der über den Link verfügt* und *Privat* an. Wählen Sie mit der Maus die gewünschte Option für diese Fotos aus.

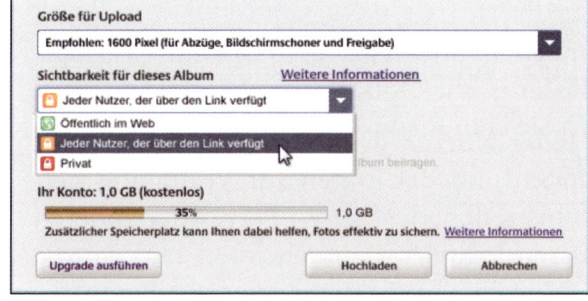

Abbildung 4.14:
Die Zugriffsrechte beim Hochladen festlegen

Zugriffsrechte nachträglich verändern

Befinden sich Ihre Fotos bereits in Ihrem Webalbum, lassen sich die Zugriffsrechte nachträglich jederzeit verändern. Markieren Sie hierzu in der Ordnerliste von Picasa das Album oder den Ordner, den Sie bearbeiten möchten. Klicken Sie nun im rechten Fenster über den Vorschaubildern auf den schwarzen Pfeil rechts neben der Schaltfläche *Freigeben*. Dadurch öffnet sich ein Menü, aus dem Sie die neue Freigabestufe auswählen können.

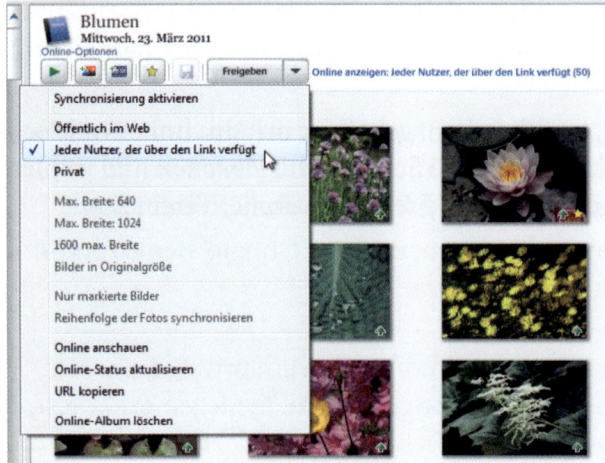

*Abbildung 4.15:
Verändern Sie die Freigabestufe*

Legen Sie Ihre Standardfreigabestufe in Picasa fest

Beim Hochladen neuer Fotos wählt Picasa automatisch die Freigabestufe ***Öffentlich im Web*** aus. Das müssen Sie jedes Mal ändern. Ansonsten sind Ihre Fotos für jeden Internetnutzer sichtbar. Damit hier kein Unglück passiert, sollten Sie in Picasa eine andere Freigabestufe zum Standard erklären. Wählen Sie hierzu im Menü den Punkt ***Tools/Optionen*** aus. Es öffnet sich ein neues Fenster, in dem Sie in das Register ***Webalben*** wechseln. Mit der Liste ***Sichtbarkeit des neuen Albums*** legen Sie fest, welche Freigabestufe neue Alben immer erhalten sollen.

Wählen Sie mindestens die Option ***Jeder Nutzer, der über den Link verfügt*** (= nicht öffentliche Alben) aus. Besser ist die Option ***Privat*** (= Anmeldung für Anzeige erforderlich). So gehen Sie kein Risiko ein; erweitern lassen sich die Rechte mit wenigen Mausklicks.

Freunde zum Betrachten Ihrer Alben einladen

Das Hochladen und Freigeben Ihrer Fotos geht mit Picasa ganz schnell. Jetzt müssen Sie natürlich noch Ihre Freunde und Bekannten zu diesem neuen Album einladen. Es spielt dabei keine Rolle, ob es sich um ein öffentliches Album oder um ein privates Album mit Anmeldung handelt. Der Vorgang sieht immer sehr ähnlich aus. Dabei bietet Picasa zwei Möglichkeiten an, Ihre Freunde über neue Alben zu informieren – bereits beim Hochladen oder später mit direkter Einladung.

Möchten Sie Ihre Freunde direkt **beim Hochladen der Fotos einladen**, gehen Sie wie folgt vor:

So verwalten Sie Ihr Webalbum

1. Markieren Sie in Picasa den gewünschten Ordner oder das gewünschte Album und klicken Sie unten auf die Schaltfläche *Hochladen*. Jetzt öffnet sich das bereits beschriebene Upload-Fenster.

2. Nachdem Sie die Freigabestufe ausgewählt haben, geben Sie im Abschnitt *Freigeben für* nun den Personenkreis an. Klicken Sie auf die Schaltfläche *Personen* und wählen Sie eine Gruppe aus Ihrem Adressbuch aus, z. B. Freunde, Familie, Verein usw.

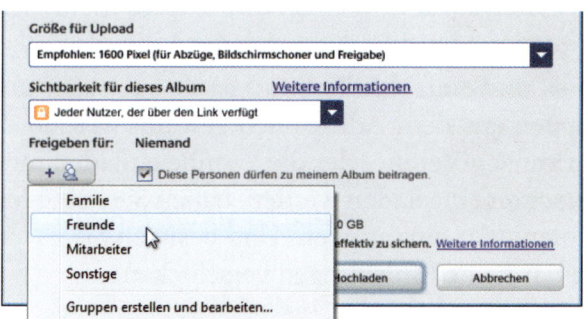

Abbildung 4.16: Eine Gruppe aus dem Adressbuch wählen

3. Normalerweise ist es besser, die Option *Diese Personen dürfen zu meinem Album beitragen* zu deaktivieren. Ansonsten gewähren Sie allen diesen Personen Schreibzugriff auf Ihr Album. Das sollten Sie nur tun, wenn es ausdrücklich gewünscht ist.

4. Falls keine der Gruppen richtig passt, wählen Sie die Option *Gruppen erstellen und bearbeiten* aus. Dadurch gelangen Sie in Ihr Google-Adressbuch und können eine neue Gruppe mit Personen erstellen. Diese lässt sich dann für die Freigabe auswählen.

Abbildung 4.17: Gruppen im Adressbuch bearbeiten

5. Sobald Sie die Schaltfläche *Hochladen* betätigen, werden die Fotos von Picasa in das Webalbum kopiert. Außerdem verschickt Picasa automatisch eine Einladung an alle Personen in der von Ihnen ausgewählten Gruppe.

4 • Picasa online nutzen – das Webalbum

- Bei öffentlichen Alben erhalten alle Eingeladenen eine E-Mail mit dem Link zu diesem Album.
- Handelt es sich um ein nicht öffentliches Album, erhalten alle Eingeladenen den speziellen und geheimen Link zu diesem Album per E-Mail zugeschickt. Nur mit diesem Link kann das Album geöffnet werden.
- Bei einem privaten Album erhalten alle eingeladenen Personen ebenfalls eine E-Mail. Diese enthält den geheimen Link und eine Anmeldeseite. Nur wenn Sie mit Ihrem Google-Konto angemeldet sind, lässt sich der Link öffnen.

Diese Form der Einladung geht schnell und einfach, allerdings ist sie auch sehr ungenau. Es können nur komplette Gruppen aus dem Adressbuch gewählt werden. Das ist praktisch, wenn Sie sowieso Ihren ganzen Verein oder die Familie einladen möchten. Sollen hingegen nur einzelne Personen eingeladen werden, haben Sie keine Möglichkeit, einzelne Adressen auszuwählen oder einzutippen. Und besitzen Sie gar kein Google-Mail-Konto, können Sie hier gar keine Einladungen verschicken.

Abbildung 4.18: Die Einladung kommt per E-Mail

So verwalten Sie Ihr Webalbum

Häufig ist es deutlich besser, Ihre **Freunde nach dem Hochladen manuell einzuladen**. Diese Funktion steht Ihnen jederzeit zur Verfügung, sobald Sie ein Album mit Picasa hochgeladen haben. Dadurch besteht der Vorgang zwar aus zwei Schritten – Hochladen und Freigeben –, aber dafür lassen sich auf diese Weise ganz einfach Gruppen und auch einzelne Personen einladen und mit Zugriffsrechten versehen.

1. Markieren Sie in der Ordnerliste den Ordner oder das Album, welches Sie zuvor in Ihr Webalbum hochgeladen haben. Oben in der Zeile mit den Beschreibungen befindet sich die Schaltfläche *Freigeben*. Klicken Sie diese einmal an.

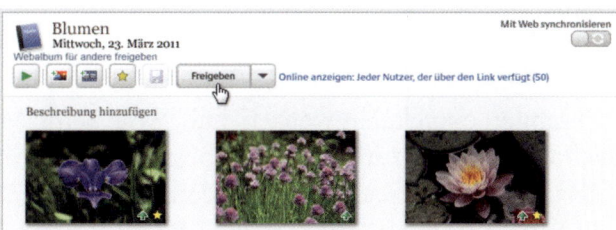

Abbildung 4.19: Das Freigabe-Fenster öffnen

2. Jetzt öffnet sich ein neues Fenster, das Ihnen die Freigabeoptionen auflistet. Es sieht ganz ähnlich aus wie das Fenster zum Hochladen. Allerdings sind die meisten Optionen nicht veränderbar, z. B. die Freigabestufe, der Titel usw. Sie können hier lediglich Einladungen aufgrund der zuvor festgelegten Freigabestufe versenden.

3. In das Feld *An* tippen Sie die Adressen von Freunden ein, die Sie zu diesem Album einladen möchten. Picasa schlägt Ihnen dabei automatisch Adressen aus Ihrem Adressbuch vor, die Sie mit einem Mausklick annehmen können. Trennen Sie mehrere Adressen mit einem Komma.

4. Möchten Sie größere Gruppen von Personen zu Ihrem Album einladen, klicken Sie auf die *Personen*-Schaltfläche. Ihnen werden die im Google-Adressbuch erstellten Gruppen aufgelistet, die Sie mit einem Mausklick auswählen. Über den Punkt *Gruppen erstellen und bearbeiten* gelangen Sie auch hier in Ihr Google-Adressbuch, um die Einträge zu bearbeiten.

5. Die Option *Diese Personen dürfen zu meinem Album beitragen* ermöglicht es den Eingeladenen, eigene Fotos in dieses Album zu laden. Das ist eine gute und praktische Funktion, die Sie zunächst aber deaktivieren sollten. Ein späterer Abschnitt beschäftigt sich im Detail damit.

6. Das Feld *Betreff* füllt Picasa automatisch mit einem Standardtext aus. Wenn Sie möchten, geben Sie hier einen beliebigen anderen Text ein, der in den E-Mails als Betreff angezeigt wird.

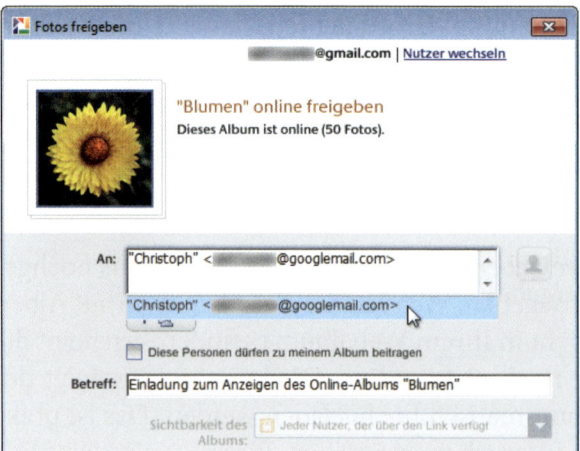

Abbildung 4.20: Tippen Sie gezielt einzelne Adressen ein

7. Das untere Feld enthält den Haupttext für diese E-Mail. Picasa setzt hier automatisch einen Hinweis auf den Google-Bilderdienst ein. Sie können ihn problemlos entfernen und einen eigenen Text für Ihre Freunde verfassen. Die Daten zum Öffnen Ihres Albums sind natürlich immer in der E-Mail enthalten und lassen sich nicht entfernen.

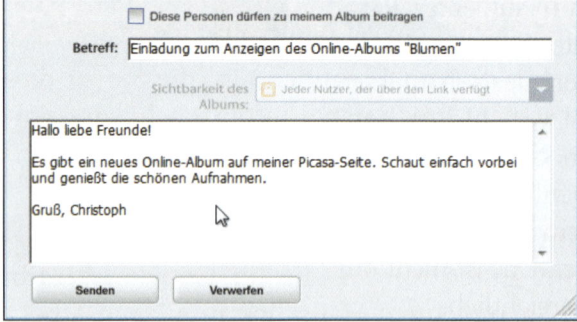

Abbildung 4.21: Betreff und E-Mail-Text eingeben

8. Zuletzt betätigen Sie die Schaltfläche **Senden**, und Ihre Freunde werden zu diesem Album eingeladen. Sie erhalten alle eine E-Mail mit Ihrem Text sowie allen Angaben, um auf das Album zugreifen zu können.

- Bei öffentlichen Alben enthält die E-Mail Ihren Begrüßungstext und einen Link zum Album.
- Haben Sie die nicht öffentliche Freigabe gewählt, enthalten die E-Mails den speziellen und geheimen Link. Nur über ihn lässt sich das Album öffnen.

So verwalten Sie Ihr Webalbum

- Bei einem privaten Album müssen Sie darauf achten, dass Sie die Einladung an die E-Mail-Adresse schicken, die mit dem jeweiligen Google-Benutzerkonto verknüpft ist. Nur dann erhalten die Eingeladenen auch Zugriff auf das geschützte Album.

> **Fotos freigeben, die noch nicht hochgeladen wurden**
>
> Eigentlich ist die Schaltfläche *Freigeben* dafür gedacht, dass Sie bereits hochgeladene Alben für Ihre Freunde freigeben. Wenden Sie diese Funktion auf Alben und Ordner an, die sich noch nicht in Ihrem Webalbum befinden, erscheint die Meldung *Dieses Webalbum ist noch nicht online*. Direkt dahinter erfolgt der Hinweis, dass diese Fotos nun automatisch hochgeladen werden. Das ist praktisch, trotzdem sollten Sie dieses Vorgehen vermeiden. Picasa kopiert nämlich einfach das komplette Album von Ihrer Festplatte auf den Server. Sie können kein Album auswählen, den Titel und die Beschreibung nicht verändern, und es werden auch immer sämtliche Fotos des Albums kopiert. Eine individuelle Anpassung erlaubt nur das richtige Fenster der Schaltfläche *Hochladen*.

Gemeinsame Alben mit Freunden verwalten

Haben Sie zusammen mit Ihren Freunden einen schönen Tag verbracht, waren gemeinsam auf einer Party oder haben mit dem Verein etwas unternommen, ist das Picasa-Webalbum zum Veröffentlichen ideal. Sie müssen die Fotos nicht mehrfach per E-Mail verschicken, sondern stellen sie sofort online allen Teilnehmern zur Verfügung. Allerdings werden Sie bei solchen Veranstaltungen sicherlich nicht der einzige Fotograf sein, sodass anschließend jeder seine Fotos einzeln anbietet. Das ist nicht nur unpraktisch, sondern auch sehr unübersichtlich.

Abbildung 4.22: Die Eingeladenen dürfen auch beitragen

Um dieses Problem zu umgehen, besitzt Picasa eine Funktion zum gemeinsamen Verwalten von Alben. Diese werden offiziell als „kollaborative Alben" bezeichnet, weil das aber unnötig kompliziert klingt, wird hier von „gemeinsamen Alben" gesprochen. Die Voraussetzungen sind hierfür ganz einfach:

- Jedes Ihrer Alben kann ein gemeinsames Album sein. Es gibt keinerlei Beschränkungen, Sie müssen es nur entsprechend freigeben.
- Genau wie bei der Freigabe zum Betrachten lassen sich entweder einzelne Personen mit ihrer E-Mail-Adresse oder ganze Gruppen aus Ihrem Google-Adressbuch einladen.

4 • Picasa online nutzen – das Webalbum

- Wird ein Album als gemeinsames Album deklariert, können automatisch alle eingeladenen Personen Fotos hinzufügen. Eine individuelle Unterscheidung ist nicht möglich – das komplette Album wird gemeinsam genutzt oder eben nicht.
- Zur Nutzung dieser Funktion ist es unbedingt notwendig, dass die eingeladenen Personen ein Google-Benutzerkonto besitzen. Nur eindeutig identifizierte Personen dürfen Fotos in Ihre Alben laden – anonym ist das in jedem Fall verboten.

Freigeben

Um ein Album zur gemeinsamen Nutzung freizugeben, ist keine besondere Konfiguration notwendig. Sie müssen lediglich einen Mausklick mehr durchführen als sonst.

1. Sind Sie gerade dabei, ein Album ganz neu in Ihr Webalbum zu laden, klicken Sie wie gewohnt auf die Schaltfläche **Hochladen**. Im Fenster des Upload-Managers nehmen Sie die üblichen Einstellungen vor und aktivieren zusätzlich die Option **Diese Personen dürfen zu meinem Album beitragen**. Führen Sie das Hochladen anschließend wie gewohnt durch.
2. Möchten Sie die Freigabe für ein bereits hochgeladenes Album verändern oder Freunde zu diesem Album einladen, klicken Sie wie gewohnt auf die Schaltfläche **Freigeben** in der Informationszeile des jeweiligen Ordners oder Albums. Hier finden Sie ebenfalls die Option **Diese Personen dürfen zu meinem Album beitragen**. Aktivieren Sie diese mit einem Haken und führen Sie die Freigabe normal aus.

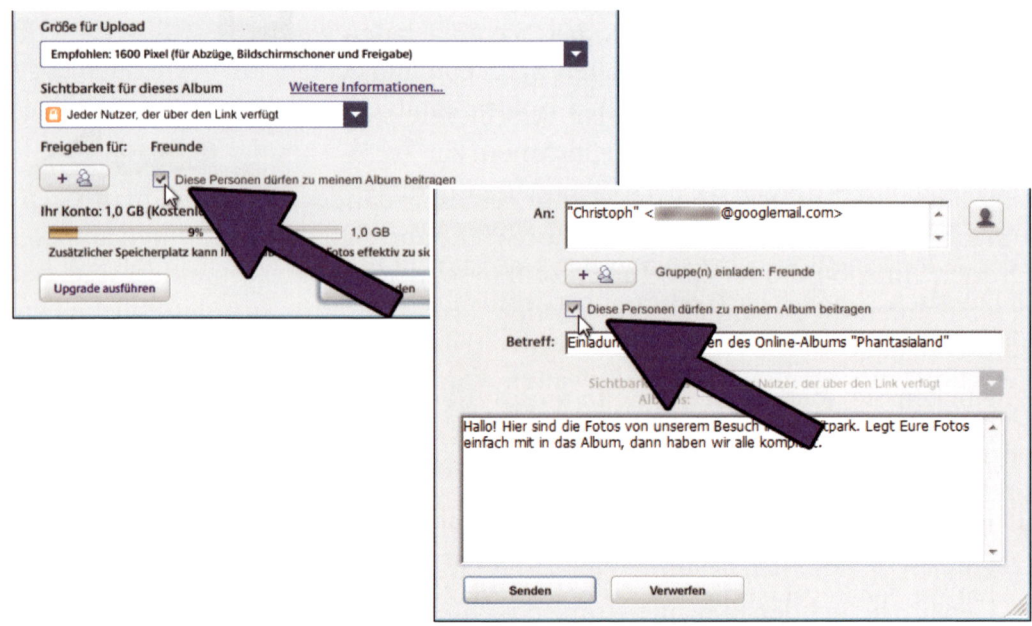

Abbildung 4.23: Das Album für gemeinsame Nutzung freigeben

So verwalten Sie Ihr Webalbum

Nachdem Sie das Album mit den Einstellungen hochgeladen haben oder die Freigabe für ein bestehendes Album festgelegt wurde, verschickt Picasa wie immer Einladungen per E-Mail. In diesen E-Mails ist der Link zu diesem Album enthalten, und auch der Hinweis, dass der Empfänger berechtigt ist, diesem Album eigene Fotos hinzuzufügen. Sobald einer Ihrer Freunde ein paar Fotos in Ihr Webalbum lädt, erhalten Sie darüber per E-Mail eine Benachrichtigung.

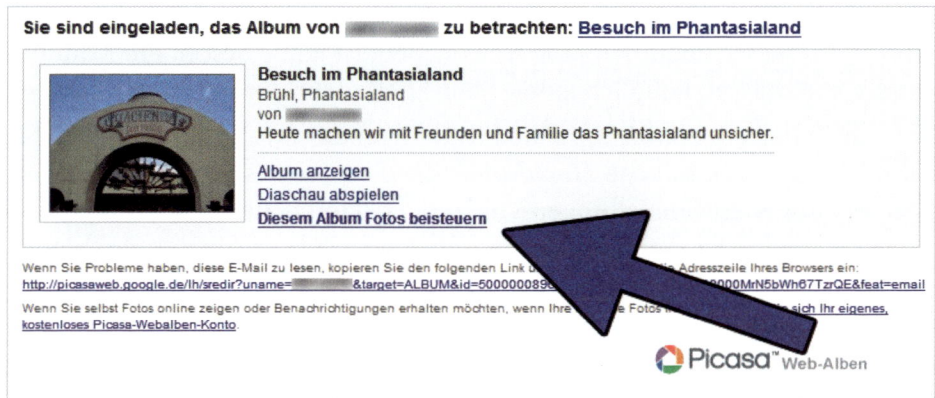

Abbildung 4.24: Die E-Mail-Einladung zum Beisteuern von Fotos

Ihre Freunde werden nun eigene Bilder in das von Ihnen freigegebene Album laden. Genauso kann es auch passieren, dass Sie eingeladen werden, Fotos in das Album eines Freundes zu laden. Sie erhalten dann ebenfalls eine E-Mail wie oben abgebildet, nur dass diese natürlich an Ihr Google-Benutzerkonto gerichtet ist.

Beitragen

Um Fotos in das gemeinsame Album eines Freundes zu laden, markieren Sie zunächst in Picasa die gewünschten Fotos. Es kann sich dabei um einen kompletten Ordner, ein Album oder einzelne Fotos handeln. Sobald diese markiert sind, betätigen Sie unten die Schaltfläche **Hochladen**. Dadurch öffnet sich das übliche Fenster zum Hochladen.

1. Klicken Sie oben auf die Liste **In dieses Album hochladen**. Anstatt ein bestehendes Album auszuwählen oder ein neues zu erstellen, wählen Sie den Punkt **Einen Beitrag zum Album eines Freundes leisten** mit einem Mausklick aus.

2. Jetzt erscheinen direkt darunter neue Eingabefelder. In das Feld **Kontakt auswählen** tippen Sie den Google-Benutzernamen des Freundes ein, der Sie eingeladen hat. In der Regel ist dies die Google-E-Mail-Adresse, von der auch die Einladung kam.

3. Picasa wird sich jetzt direkt mit dem Konto dieses Benutzers verbinden und die Freigaben überprüfen. In diesem Fenster werden alle Alben aufgelistet, zu denen Sie Fotos beisteuern dürfen. Klicken Sie das gewünschte Album an, sodass es farblich markiert ist.
4. Wählen Sie unter *Größe für Upload* das Format aus, in dem Ihre Fotos hochgeladen werden sollen. Meist ist die von Picasa empfohlene Größe gut gewählt. Zu Ihrer Information steht direkt darunter, welche Freigabestufe für dieses Album festgelegt wurde. Das ist wichtig, weil Sie so erkennen, ob Ihre Fotos anschließend öffentlich sichtbar sind oder im privaten Kreis verbleiben.
5. Zuletzt betätigen Sie die Schaltfläche *Hochladen* und starten damit die Übertragung der Fotos.

Abbildung 4.25: Fotos in gemeinsame Alben laden

Jetzt öffnet sich automatisch das Fenster des Upload-Managers und zeigt Ihnen den Status der Übertragung an. Abhängig von der Menge der Fotos kann das ein wenig dauern. Sobald alle Fotos in das gemeinsame Album kopiert wurden, möchten Sie sicherlich einen Blick in die neue Sammlung werfen. Klicken Sie hierzu auf die Schaltfläche *Online anschauen*. Dadurch öffnet sich Ihr Webbrowser, und Sie werden in das gemeinsame Album Ihres Freundes geleitet.

So verwalten Sie Ihr Webalbum

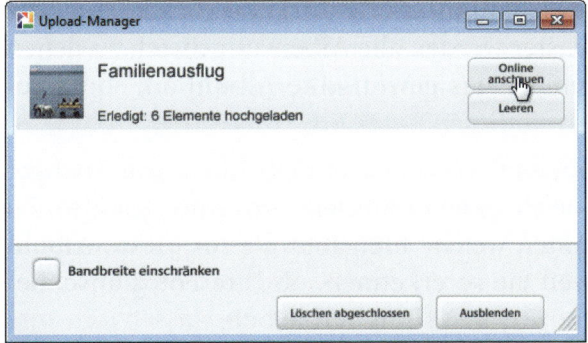

*Abbildung 4.26:
Der Upload-Manager für das gemeinsame Album*

Gemeinsame Alben – Beitragen oder auch Bearbeiten

Der ursprüngliche Gedanke für gemeinsame Alben ist natürlich, dass mehrere Personen Bilder zu diesem Album beitragen können. Sicherlich ist das auch die meistgenutzte Möglichkeit. Allerdings erlaubt es Picasa nun auch, dass eingeladene Personen die Fotos in einem gemeinsamen Album bearbeiten dürfen – unabhängig davon, wer sie hochgeladen hat. Die Bearbeitung findet dabei in Picnik statt. Das ist eine Onlinebildbearbeitung, welche seit einiger Zeit in Picasa integriert ist. Auf diese Weise können andere Personen Ihre Bilder optimieren, Anmerkungen oder Skizzierungen einfügen und vieles mehr. Dabei wird natürlich niemals Ihre Originaldatei überschrieben, sondern für jede Bearbeitung eine Kopie erstellt. Ihr Webalbum zeigt Ihnen dabei stets an, wer das Bild bearbeitet hat.

Gemeinsame Alben sind wirklich eine tolle Sache, um die Fotos von mehreren Personen oder Quellen zusammenzuführen. Sicherlich werden Sie diese Funktion schon bald nicht mehr missen wollen. Trotzdem sollten Sie dabei ein paar Dinge beachten – sowohl beim Freigeben eigener Alben als auch beim Beisteuern von Fotos in fremde Alben.

- Geben Sie ein Album für andere Personen frei, haben Sie keinerlei Kontrolle darüber, was für Fotos hochgeladen werden und wie viele. Ein unerfahrener Anwender könnte Ihr Webalbum versehentlich überfluten.
- Lädt ein Anwender unangemessene Fotos in Ihr Album, Bilder, die die Privatsphäre verletzen, oder urheberrechtlich geschütztes Material, sind Sie dafür verantwortlich. Google weist darauf in seinen AGB explizit hin und wälzt die Haftung auf Sie ab. Schauen Sie sich die Fotos anderer Leute immer genau an.

4 • Picasa online nutzen – das Webalbum

- Laden Sie Fotos in das Album eines anderen Benutzers, gehen die Dateien rein technisch gesehen automatisch in dessen Besitz über. Seien Sie also bei wichtigen oder sehr privaten Bildern besonders vorsichtig. Sie können überhaupt nicht kontrollieren, was der neue Besitzer mit diesen Fotos tut.
- Über die Picasa-Software haben Sie keine vernünftige Möglichkeit, gemeinsame Alben nachträglich wieder zu bearbeiten. Damit können Sie anderen Personen nicht den Zutritt zu Ihren eigenen Alben wieder entziehen. Ebenso ist es so nicht möglich, die eigenen Fotos im Album eines anderen zu löschen. Es gibt hierzu durchaus Möglichkeiten, aber diese sind etwas komplizierter und lassen sich ausschließlich über den Webbrowser verwenden. Der folgende Abschnitt über die Webfunktionen zeigt Ihnen, wie das geht.

Videos in das Webalbum laden

Picasa ist eigentlich für Fotos gemacht, trotzdem kann das Programm ganz gut mit Videodateien umgehen. Das ist sehr sinnvoll, denn die meisten Digitalkameras nehmen auch Videoclips auf, die sich so in einem Rutsch verwalten lassen. Außerdem kann Picasa aus Ihren Fotos eine Diaschau oder einen Film erstellen. Damit Sie alle diese Inhalte zusammen präsentieren können, bietet das Picasa-Webalbum eine grundlegende Unterstützung für Videodateien an.

Videos lassen sich mit Picasa genauso einfach veröffentlichen wie Fotos. Gehen Sie dafür wie folgt vor:

1. Markieren Sie die gewünschte Videodatei in Picasa. Sie können auch Ordner oder Alben mit Videos auswählen. Seien Sie aufgrund der Größe aber vorsichtig, sonst dauert die Übertragung zu lange und Ihr Webalbum ist schnell voll. Nun klicken Sie auf die Schaltfläche **Hochladen**.

2. Sie gelangen wie gewohnt in das Fenster zum Hochladen von Inhalten, in dem Sie ein paar Optionen festlegen können.
   - Wählen Sie ganz oben das Album, in das die Videodateien geladen werden sollen, oder erstellen Sie ein neues.
   - Die Größe lässt sich bei Videodateien nicht einstellen. Picasa überträgt immer die Originaldateien, die dann vom Webalbum automatisch konvertiert und verkleinert werden.
   - Die Sichtbarkeit bzw. Freigabestufe bestimmen Sie wie bisher über die Liste und wählen unter **Freigeben für** aus, wer dieses Album sehen darf.

3. Zuletzt betätigen Sie die Schaltfläche **Hochladen** und starten den Vorgang. Videodateien sind meist ziemlich groß. Dadurch dauert die Übertragung nicht nur recht lange, es wird auch sehr viel vom Speicherplatz Ihres Webalbums verbraucht.

So verwalten Sie Ihr Webalbum

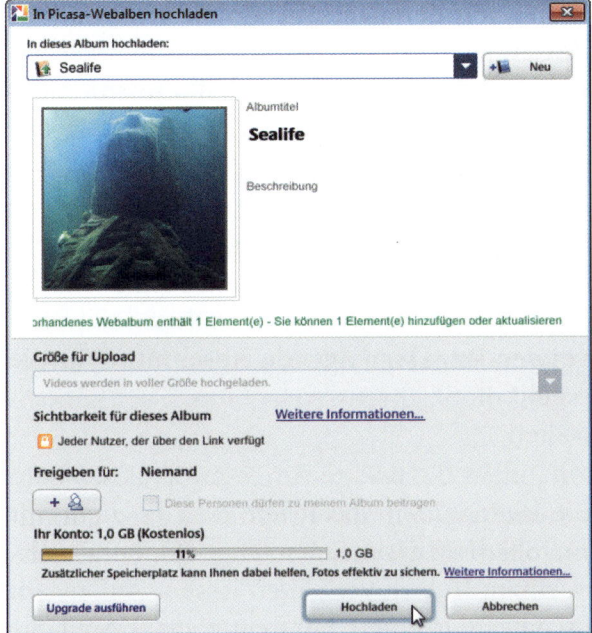

Abbildung 4.27:
Videos in das Webalbum laden

Das Webalbum verwalten und aktuell halten

Ihre lokale Picasa-Software und Ihr Webalbum im Internet stehen ständig in Verbindung miteinander. Durch diese direkte Verknüpfung beider Dienste ist es ganz einfach, das Offline- und das Online-Album aktuell zu halten und miteinander abzugleichen. Um Ihnen das zu erleichtern, zeigt Ihnen Picasa immer an, welche Inhalte Sie bereits in das Webalbum kopiert haben. In der Ordnerliste sind alle diese Ordner und Alben mit einem grünen Pfeil markiert. Auch die einzelnen Fotos sind mit diesem Upload-Symbol versehen. Das ist praktisch und sorgt für Übersicht.

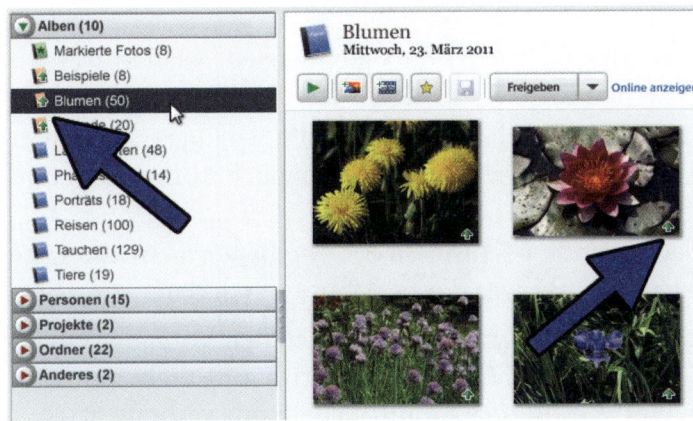

Abbildung 4.28:
Alle Onlineinhalte werden deutlich markiert

Die meisten Fotoalben sind dynamisch und verändern sich öfters – es kommen neue Fotos hinzu, weniger schöne Aufnahmen werden herausgenommen oder bearbeitet usw. Damit Ihre Besucher auch die neuesten Fotos zu sehen bekommen, kann Picasa die Verwaltung Ihrer Webalben übernehmen und sie aktuell halten. Dazu stehen Ihnen folgende Funktionen zur Verfügung:

1. Möchten Sie einzelne Fotos aktualisieren, markieren Sie diese in der Vorschauansicht. Jetzt klicken Sie einmal mit der rechten Maustaste, sodass sich ein Menü öffnet. Wählen Sie den Punkt *Online-Aktionen*, um die Funktionen für das Webalbum aufgelistet zu bekommen.

   - **Online anschauen** – Klicken Sie diesen Punkt an, öffnet sich Ihr Webbrowser und führt Sie automatisch zu diesem Foto in Ihrem Webalbum. Dort können Sie das Foto betrachten und verwalten.
   - **URL kopieren** – Möchten Sie jemandem die exakte Adresse für dieses Foto per E-Mail schicken, kopieren Sie hiermit den speziellen Link in die Windows-Zwischenablage. Mit der Tastenkombination [Strg]+[V] fügen Sie den Link in Ihre E-Mail ein.
   - **Online-Foto aktualisieren** – Haben Sie dieses Foto bearbeitet, laden Sie hiermit die neue Version in das Webalbum. Dabei wird die vorherige Version automatisch gelöscht bzw. durch diese verbesserte Version ersetzt.
   - **Online-Status aktualisieren** – Wurden am Album selbst Änderungen vorgenommen, z. B. am Freigabestatus, an der Beschreibung oder den Tags, lassen sich diese Informationen mit dieser Option aktualisieren.

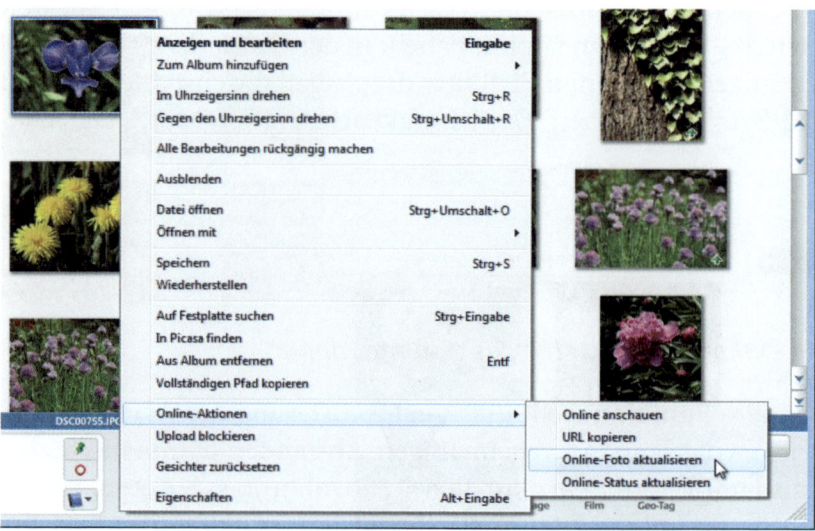

Abbildung 4.29: Die Online-Aktionen für dieses Foto

So verwalten Sie Ihr Webalbum

2. Möchten Sie anstatt einzelner Bilder das ganze Album aktualisieren, ist das ebenfalls möglich. Klicken Sie hierfür in der Titelleiste auf den schwarzen Pfeil rechts neben der Schaltfläche *Freigeben*. Dadurch öffnet sich ein Menü mit verschiedenen Optionen.
   - Im oberen Bereich lässt sich bei Bedarf die Freigabestufe verändern. Wählen Sie wie gewohnt zwischen *Öffentlich im Web*, *Jeder Nutzer, der über den Link verfügt* oder *Privat* aus. Die aktive Freigabestufe besitzt einen Haken.
   - Im unteren Bereich sehen Sie die Optionen *Online anschauen*, *Online-Status aktualisieren* und *URL kopieren*. Sie besitzen dieselben Funktionen wie im vorherigen Menü, nur dass sie sich diesmal auf das komplette Album beziehen. Sie schauen sich also das komplette Album online an, aktualisieren alle Daten und kopieren den Link für dieses Album.
   - Möchten Sie diese Fotos gar nicht mehr veröffentlichen, wählen Sie die Option *Online-Album löschen*. Alle Fotos des gerade gewählten Albums werden aus dem Internet gelöscht. Ihr lokales Album auf der Festplatte betrifft das natürlich nicht.

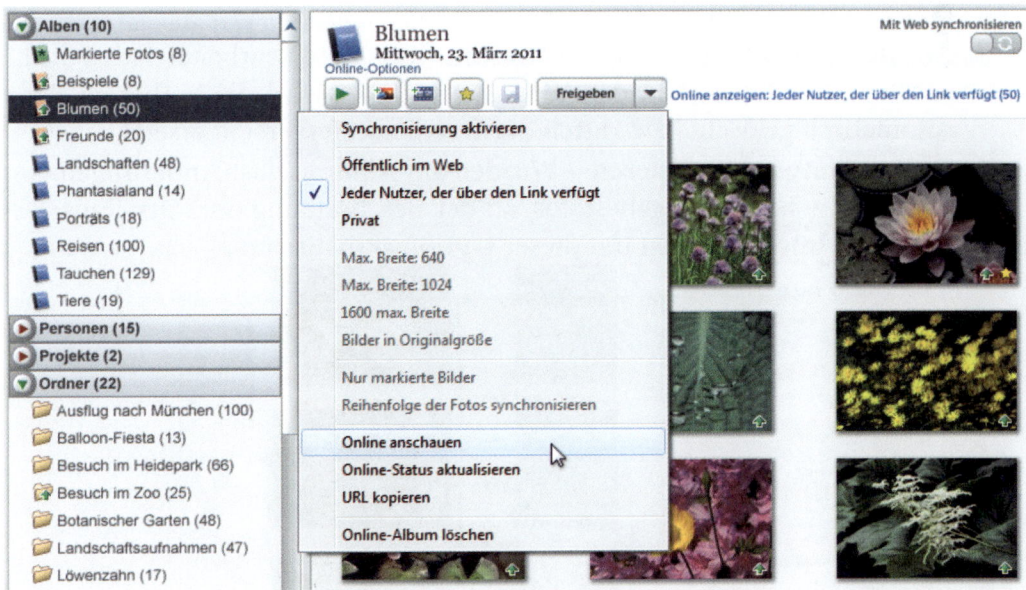

Abbildung 4.30: Online-Aktionen für das gesamte Album

3. Eine ganz besondere Funktion stellt die Synchronisierung dar. Wird diese aktiviert, gleicht Picasa die Fotos in regelmäßigen Abständen automatisch ab. Ihr Webalbum ist also immer auf dem aktuellen Stand, ohne dass Sie etwas tun müssen. Klicken Sie hierfür auf die Option *Synchronisierung aktivieren*. Sie können auch ganz rechts auf die Schaltfläche *Mit Web synchronisieren* klicken.

4 · Picasa online nutzen – das Webalbum

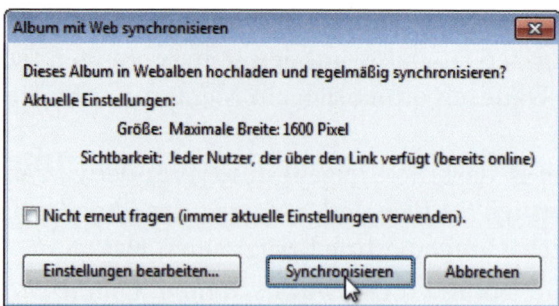

Abbildung 4.31: Das Album automatisch aktuell halten

4. Nachdem die Synchronisierung aktiviert wurde, lässt sich die gewünschte Größe für die Bilder verändern. Picasa synchronisiert immer mit der Bildgröße **Empfohlen: 1600 Pixel**. Möchten Sie die Fotos mit anderen Größen synchronisieren, lässt sich dies nun im Menü auswählen.

5. Falls Sie die automatische Aktualisierung irgendwann nicht mehr wünschen, wählen Sie einfach den Punkt **Synchronisierung deaktivieren** aus. Jetzt wird kein automatischer Abgleich mehr durchgeführt.

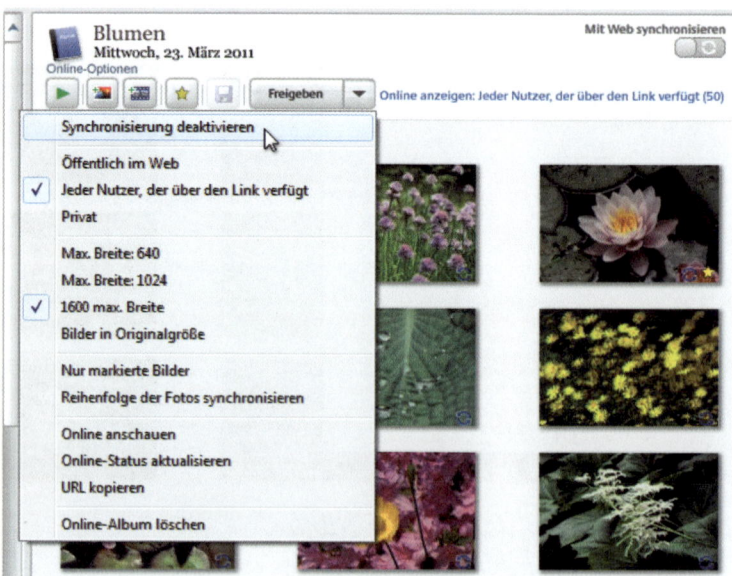

Abbildung 4.32: Die Synchronisierung verwalten

So verwalten Sie Ihr Webalbum

6. Haben Sie in Ihrem Album mehrfach Fotos hin- und hergeschoben, ergeben sich möglicherweise leere Alben. Das ist unnötig und sieht auch nicht gut aus. Möchten Sie diese in einem Rutsch löschen, wählen Sie im Hauptmenü den Punkt *Tools/Sonstiges/Leere Online-Alben löschen* aus. Picasa entfernt im Webalbum nun alle Alben ohne Inhalte.

Satz-Upload – mehrere Ordner auf einmal verarbeiten

Mit den Standardfunktionen von Picasa verwalten Sie bequem einzelne Ordner und laden diese in Ihr Online-Album. Auch mehrere Ordner lassen sich nacheinander gut verarbeiten. Möchten Sie hingegen viele Ordner hochladen oder deren Einstellungen bearbeiten, dauert der herkömmliche Weg recht lange – immerhin muss jeder Ordner einzeln verarbeitet werden. Um Ihnen das zu erleichtern, bietet Picasa einen Satz-Upload an, häufig auch Batch-Funktion genannt. Damit verarbeiten Sie beliebig viele Ordner und Alben in einem Rutsch.

Die Satz-Verarbeitung findet in einem eigenen Fenster mit speziellen Schaltflächen statt. Um in Picasa diese Satz-Verarbeitung zu aktivieren, wählen Sie im Hauptmenü den Punkt *Tools/Satz-Upload* aus. Dadurch verändert sich das gesamte Picasa-Fenster und alle anderen Funktionen sind vorübergehend nicht verfügbar.

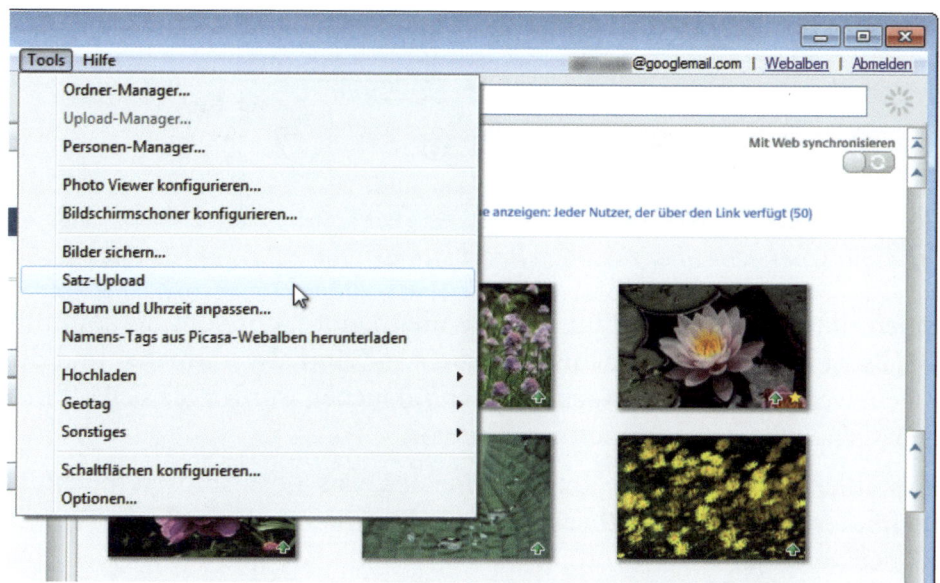

Abbildung 4.33: Öffnen Sie das Fenster für den Satz-Upload

4 • Picasa online nutzen – das Webalbum

1. **Hauptmenü** – Sie benötigen das Hauptmenü für den Satz-Upload nicht.
2. **Ordner** – Diese Liste enthält alle Ihre Ordner.
3. **Fotos** – Dieses Fenster zeigt alle Fotos im aktuellen Ordner an.
4. **Aktion** – Geben Sie an, welche Aktion Sie durchführen möchten.
5. **Upload-Optionen** – Legen Sie die Optionen für die Verarbeitung fest.
6. **Speicher** – Dieser Kasten zeigt Ihnen den Speicherplatz Ihres Webalbums an.
7. **OK/Abbrechen** – Starten Sie die Verarbeitung oder brechen Sie diese ab.

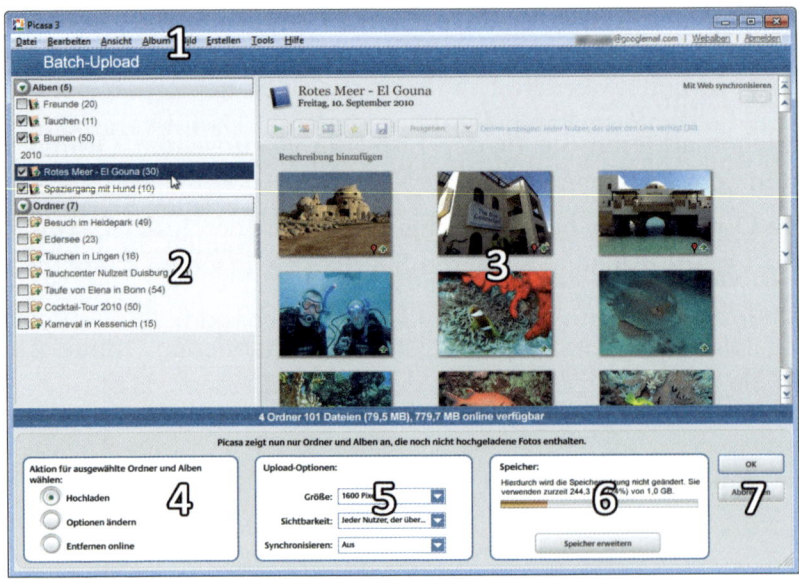

Abbildung 4.34: Übersicht über die Satz-Bearbeitung

Die Funktionen unterscheiden sich im Grunde überhaupt nicht vom herkömmlichen Upload. Es werden lediglich mehrere Ordner auf einmal verarbeitet, und die Menüs sehen ein wenig anders aus. Nach ein paar Versuchen werden Sie sich schnell zurechtfinden. Gehen Sie dabei immer wie folgt vor:

1. Als Erstes wählen Sie unten links unter **Aktion** aus, was Sie ausführen möchten. Das sollte immer der erste Schritt sein, weil es die Anzeige der anderen Fenster und Optionen verändert.

    - **Hochladen** – Wählen Sie diese Option, um neue Ordner in Ihr Online-Album zu laden.
    - **Optionen ändern** – Hiermit verändern Sie die Sichtbarkeit und die Synchronisation für bereits hochgeladene Alben.

So verwalten Sie Ihr Webalbum

- **Entfernen online** – Möchten Sie bereits hochgeladene Online-Alben wieder löschen, wählen Sie diese Option.

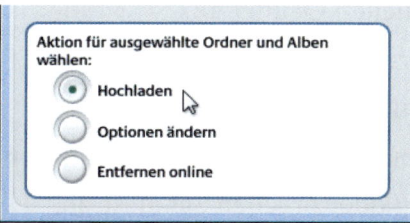

*Abbildung 4.35:
Wählen Sie die Aktion aus*

2. Durch die Auswahl einer Aktion verändert sich die Ordnerliste. Sie zeigt nur die Ordner an, die für die jeweils gewählte Aktion relevant sind bzw. auf die diese angewendet werden kann.

   - Zum Hochladen markieren Sie in der Liste die gewünschten Ordner mit einem Haken in dem Kästchen vor ihrem Namen.
   - Wollen Sie die Optionen für bereits hochgeladene Ordner ändern, sehen Sie eine Liste aller Online-Alben. Markieren Sie die gewünschten ebenfalls mit einem Haken.
   - Sollen Alben gelöscht werden, zeigt die Liste alle vorhandenen Online-Alben an. Markieren Sie die zu entfernenden in der Liste mit einem Haken.

*Abbildung 4.36:
Die gewünschten Ordner markieren*

3. Haben Sie die Aktionen *Hochladen* oder *Optionen ändern* ausgewählt, müssen Sie nun die *Upload-Optionen* festlegen. Es handelt sich dabei um dieselben Optionen wie beim einfachen Hochladen und Verwalten Ihrer Alben, nur dass diese Optionen für alle in der Liste markierten Ordner verwendet werden.

   - **Größe** – Wählen Sie die Größe der Fotos aus. Ihnen stehen die Optionen *Originalgröße*, *1600 Pixel*, *1024 Pixel* und *640 Pixel* zur Verfügung.
   - **Sichtbarkeit** – Wählen Sie wie gewohnt zwischen den Optionen *Öffentlich im Web*, *Jeder Nutzer, der über den Link verfügt* und *Privat* aus.
   - **Synchronisieren** – Soll dieses Webalbum mit den Fotos in Ihrem lokalen Picasa synchronisiert werden? Schalten Sie diese Option *Ein* oder *Aus*.

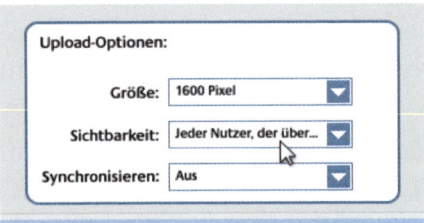

Abbildung 4.37: Optionen für diese Ordner einstellen

4. Weil bei einer größeren Stapelverarbeitung schon mal die Übersicht verloren gehen kann, zeigt Ihnen dieses Fenster an, wie viel Speicherplatz in Ihrem Webalbum noch frei ist. So überfüllen Sie Ihr Album nicht.

5. Sind alle Einstellungen gemacht, müssen Sie nur noch die Schaltfläche *OK* betätigen. Picasa wird nun seine Arbeit aufnehmen und alle Ordner verarbeiten. Das kann unter Umständen ein wenig Zeit in Anspruch nehmen. Haben Sie es sich doch anders überlegt und möchten dieses Fenster ohne Änderungen wieder verlassen, betätigen Sie die Schaltfläche *Abbrechen*.

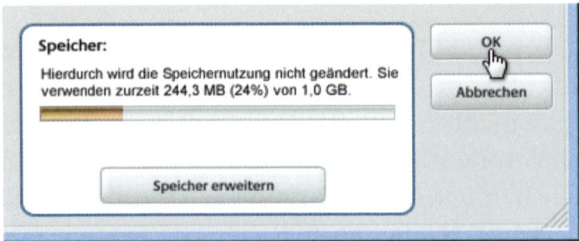

Abbildung 4.38: Die Satz-Verarbeitung starten

So verwalten Sie Ihr Webalbum

Wenn das Webalbum langsam voll wird

Picasa bietet für jedes Webalbum ein Speichervolumen von 1 GByte kostenlos an. Sind Sie ein sehr aktiver Fotograf und besitzen Sie eine Digitalkamera mit hoher Auflösung, ist der Onlinespeicher viel zu schnell voll. Es können dann keine weiteren Alben und Fotos online gestellt werden. Google bietet Ihnen hierzu zwei Lösungen an:

Bilder verkleinern – Kleine Fotos und kurze Videos werden seit Anfang 2011 nicht mehr bei der Speicherplatzberechnung berücksichtigt. Sind Ihre Fotos kleiner als 800 Pixel und die Videos kürzer als 15 Minuten, wird von Ihrem 1 GByte nichts abgezogen. Sie können also beliebig viele Fotos online stellen. Für eine reine Webgalerie ist das sehr eingenehm, vernünftige Ausdrucke oder Bearbeitungen sind mit diesen Bildern allerdings nicht mehr möglich.

Speicherplatz kaufen – Möchten Sie bei hochwertigen Auflösungen für Ihre Bilder bleiben, sollten Sie über den Kauf von zusätzlichem Speicherplatz nachdenken. Google bietet hier sehr attraktive Preise. So kosten z. B. 20 GByte zusätzlicher Speicher lediglich 5 US-Dollar pro Jahr. Der Platz steht Ihnen für alle Ihre Google-Dienste zur Verfügung, z. B. Picasa, Mail, Text & Tabellen usw.

Interessieren Sie sich für mehr Speicherplatz, finden Sie alle verfügbaren Größen und Preise direkt bei Google. Klicken Sie entweder im Hochladen-Fenster auf die Schaltfläche ***Upgrade ausführen*** oder rufen Sie im Webbrowser direkt folgende Seite auf: *https://www.google.com/accounts/PurchaseStorage?hl=de&pli=1*.

Wichtige Fotos sperren und schützen

Mit Picasa sind Ihre Fotos schon mit wenigen Mausklicks im Internet veröffentlicht. Das geht schnell – manchmal vielleicht sogar zu schnell. Plötzlich befinden sich Fotos in Ihrem Webalbum, die Sie gar nicht veröffentlichen wollten, z. B. weil sie sehr privat sind, die Personen keine Veröffentlichung wünschen oder weil es sich um urheberrechtlich geschützte Bilder handelt. Vielleicht möchten Sie auch einfach nicht, dass Ihre Fotos beliebig kopiert und weitergegeben werden. Für diese und ähnliche Fälle bietet Picasa nützliche Funktionen an.

4 · Picasa online nutzen – das Webalbum

So sperren Sie private Fotos für den Upload

Natürlich möchten Sie nicht jedes Foto in Ihrer Sammlung im Internet veröffentlichen. Sehr private Bilder sollten auch privat bleiben. Damit nicht aus Versehen ein wichtiges Foto dazwischenrutscht und plötzlich im Internet steht, können Sie eine Sperre aktivieren. Damit klammern Sie bestimmte Fotos generell vom Hochladen und Veröffentlichen aus, selbst wenn sie (versehentlich) markiert werden.

1. Klicken Sie in der Liste der Vorschaubilder auf das Foto, das Sie für den Upload sperren möchten. Mehrere Fotos lassen sich mit gedrückter Taste `Strg` auswählen.
2. Nun betätigen Sie einmal die rechte Maustaste, damit sich ein Menü öffnet. Wählen Sie hier den Punkt **Upload blockieren** aus.

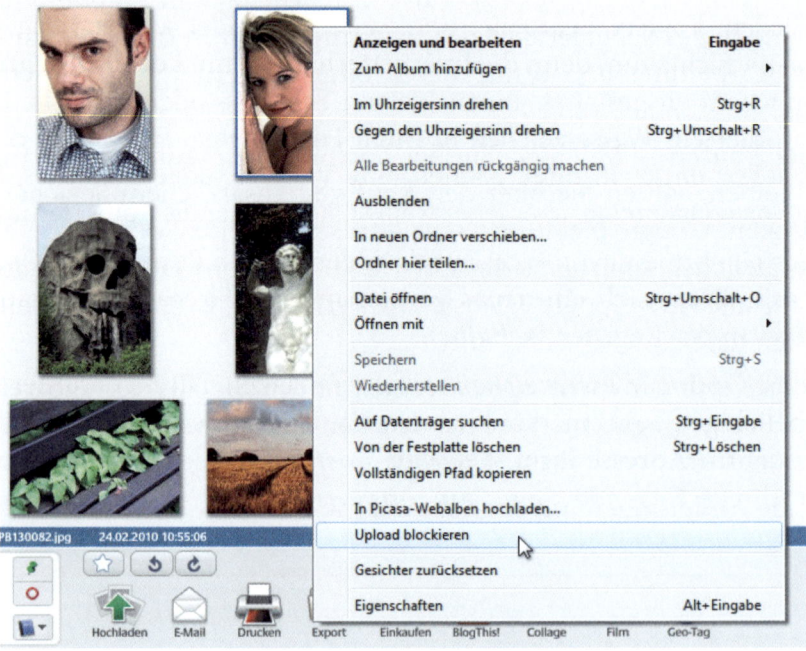

Abbildung 4.39: Den Upload für Fotos sperren

3. Die Fotos werden nun mit einem abwärts zeigenden roten Pfeil markiert. Er symbolisiert den gesperrten Upload, sodass diese Fotos nicht mehr in das Webalbum geladen werden können.

Die Upload-Sperre ist eine recht sichere Sache. Selbst wenn Sie nun den kompletten Ordner in Ihr Webalbum laden, bleiben diese Fotos außen vor. Sie werden beim Übertragen ignoriert. Möchten Sie die Sperre für ein Foto später wieder aufheben, ist das ganz einfach. Klicken Sie das entsprechende Foto wieder mit der rechten Maustaste an und entfernen Sie den Haken vor der Option **Upload blockieren**.

So verwalten Sie Ihr Webalbum

Abbildung 4.40: Blockierte Fotos

Fotos mit einem Wasserzeichen markieren

Im Internet sind die meisten Inhalte völlig ungeschützt. Sie sind fast wie „Freiwild" und können von jedem kopiert, bearbeitet und weiterverwendet werden. Dagegen können Sie überhaupt nichts tun, denn die Internettechnik ist mit keinerlei Zugriffsrechten oder Ähnlichem ausgestattet. Einen kleinen Schutz – oder vielleicht eher einen Trost – kann hier ein Wasserzeichen in Ihren Fotos bieten. Picasa fügt dabei in jedes Foto einen Text ein, z. B. Ihren Namen, Ihre Webseite oder Ähnliches. Das schützt zwar nicht vorm Datenklau, aber jeder weiß später, woher die Fotos stammen.

1. Gehen Sie in das Hauptmenü von Picasa und wählen Sie den Punkt **Tools/Optionen** aus. Dadurch öffnet sich ein neues Fenster mit der Picasa-Konfiguration. Wechseln Sie hier in das Register **Webalben**.

2. Aktivieren Sie die Option **Wasserzeichen** mit einem Haken. Direkt darunter tippen Sie einen beliebigen Text ein, den Picasa in alle Ihre Fotos einfügen soll, z. B. Ihren Namen oder die Adresse Ihrer Webseite.

3. Bestätigen Sie die Änderungen mit der Schaltfläche **OK**.

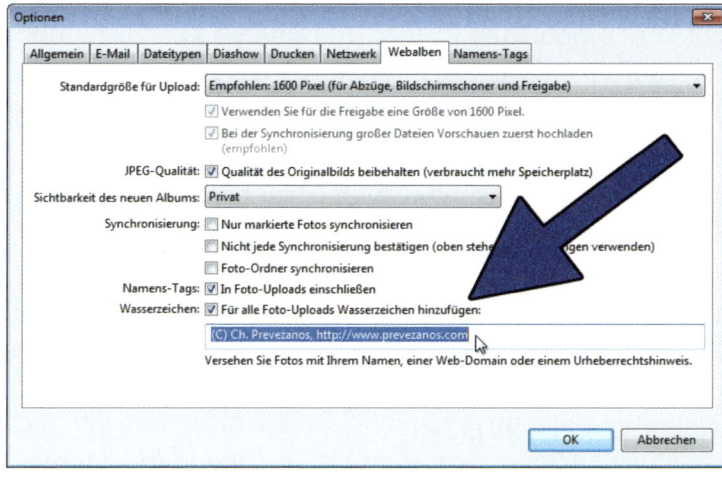

Abbildung 4.41: Legen Sie ein Wasserzeichen fest

4 • Picasa online nutzen – das Webalbum

Picasa wird ab jetzt alle Fotos beim Hochladen in das Webalbum mit diesem Wasserzeichen versehen. Der Text erscheint dabei unten rechts in der Ecke. Dadurch ist er deutlich sichtbar, stört das Foto an sich aber nicht zu sehr. Auf bereits im Webalbum gespeicherte Fotos hat diese Änderung natürlich keine Auswirkungen. Sie müssen die Fotos erneut hochladen, damit Picasa auch diese mit dem Wasserzeichen ausstattet.

Abbildung 4.42:
Das Foto mit Wasserzeichen (vergrößert)

Das Online-Album im Webbrowser verwalten

Mit dem Picasa-Webalbum lassen sich Fotos schnell und einfach mit Freunden austauschen. Aber das Webalbum ist deutlich mehr als eine Fotohomepage. Die Picasa-Onlinedienste bieten so viele Funktionen und Möglichkeiten, dass sie fast wie eine eigene Software aussehen. Sie können Ihre Fotos hochladen, sortieren, bearbeiten, Alben anlegen und vieles mehr. Dabei werden Ihnen die Funktionen sehr bekannt vorkommen, denn sie wurden aus der Picasa-Software auf Ihrem Computer übernommen. Das macht es besonders einfach, Ihre Fotos offline und online zu verwalten und zu betrachten.

Ihr Webalbum im Überblick

Ihr Picasa-Webalbum steht Ihnen praktisch immer und überall zur Verfügung. Es spielt dabei keine Rolle, ob Sie an Ihrem eigenen Computer arbeiten, bei einem Freund oder unterwegs in einem Internetcafé. Durch die vielen Möglichkeiten greifen Sie von überall auf Ihr Webalbum zu.

Mit folgenden Möglichkeiten gelangen Sie direkt in Ihr Picasa-Webalbum:

- Am schnellsten geht es, wenn Sie in der Picasa-Software oben rechts auf den Link **Webalben** klicken.
- Sind Sie bereits mit Ihrem Browser unterwegs, tippen Sie die Picasa-Adresse direkt ein. Sie lautet: *https://picasaweb.google.com*.
- Befinden Sie sich gerade auf der Google-Startseite, öffnen Sie das Menü mit der Option **Mehr** und wählen den Punkt **Fotos** aus.

Das Online-Album im Webbrowser verwalten

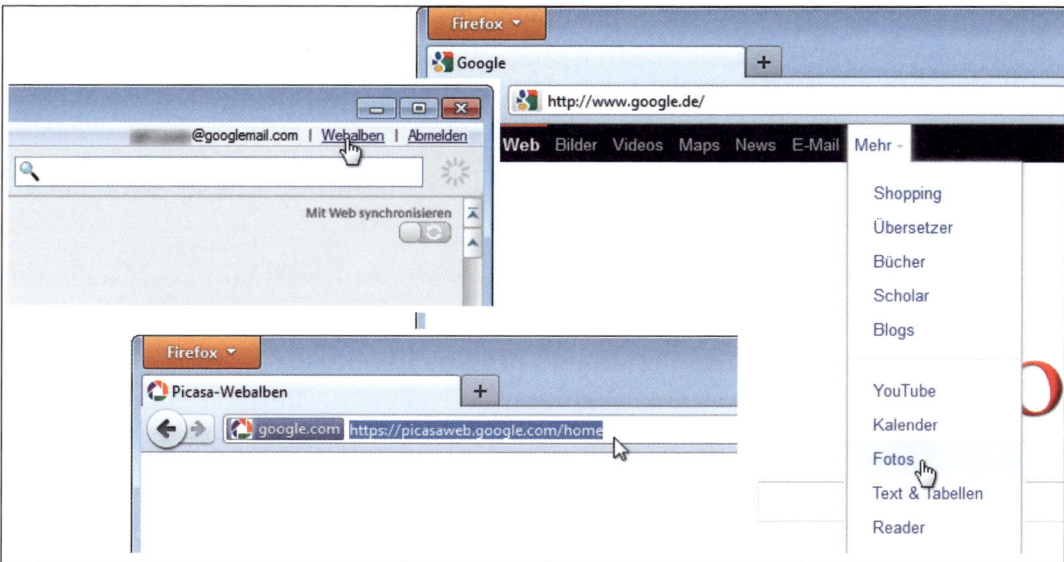

Abbildung 4.43: Viele Wege führen in Ihr Webalbum

Sie gelangen in jedem Fall in Ihr persönliches Picasa-Webalbum. Falls Sie nicht bei Google angemeldet sind, werden Sie zunächst aufgefordert, Ihren Benutzernamen und Ihr Passwort einzutippen. Die Startseite Ihres Webalbums bietet einen guten Überblick über Ihre Fotos und die zur Verfügung stehenden Funktionen. Ihnen bieten sich ähnliche Möglichkeiten wie in der Picasa-Software – und sie lassen sich auch noch fast genau so handhaben. Dadurch wird es Ihnen sehr leichtfallen, sich in Ihrem Webalbum zurechtzufinden.

---

http:// oder https:// ?

Im Internet werden alle Standardwebseiten über das Protokoll **http://** aufgerufen und geöffnet. Mit Picasa können Sie das natürlich auch tun. Zusätzlich bietet Google aber auch die Möglichkeit an, Picasa über das Protokoll **https://** zu öffnen. Das zusätzliche **s** zeigt dabei an, dass es sich um eine per SSL verschlüsselte Verbindung handelt. Dies ist eine sichere Übertragungstechnik, wie sie auch beim Onlineeinkauf oder bei Onlinebankgeschäften zum Einsatz kommt. Dadurch kann niemand Ihre Picasa-Sitzung, Ihr Anmeldung oder Ihr Passwort ausspähen. Deshalb sollten Sie diese sichere Verbindung möglichst immer nutzen – vor allem wenn Sie unterwegs auf Ihr Album zugreifen, z. B. mit einem fremden Computer im Hotel oder vom Internetcafé aus.

1. **Startseite** – Dieses Register wird automatisch geöffnet, wenn Sie Ihr Webalbum aufrufen. Es stellt eine Art Startseite mit Übersichtsfunktion dar.
2. **Meine Fotos** – Dieses Register zeigt alle Ihre Alben an. Es stellt die wichtigste Ansicht mit allen Funktionen und Optionen dar.
3. **Erkunden** – Damit greifen Sie auf die Picasa-Community zu und erkunden die Webalben anderer Nutzer.
4. **Hochladen** – Möchten Sie von unterwegs Bilder in Ihr Album hochladen, tun Sie das mit dieser Schaltfläche. Das ist z. B. im Urlaub ganz praktisch.
5. **Einstellungen** – In diesem Abschnitt sehen Sie Ihr Google-Benutzerkonto, können Grundeinstellungen am Webalbum vornehmen, die Hilfe aufrufen oder sich abmelden.
6. **Sichtbarkeit bearbeiten** – Dieser Link führt Sie zu einer Schnellübersicht über die Sichtbarkeit bzw. Zugriffsrechte für alle Ihre Alben.
7. **Öffentliche Galerie/nicht aufgeführte Galerie** – Mit diesen Links zeigen Sie alle Alben an, die Sie öffentlich oder nicht öffentlich freigegeben haben. So wissen Sie immer, was andere Personen sehen können.
8. **Sortieren nach** – Mit dieser Auswahlliste sortieren Sie die angezeigten Alben auf der Übersichtsseite. Ihnen stehen die Optionen *Albumdatum*, *Upload-Datum* und *Titel des Albums* zur Verfügung.
9. **Alben** – Dies ist der Anzeigebereich Ihres Webalbums. Auf der Übersichtsseite werden die Alben aufgelistet sowie der Freigabestatus und die Anzahl der Bilder angezeigt. Klicken Sie auf eines der Alben, sehen Sie die darin enthaltenen Fotos.
10. **Personen** – Über diesen Link verwalten Sie Personen und Gesichter mit Namens-Tags, ganz ähnlich den Personenalben in der Picasa-Software. Außerdem verwalten Sie hier Onlinefreunde und Lieblingsalben anderer Personen.
11. **Fans** – Dieser Abschnitt listet Freunde von Ihnen auf, die sich regelmäßig Ihre Fotos ansehen und die sie als Favoriten gespeichert haben.
12. **Freunde** – In diesem Abschnitt erhalten Sie einen Kurzüberblick über die neuesten Änderungen in den Alben von Freunden, die Sie als Favorit gespeichert haben.
13. **Tags** – Damit Sie schneller die gewünschten Fotos finden, listet Picasa hier die von Ihnen vergebenen Tags auf. Mit einem Mausklick auf ein Tag werden die damit markierten Fotos aufgelistet.

Das Online-Album im Webbrowser verwalten

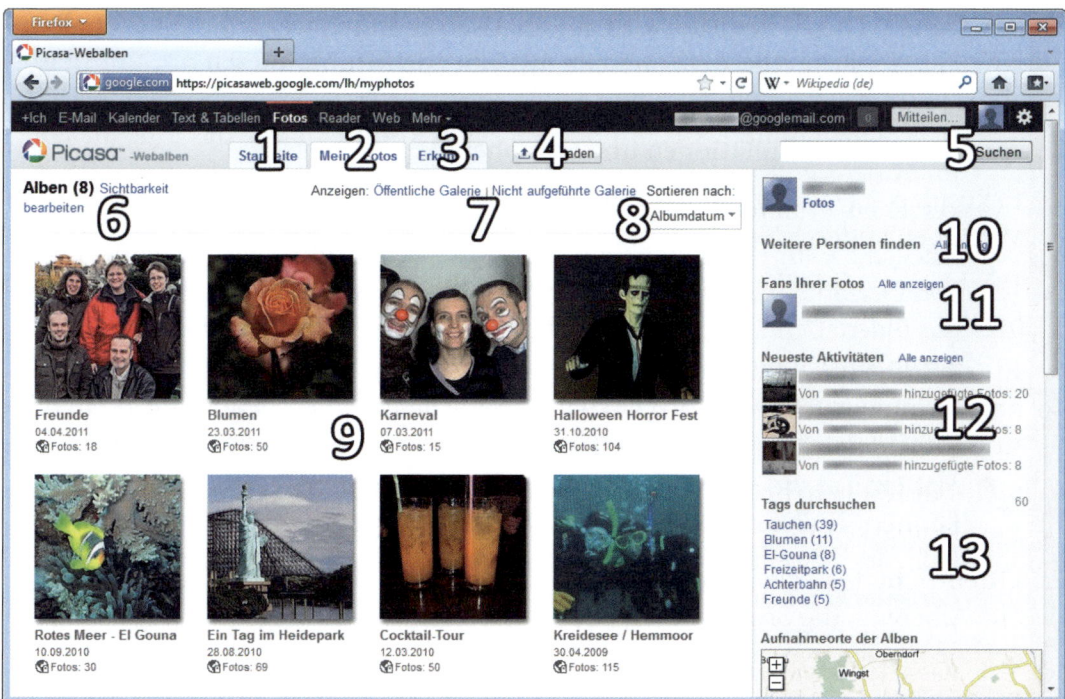

Abbildung 4.44: Ihr Picasa-Webalbum im Überblick

Mehr als nur ein Webalbum – die Picasa-Gemeinschaft

Mit Ihrem Picasa-Webalbum besitzen Sie nicht einfach nur eine praktische Fotohomepage. Picasa hat sich zu einer riesigen Fotogemeinschaft entwickelt. Hier treffen sich Familien, Freunde, Bekannte und Menschen aus aller Welt, um Bilder und Erlebnisse miteinander auszutauschen. Picasa ist fast schon zu einem sozialen Netzwerk geworden. Innerhalb Ihres Webalbums gibt es viele Funktionen, um mit Ihren Freunden in Kontakt zu bleiben oder neue Menschen kennenzulernen, und ständig werden es mehr. Schauen Sie sich folgende Funktionen unbedingt einmal an:

- Besuchen Sie die Fotos anderer Personen, lassen sich diese als Favoriten abspeichern. Mit dem Link **Weitere Personen finden** erhalten Sie eine Liste aller gespeicherten Personen. Dort legen Sie auch fest, ob Sie über neue Fotos Ihrer Favoriten informiert werden möchten. Picasa schlägt Ihnen auch neue Freunde vor, z. B. wenn diese häufig bei Ihnen vorbeischauen oder Sie gemeinsame Freunde haben. Unter **Fans** bzw. **Mitleser** finden Sie andere Picasa-Benutzer, die einen Link zu Ihrer Galerie gespeichert haben.

4 • Picasa online nutzen – das Webalbum

- Alle Picasa-Fotos lassen sich von Gästen bewerten. Direkt unter den Fotos befindet sich ein kleiner Smiley. Klicken Sie diesen an, um dem Besitzer des Fotos „Das mag ich!" zu signalisieren. Möchten Sie mehr als ein Lächeln hinterlassen, tippen Sie einen Kommentar in das Eingabefeld unter dem Foto ein. Werden Ihre Fotos mit Smileys oder Kommentaren versehen, erhalten Sie eine Hinweismail.

- Klicken Sie im Hauptmenü auf das Register *Erkunden*, um die ganze Welt von Picasa kennenzulernen. Hierüber stöbern Sie in allen Fotos und Alben, die andere Benutzer weltweit hochgeladen haben. Entdecken Sie tolle Fotos, lassen Sie sich inspirieren oder finden Sie gleichgesinnte Menschen mit ähnlichen Interessen. Selbstverständlich werden dabei nur Fotos und Alben aufgelistet, die explizit mit der Freigabestufe *Öffentlich* deklariert wurden.

- Hat ein Freund Ihnen Fotos zum Austausch in sein Picasa-Album gelegt, können Sie diese ganz einfach auf Ihre Festplatte kopieren. Wählen Sie innerhalb des betreffenden Webalbums den Punkt *Herunterladen/Zu Picasa herunterladen* aus. Das komplette Album wird nun heruntergeladen und in Picasa importiert. Grundsätzlich geht das mit fast allen Picasa-Fotos. Tun Sie das allerdings nur, wenn der Benutzer dies explizit erlaubt. Oder möchten Sie, dass Ihre Fotos unkontrolliert kopiert und weitergegeben werden?

Webalben und Fotos bequem betrachten

Die wichtigste Funktion des Webalbums besteht natürlich im Betrachten der Fotos. Ihnen und den Besuchern stehen dabei dieselben Menüs und Funktionen zur Verfügung. Die Handhabung ist also immer identisch, unabhängig davon, ob Sie Ihr eigenes Album oder das eines Bekannten betrachten.

1. Auf der Übersichtsseite Ihres Webalbums sehen Sie eine Liste mit allen darin enthaltenen Alben. Direkt unter dem Vorschaubild stehen der Name, das Datum, die Anzahl der Fotos sowie ein Symbol für die Freigabestufe. Klicken Sie auf das Vorschaubild, um in das Album zu gehen.

2. Das Album wird nun geöffnet, und Sie gelangen in eine Übersicht über die in diesem Album enthaltenen Fotos. Möchten Sie die Größe der Vorschaubilder verändern, betätigen Sie den Schieberegler oben rechts. Die Miniaturen werden sofort angepasst.

Das Online-Album im Webbrowser verwalten

*Abbildung 4.45:
Öffnen Sie ein Album*

*Abbildung 4.46:
Die Vorschaubilder vergrößern*

3. Um ein Foto im größeren Maßstab zu betrachten, klicken Sie es einmal an. Es erscheint sofort in einer vergrößerten Ansicht. Dabei stehen Ihnen nun auch zusätzliche Informationen und erweiterte Funktionen zur Verfügung.

- Die rechte Spalte listet die wichtigsten Informationen zu diesem Foto auf, z. B. die Auflösung, das Datum, Stichworte (Tags), gezeigte Personen, den Aufnahmeort usw.
- Klicken Sie auf den Link **Seite mit umfassenden Details**, um ein neues Fenster mit den vollständigen Exif-Informationen zu öffnen.
- Möchten Sie zurück auf die Seite mit den Vorschaubildern, klicken Sie oben links auf den Namen des Albums.

4 • Picasa online nutzen – das Webalbum

- Bewegen Sie den Mauszeiger über das Bild, werden rechts und links jeweils Pfeiltasten eingeblendet. Mit einem Mausklick auf diese Pfeile gehen Sie zurück zum vorherigen Foto oder weiter zum nächsten.
- Rechts über dem Foto befinden sich zwei Schaltflächen, mit denen Sie die Anzeige des Fotos um 90 Grad nach rechts oder links drehen können.
- Hinter den Schaltflächen **Aktionen** und **Bearbeiten** befinden sich erweiterte Funktionen, die wir uns später im Detail anschauen.

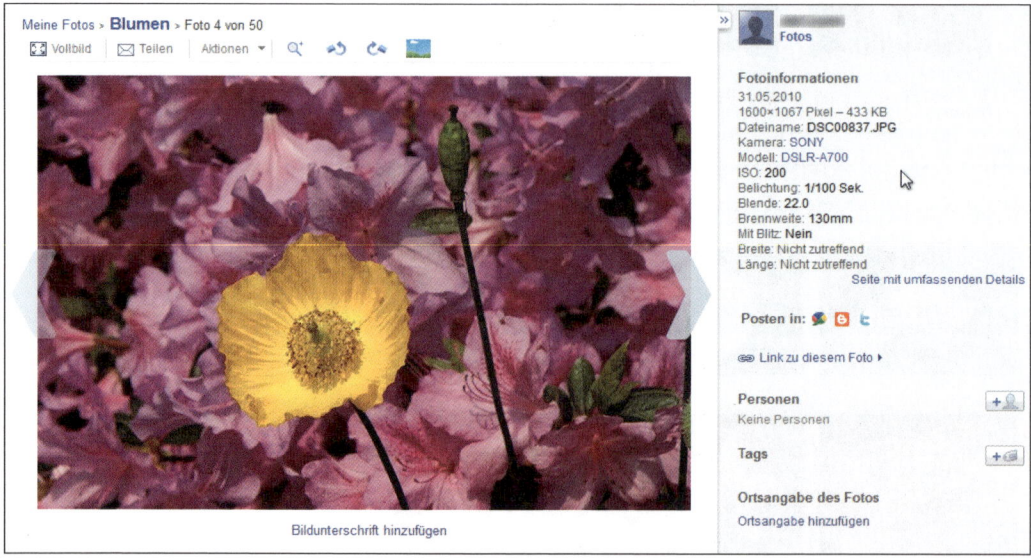

Abbildung 4.47: Ein Foto mit allen Details betrachten

4. Manchmal ist es ganz praktisch, ein Foto noch weiter zu vergrößern. So lassen sich auch kleine Details gut erkennen. Klicken Sie hierfür auf das Lupensymbol rechts über dem angezeigten Foto.

Abbildung 4.48: Öffnen Sie die vergrößerte Ansicht

142

Das Online-Album im Webbrowser verwalten

5. Das Foto wird jetzt in einer sogenannten *Lightbox* angezeigt. Sie legt sich wie ein eigener Betrachtungsbildschirm über das Browserfenster und erlaubt einen freien Blick auf das komplette Foto.

- Oben links befinden sich die Schaltflächen + (Plus) und – (Minus). Damit schalten Sie zwischen der Originalgröße und der verkleinerten Ansichtsgröße hin und her.
- Möchten Sie stufenlos zoomen, verwenden Sie dafür den Schieberegler unten rechts. Dabei wird Ihnen auch jeweils der aktuelle Bildausschnitt in der Miniatur angezeigt.
- Um sich in dem vergrößerten Bild zu bewegen, halten Sie die linke Maustaste gedrückt und schieben das Bild in die gewünschte Richtung. Alternativ können Sie auch den Rahmen in der Miniatur bewegen.
- Um die Lightbox wieder zu verlassen, klicken Sie oben rechts auf die Schaltfläche **X**.

Abbildung 4.49: Das Foto in der Lightbox betrachten

4 · Picasa online nutzen – das Webalbum

6. Picasa bietet Ihnen auch die Möglichkeit, die Fotos des aktuellen Albums als Diaschau zu betrachten. Dann müssen Sie sich nicht manuell durch die einzelnen Bilder klicken, sondern lassen diese automatisch über den Bildschirm laufen. Klicken Sie hierfür links über dem aktuellen Bild auf die Schaltfläche **Vollbild**.

Abbildung 4.50: Die Vollbildanzeige öffnen

7. In der Vollbildansicht sehen Sie nur noch das aktuelle Foto. Alle anderen Elemente des Browsers und des Webalbums werden ausgeblendet. So lassen sich die Fotos ungestört und angenehm betrachten.

- Mit den Schaltflächen **Vor/Zurück** blättern Sie durch die Fotos dieses Albums.
- Die **Start-/Play**-Taste startet eine automatische Diaschau mit allen Fotos dieses Albums.
- Die Anzeigedauer für die Fotos lässt sich mit den Plus-/Minus-Tasten (+/-) verändern.
- Normalerweise werden Bildunterschriften in der Diaschau angezeigt. Mit dem Link **Bildunterschriften ausblenden** werden diese unterdrückt.
- Möchten Sie die Fotos auf Ihrem gesamten Bildschirm angezeigt bekommen, schalten Sie Ihren Browser mit der Taste `F11` in den Vollbildmodus oder wieder zurück in die Standardansicht.
- Die Schaltfläche **X** beendet diese Ansicht, und Sie kehren in das Webalbum zurück.

Immer dabei – Picasa auf dem Smartphone

Jeden Tag wird alles ein wenig mobiler, und die Beliebtheit von Smartphones und Tablet-PCs steigt ständig. Ihr Picasa-Album steht Ihnen auch auf diesen Geräten vollständig zur Verfügung. So haben Sie immer und überall Zugriff auf Ihre Webalben und können diese präsentieren.

Das Online-Album im Webbrowser verwalten

- Öffnen Sie mit Ihrem Smartphone die Seite **http://m.google.de**. Dies ist die Startseite für alle mobilen Google-Dienste. Von dort aus können Sie den gewünschten Dienst auswählen.
- Für die meisten Smartphones können Sie auf dieser Seite auch spezielle Google-Apps herunterladen, z. B. für iPhones, Android-Phones, Black-Berry-Geräte usw.
- Möchten Sie direkt zu Ihrem Webalbum gehen, tippen Sie den Link **https://picasaweb.google.com** ein.

Abbildung 4.51: Die Fotos als Diaschau betrachten

4 • Picasa online nutzen – das Webalbum

Eigene Alben bearbeiten und organisieren

In der Regel werden Sie Ihre Fotos und Alben mit der Picasa-Software verwalten und sie dann komplett in das Webalbum kopieren. Dabei werden sämtliche Eigenschaften, Beschreibungen und Zusatzinformationen übernommen. Sie haben aber auch die Möglichkeit, die Alben nachträglich in Ihrem Online-Album zu bearbeiten. Picasa bietet hierzu eine ganze Reihe von Funktionen.

1. Klicken Sie auf der Startseite Ihres Webalbums auf das Vorschaubild des Albums, das Sie bearbeiten möchten. Das Album wird dadurch geöffnet, und Sie sehen die Auflistung der Vorschaubilder. Klicken Sie oben auf die Schaltfläche *Aktionen*, um ein Menü zu öffnen.

Abbildung 4.52: Alben online bearbeiten

2. Wählen Sie den Punkt *Albumeigenschaften* aus, um die grundlegenden Informationen dieses Albums zu bearbeiten. Dadurch öffnet sich ein neues Fenster mit den entsprechenden Eingabefeldern.
   - Fügen Sie hier den *Titel*, das *Datum* sowie eine *Beschreibung* ein.
   - Geben Sie einen *Aufnahmeort* für die Fotos an, lässt sich dieser automatisch auf einer Karte von Google Maps anzeigen.
   - Über den Link *Ort auf der Karte anzeigen* blenden Sie eine Karte von Google Maps ein und setzen den roten Marker exakt auf den Ort der Aufnahme.

3. Wählen Sie im Menü die Option *Albumdeckblatt* aus, lässt sich das Vorschaubild für dieses Album ändern. Also das Bild, das jeweils auf der Startseite angezeigt wird. Sobald Sie die Option anklicken, öffnet sich ein neues Fenster. Darin werden alle Fotos dieses Albums aufgelistet. Klicken Sie auf das gewünschte Foto, um es zum neuen Deckblatt zu machen.

Das Online-Album im Webbrowser verwalten

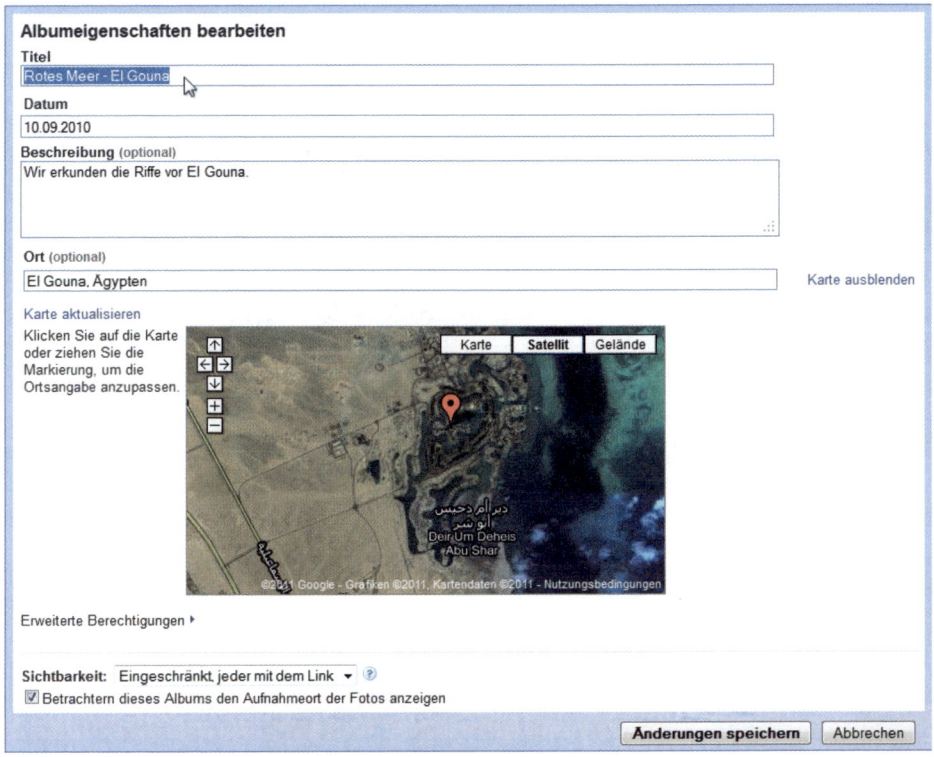

Abbildung 4.53: Die Eigenschaften bearbeiten

Abbildung 4.54:
Ein Foto als Deckblatt einstellen

4. Wählen Sie in diesem Menü den Punkt **Albumkarte** aus, öffnet sich eine Landkarte. Besitzen Sie eine moderne Digitalkamera mit eingebautem GPS-Modul, werden hier die exakten Aufnahmeorte der Fotos angezeigt. Dabei können Sie zwischen einer herkömmlichen Landkarte und einem Satellitenbild wählen. Diese Geotags werden im nächsten Abschnitt genauer betrachtet.

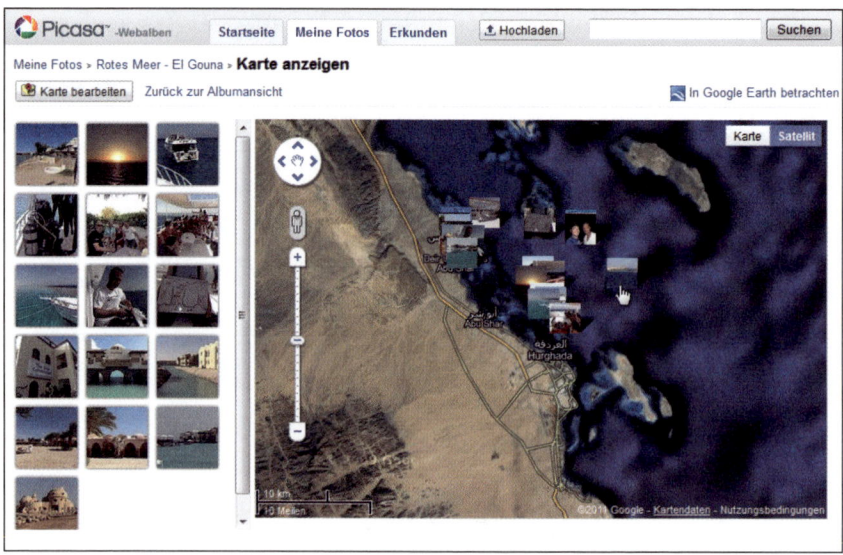

Abbildung 4.55: Das Satellitenbild zeigt die Position der Fotos

5. Das Webalbum zeigt automatisch alle Titel und Unterschriften an, die Sie auch in Ihrer Picasa-Software angelegt haben. Auf Wunsch lassen sich diese im Webalbum ändern, indem Sie im Menü die Option **Bildunterschriften** auswählen. Sie gelangen in eine Liste mit allen Fotos, in der Sie rechts jeweils die neue Bildunterschrift eintippen. Mit der Schaltfläche **Fertig** speichern Sie Ihre Texte.

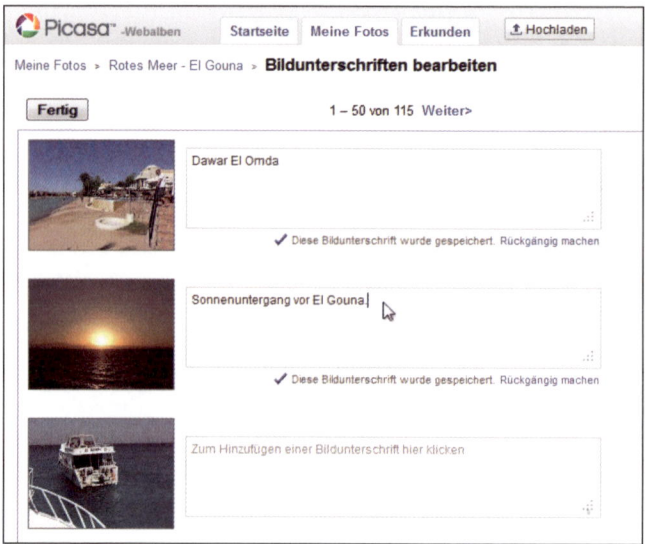

Abbildung 4.56: Die Bildunterschriften bearbeiten

Das Online-Album im Webbrowser verwalten

6. Die Fotos werden in jedem Album in der Reihenfolge angezeigt, wie sie auch in Ihrer Picasa-Software sortiert sind. Betätigen Sie die Schaltfläche *Organisieren*, um in ein Bearbeitungsfenster zu gelangen.

   - Mit der Liste *Fotos sortieren nach* wählen Sie zwischen *Datum* und *Dateiname* aus.
   - Klicken Sie ein beliebiges Foto an und ziehen Sie es innerhalb der Vorschaubilder an die gewünschte Stelle. So lässt sich eine ganz individuelle Reihenfolge erstellen.
   - Möchten Sie ein Foto in ein ganz anderes Album kopieren oder verschieben, klicken Sie auf die Schaltfläche *Kopieren* bzw. *Verschieben*. In einem neuen Fenster geben Sie den Namen eines bestehenden Albums an oder erstellen ein neues.
   - Um ein Foto aus diesem Album ganz zu entfernen, markieren Sie es in der Liste und betätigen die Schaltfläche *Löschen*.
   - Mit der Schaltfläche *Fertig* gelangen Sie zurück in die Übersicht.

Abbildung 4.57: Die Fotos des Albums organisieren

7. Möchten Sie dieses Album gar nicht mehr in Ihrem Webalbum haben, lässt es sich über den Menüpunkt *Album löschen* vollständig entfernen. Dabei wird das Album mit sämtlichen darin enthaltenen Fotos vom Picasa-Server gelöscht.

4 · Picasa online nutzen – das Webalbum

Fotos unterwegs in das Webalbum laden

Zu Hause werden Sie Ihre Fotos und Webalben sicherlich immer mit der Picasa-Software verwalten. Das geht besonders leicht und ist übersichtlich. Möchten Sie ein paar Fotos von unterwegs in Ihr Webalbum hochladen, ist das ebenfalls möglich. Das ist zwar nicht ganz so bequem wie mit der Picasa-Software, funktioniert dafür aber immer und überall. Das ist sehr praktisch, wenn Sie z. B. im Urlaub ein paar Bildergrüße nach Hause schicken wollen, gerade bei einem Freund am Computer sitzen oder ein Internetcafé nutzen. Alles, was Sie dazu benötigen, ist ein Webbrowser, Ihre Zugangsdaten und natürlich Ihre Fotos.

1. Gehen Sie auf die Startseite Ihres Picasa-Webalbums und melden Sie sich mit Ihren Benutzerdaten an. Auf der Übersichtsseite klicken Sie nun oben rechts auf die Schaltfläche *Hochladen*.

Abbildung 4.58: Die Hochladen-Funktion öffnen

2. Sie gelangen in ein neues Fenster für das Hochladen. Per Standard wird automatisch ein neues Album erstellt, welches als Titel das aktuelle Datum erhält. Übernehmen Sie dies oder tippen Sie in das Engabefeld einen beliebigen anderen Titel ein.

3. Möchten Sie die Fotos stattdessen in ein bereits bestehendes Album laden, klicken Sie rechts neben dem Eingabefeld auf den Link *Zu vorhandenem Album hinzufügen*. Dadurch wird das Eingabefeld zu einer Auswahlliste. Klicken Sie diese mit der Maus an und wählen Sie das gewünschte Album für diese Fotos aus.

Das Online-Album im Webbrowser verwalten

Abbildung 4.59: Ein Album wählen oder neu erstellen

4. Im unteren Bereich des Fensters befindet sich ein spezieller Bereich zum Auswählen der Fotos. Damit geben Sie an, welche Fotos Sie vom lokalen Computer in das Online-Album laden möchten. Hier hat sich eine Menge verbessert, denn früher war das Hochladen auf maximal 5 Bilder begrenzt. Inzwischen arbeitet das Webalbum mit besserer Technik, und Sie können so viele Fotos hochladen, wie Sie möchten.

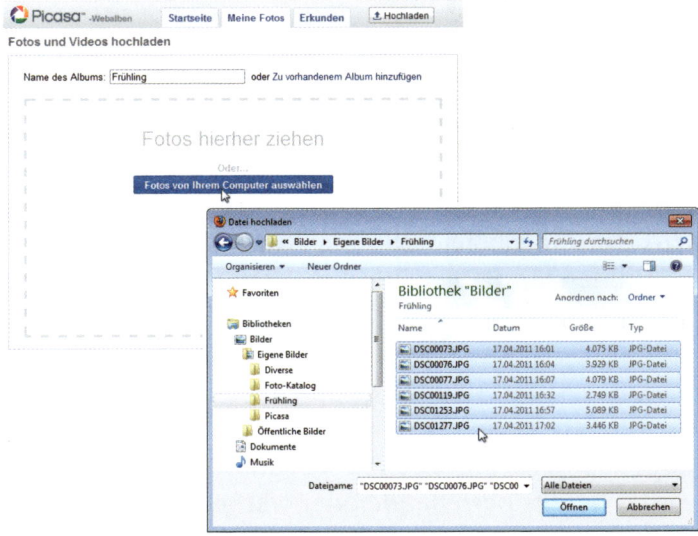

Abbildung 4.60: Fotos zum Hochladen auswählen

151

4 • Picasa online nutzen – das Webalbum

- Klicken Sie in der Mitte auf die Schaltfläche *Fotos von Ihrem Computer auswählen*. Dadurch öffnet sich ein Fenster des Windows-Explorers.
- Damit wechseln Sie auf der Festplatte in das Verzeichnis mit den Bildern und wählen diese aus. Mehrere Fotos lassen sich mit gedrückter Strg-Taste der Reihe nach anklicken.
- Haben Sie Ihre Kamera, einen USB-Stick oder Ihr Smartphone an den Computer angeschlossen, lassen sich diese natürlich ebenfalls direkt anwählen.
- Sind die gewünschten Fotos markiert, bestätigen Sie die Auswahl mit der Schaltfläche *Öffnen*.

5. Picasa beginnt jetzt sofort, die ausgewählten Fotos in das Online-Album zu laden. Sie erkennen den Fortschritt im Webbrowser anhand der Statusbalken. Abhängig von der Anzahl und Größe der gewählten Bilder kann das nun einen Moment dauern.

Sind alle Fotos hochgeladen, sehen Sie diese als Vorschaubilder. Klicken Sie auf eines der Bilder, um es vergrößert zu betrachten, zu drehen oder eine Bildunterschrift hinzuzufügen. Zuletzt genügt ein Mausklick auf die Schaltfläche *OK*, um die Bilder in das vorher festgelegte Album zu schieben.

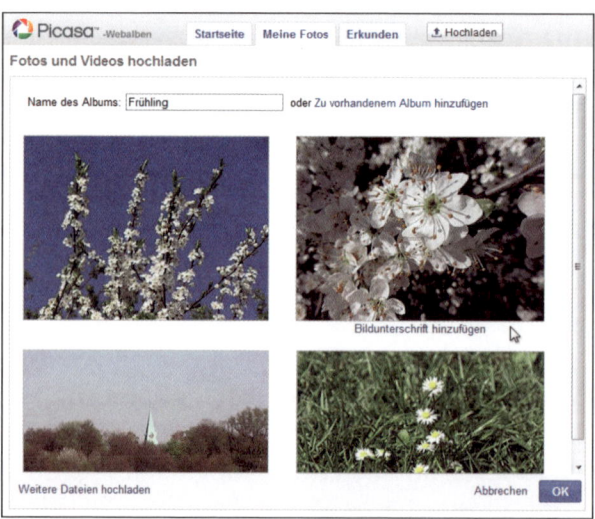

Abbildung 4.61: Die hochgeladenen Fotos als Vorschau

6. Haben Sie den Vorgang abgeschlossen, leitet Picasa Sie automatisch in das Album mit den Fotos weiter – in das bereits bestehende oder während des Hochladens neu angelegte. Jetzt können Sie die Fotos wie gewohnt betrachten, bearbeiten und freigeben.

Das Online-Album im Webbrowser verwalten

Mobile Fotos – Bilder per E-Mail oder Handy hochladen

Im Urlaub reicht ein beliebiger Computer mit Webbrowser und Internetanschluss, um Ihre Freunde zu Hause mit den neuesten Fotos zu versorgen. Möchten Sie noch mobiler sein, reicht auch ein herkömmliches Handy, ein iPhone, ein Smartphone oder jedes andere Gerät mit der Möglichkeit, E-Mails zu verschicken.

- Wählen Sie im Webalbum den Menüpunkt *Einstellungen/Foto-Einstellungen* aus und aktivieren Sie die Funktion *Fotos per E-Mail hochladen* mit einem Haken. Direkt dahinter tippen Sie in das Eingabefeld ein möglichst kompliziertes Passwort ein und speichern alle Änderungen.
- Nun können Sie von jedem beliebigen Gerät aus E-Mails an die Adresse *Benutzername.passwort@picasaweb.com* schicken.
- Das zu veröffentlichende Foto hängen Sie als JPG-Datei an die E-Mail an und in die Betreffzeile schreiben Sie den exakten Namen des Albums, in dem das Foto veröffentlicht werden soll.

Auf diese Weise lassen sich mit allen modernen Handys, iPhones, Palms, PSP & Co. beliebige Fotos im eigenen Webalbum veröffentlichen. Das gibt Ihnen die Möglichkeit, Ihren Freunden praktisch einen Live-Bericht von den aktuellen Geschehnissen zu liefern.

Picnik – Fotos online bearbeiten und aufpeppen

Bevor Sie ein Foto im Internet veröffentlichen oder an Ihre Freunde weitergeben, werden Sie es möglicherweise etwas bearbeiten. Häufig werden Helligkeit und Kontrast optimiert, die Farben korrigiert oder einfach nur die Größe des Bildes angepasst. Am besten geht das natürlich mit einem guten Bildbearbeitungsprogramm auf Ihrem Computer. Das kann z. B. die Picasa-Software sein, Adobe Photoshop oder ein ähnliches Programm. Wenn es mal ganz schnell gehen muss oder Sie nicht an Ihrem eigenen Computer sitzen, bietet Picasa nun auch eine Möglichkeit, um Fotos online zu bearbeiten. Das Programm bzw. der Dienst heißt **Picnik** und stellt eine richtige Bildbearbeitungsumgebung dar. Sie können aus Ihrem Webalbum heraus direkt auf Picnik zugreifen und die Bilder in Ihren Online-Alben damit bearbeiten.

4 · Picasa online nutzen – das Webalbum

1. Um ein Foto online zu bearbeiten, gehen Sie zunächst in das jeweilige Album. Klicken Sie in dem Album das gewünschte Foto an, sodass es groß und mit allen Details angezeigt wird.
2. Jetzt klicken Sie über dem Bild auf die Schaltfläche **Aktionen**. Dadurch öffnet sich ein Menü, aus dem Sie den Punkt **In Picnik bearbeiten** auswählen.
3. Alternativ können Sie auch einfach auf die blaue Schaltfläche **Bearbeiten** klicken, welche sich ganz rechts über dem aktuellen Bild befindet.

Abbildung 4.62: Das Foto zum Bearbeiten öffnen

Jetzt öffnet sich automatisch der Dienst Picnik. Dabei wird das ausgewählte Foto von Ihrem Webalbum in die Bearbeitungsoberfläche von Picnik übertragen. Obwohl Picnik zu Google bzw. Picasa gehört, ist der Dienst nicht nahtlos in das Webalbum integriert. Sobald Sie auf Picnik zugreifen, wird eine vollkommen eigenständige Benutzeroberfläche geladen und legt sich über Ihren Browser. Diese Arbeitsumgebung sieht zwar ganz neu und anders aus, aber damit werden Sie schnell klarkommen.

1. **Bearbeiten** – Dies ist das Hauptmenü von Picnik. Auf dieser Leiste wählen Sie die gewünschte Aufgabe aus, z. B. **Drehen**, **Belichtung**, **Farben** usw.
2. **Zurück zu Picasa-Webalben** – Mit dieser Schaltfläche brechen Sie die Bearbeitung ab und gelangen zurück in Ihr Picasa-Webalbum.
3. **In meinem Album speichern** – Haben Sie die Bildbearbeitung erfolgreich abgeschlossen, speichern Sie das neue Foto hiermit in Ihrem Online-Album.
4. **Rückgängig/Wiederholen** – Während der Bildbearbeitung lassen sich einzelne Schritte hiermit wieder zurücknehmen oder erneut durchführen.

Das Online-Album im Webbrowser verwalten

5. **Hauptfenster** – In diesem Hauptfenster sehen Sie das aktuelle Foto. Die vorgenommenen Bearbeitungen werden hier in Echtzeit angezeigt.
6. **Zoom** – Mit diesem Schieberegler vergrößern Sie die Anzeige im Hauptfenster. Das ist für die Bearbeitung oftmals hilfreich. Das kleine Fenster zeigt Ihnen, in welchen Ausschnitt des Bildes Sie gerade sehen.

Abbildung 4.63: Die Picnik-Oberfläche im Überblick

Die Bearbeitung ist nur sehr grundlegend und deshalb auch nicht weiter kompliziert. Im Hauptmenü (Nr. 1) klicken Sie auf die Schaltfläche mit der gewünschten Bearbeitung. Dadurch ändert sich das Menü. Anstatt der verschiedenen Aufgaben werden hier nun die Werkzeuge für die ausgewählte Bearbeitung angezeigt. Meist handelt es sich um Schieberegler, Optionsboxen oder Auswahllisten. Sobald Sie eine Bearbeitung angewendet haben, verändert sich die Anzeige des Fotos im Hauptfenster (Nr. 5), und das Hauptmenü kehrt in die Standardanzeige zurück.

Möchten Sie die Bearbeitung abbrechen, betätigen Sie die Schaltfläche *Zurück zu Picasa-Webalben* (Nr. 2). Um ein fertiges Bild zu speichern, betätigen Sie die Schaltfläche *In meinem Album speichern* (Nr. 3). Das ist im Grunde auch schon alles. Picnik bietet also keinen sehr großen Funktionsumfang, ist für eine schnelle Bearbeitung unterwegs aber ganz praktisch. Sie werden sich wahrscheinlich schon nach ein paar Momenten problemlos zurechtfinden.

Abbildung 4.64: Das Menü verändert sich mit der Bearbeitung

Neben der einfachen Bildbearbeitung bietet Picnik auch eine ganze Reihe von Spezialeffekten und erweiterten Optionen. Um diese zu öffnen, müssen Sie am oberen Rand des Fensters vom Register **Bearbeiten** in das Register **Erstellen** wechseln. Dadurch ändert sich das Hauptmenü und bietet Ihnen neue Funktionen an.

- Im Hauptmenü sehen Sie nun nicht mehr direkt die Aufgaben, sondern Gruppen, z. B. **Effekte**, **Text**, **Aufkleber**, **Rahmen**, **Saisonal** usw. Klicken Sie auf die Menüpunkte, um sie auszuwählen.
- Am linken Bildrand erscheint nun eine neue Spalte. Sie listet alle in dieser Gruppe enthaltenen Effekte und Optionen auf.
- Klicken Sie in der Spalte auf einen Effekt, um ihn auf Ihr Bild anzuwenden. In der Regel erscheinen dabei zusätzlich Schieberegler, Auswahllisten oder Optionsboxen, mit denen sich die Effekte individuell anpassen lassen.
- Während der Bearbeitung stehen Ihnen natürlich weiterhin die Schaltflächen **Rückgängig** und **Wiederholen** zur Verfügung. Mit der Schaltfläche **Zurück zu Picasa-Webalbum** brechen Sie den Vorgang ab und mit **In meinem Album speichern** wird das fertige Foto in Ihrem Online-Album gespeichert.

Die Möglichkeiten bei den Spezialeffekten reichen von ganz grundlegend bis sehr aufwendig und spektakulär. Vor allem in der Gruppe **Saisonal** finden Sie immer wieder nette Effekte, mit denen sich die Fotos passend zur Jahreszeit aufpeppen bzw. schmücken lassen. Allerdings sind viele Effekte auch gesperrt. Als Picasa-Nutzer

Das Online-Album im Webbrowser verwalten

stehen Ihnen nur die Bildbearbeitung sowie ein paar grundlegende Spezialeffekte zur Verfügung. Die ganz aufwendige Bearbeitung ist zahlenden Premium-Mitgliedern vorbehalten. Ob das sinnvoll ist oder nicht, muss jeder für sich selbst entscheiden. Weil die meisten Effekte für normale Picasa-Nutzer nicht verfügbar sind, wird hier nicht weiter auf diese Funktionen eingegangen.

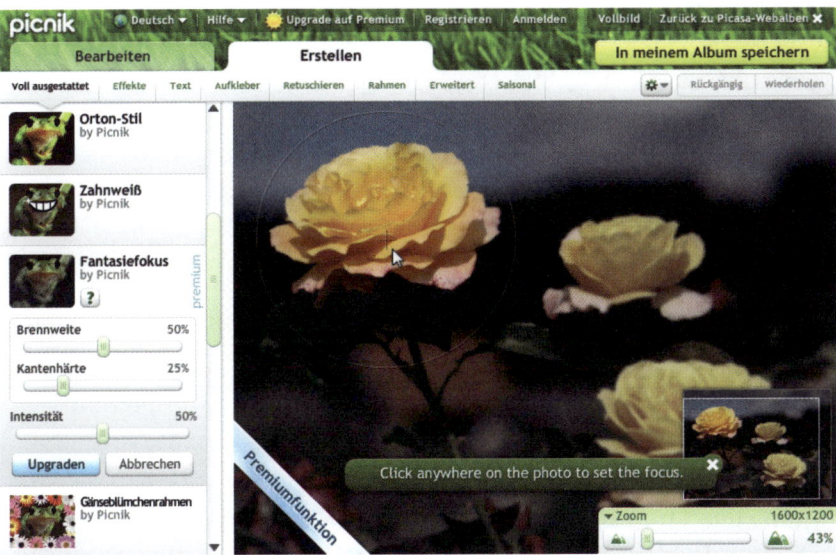

Abbildung 4.65: Effekte in Picnik nutzen

Stichworte, Geotags und Gesichter

In der Picasa-Software stehen Ihnen verschiedene Werkzeuge zum Organisieren und Sortieren der Fotos zur Verfügung. Zu den wichtigsten zählen sicherlich die Stichworte (Tags), die Personen- bzw. Namens-Tags sowie die geografischen Angaben. Auf diese praktischen Hilfsmittel müssen Sie in Ihren Online-Alben natürlich nicht verzichten. Sie stehen Ihnen weitestgehend identisch zur Verfügung.

Stichworte/Tags

Sicherlich haben Sie Ihre Fotos in Picasa mit Stichworten sortiert. Weil Picasa alle Stichworte bzw. Tags in den Fotodateien selbst speichert, werden diese automatisch in das Webalbum übernommen. Sie müssen also nichts weiter tun, um Ihre Sortierung auch online nutzen zu können.

1. Ihre Stichworte werden auf der Startseite Ihres Webalbums aufgelistet. Sie finden diese rechts in der Informationsspalte – meist sehr weit unten nach den sonstigen Informationen.

2. Klicken Sie auf eines der Stichworte, um die damit markierten Fotos in einer album-ähnlichen Übersicht angezeigt zu bekommen.

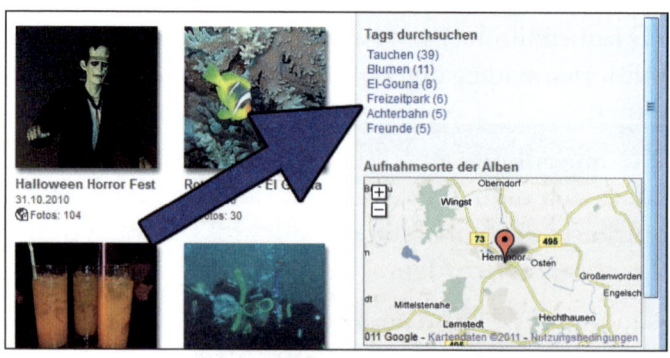

Abbildung 4.66: Alle Tags auf der Übersichtsseite

3. Schauen Sie sich ein Foto in der großen Anzeige an, listet die rechte Spalte alle in diesem Foto enthaltenen Stichworte auf. Diese lassen sich mit wenigen Mausklicks bearbeiten.

- Klicken Sie auf die Schaltfläche *Tags* (Etikettsymbol), um ein Eingabefeld zu öffnen. Tippen Sie das gewünschte Stichwort ein und betätigen Sie die Schaltfläche *Hinzufügen*.
- Bestehende Stichworte lassen sich löschen, indem Sie auf die *X*-Schaltfläche direkt hinter dem Stichwort klicken.

Abbildung 4.67: Die Tags der Fotos bearbeiten

Das Online-Album im Webbrowser verwalten

Geotags/Ortsangaben

Sind Ihre Fotos mit geografischen Daten ausgestattet, kann Picasa zu jedem Foto den entsprechenden Ort auf der Karte anzeigen. Hierzu arbeitet das Webalbum nahtlos mit Google Maps zusammen. Das funktioniert ganz ähnlich wie mit der Picasa-Software auf Ihrem Computer. Beim Hochladen der Fotos werden bereits vorhandene Geotags automatisch übernommen.

1. Sobald Sie auf der Startseite ein Album auswählen und sich die Vorschaubilder anzeigen lassen, verändert sich die rechte Spalte mit den Zusatzinformationen. Dort wird eine Miniaturkarte eingeblendet, die anhand von roten Markern anzeigt, wo diese Fotos aufgenommen wurden.

2. Klicken Sie eines der Fotos in diesem Album an, zeigt die Minikarte in der rechten Spalte den exakten Aufnahmeort des Fotos an. Falls ein Foto keine Geodaten enthält, wird die Karte automatisch ausgeblendet.

Abbildung 4.68: Ortsangaben auf der Minikarte

3. Möchten Sie einem Foto geografische Daten hinzufügen oder die bestehenden bearbeiten, klicken Sie in der rechten Spalte auf den Link **Ortsangabe hinzufügen** bzw. **Ortsangabe bearbeiten**.

4. Nun öffnet sich ein neues Fenster mit einer vergrößerten Landkarte. Tippen Sie oben den zu findenden Ort ein und betätigen Sie die Schaltfläche **Los**.
   - In der linken Spalte werden Ihnen Vorschläge für den Ort gemacht.
   - Bewegen Sie sich mit der Maus in der Karte hin und her. Zoomen Sie mit dem Mausrad in den Ausschnitt hinein oder hinaus.
   - Setzen Sie den roten Marker an die gewünschte Stelle und speichern Sie die Geodaten mit der Schaltfläche **Ort speichern** ab.

4 • Picasa online nutzen – das Webalbum

Abbildung 4.69: Suchen Sie den Ort der Aufnahme

5. Möchten Sie den Ort für ein ganzes Album bearbeiten oder festlegen, ist das ebenfalls möglich. Klicken Sie in der Übersichtsseite mit den Vorschaubildern in der rechten Spalte auf den Link **Karte anzeigen**. Alternativ können Sie auch in der Menüzeile über den Vorschaubildern auf die Schaltfläche **Bearbeiten** klicken. Wählen Sie den Menüpunkt **Albumkarte** aus.

6. Auf beiden Wegen gelangen Sie nun in ein Fenster mit einer vergrößerten Landkarte. Sie lässt sich ganz ähnlich handhaben wie die Minikarte bei den Einzelbildern.
   - Mit der Schaltfläche **Karte bearbeiten** gelangen Sie in die Bearbeitungsansicht.
   - Ziehen Sie die Vorschaubilder aus der linken Spalte auf die Karte und setzen Sie diese an die gewünschte Stelle. Die Geodaten werden dadurch automatisch übernommen.
   - Sind alle Fotos gesetzt worden, schließen Sie den Vorgang mit der Schaltfläche **Fertig** ab.

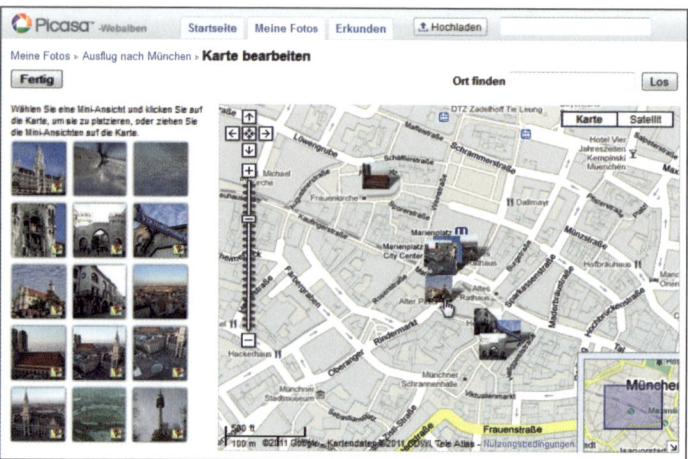

Abbildung 4.70: Alle Fotos des Albums neu positionieren

Das Online-Album im Webbrowser verwalten

Personen-/Namens-Tags

Das Picasa-Webalbum kann auch mit Personen und Gesichtern bzw. Namens-Tags umgehen. Dadurch wird Ihnen immer angezeigt, welche Personen auf einem Foto zu sehen sind, oder Sie suchen mit wenigen Mausklicks nach Fotos Ihrer Freunde. Das funktioniert ganz ähnlich wie in der Picasa-Software, ist aber deutlich einfacher gehalten und nicht so leistungsfähig. Vor allem die automatische Erkennung funktioniert nur sehr grundlegend.

Grundsätzlich übernimmt Picasa beim Hochladen von Fotos automatisch die Namens-Tags und fügt sie in das Webalbum ein. Allerdings scheint das noch nicht ganz zuverlässig zu funktionieren. Oft werden Tags nicht richtig zugewiesen oder fehlen ganz, Personen werden falsch erkannt oder gänzlich ignoriert. Seien Sie also großzügig, wenn hier und da etwas nicht ganz so läuft, wie es sollte.

1. Gehen Sie in eines Ihrer Alben, sehen Sie in der rechten Spalte den Abschnitt **Personen in diesem Album**. Er zeigt eine Liste der Personen, die auf den Fotos dieses Albums zu sehen sind. Klicken Sie auf eine der Personen, werden alle Fotos mit ihr aufgelistet.

2. Ganz ähnlich sieht es aus, wenn Sie nun ein bestimmtes Foto in diesem Album öffnen. Links sehen Sie wie gewohnt das Foto in der vergrößerten Ansicht, und rechts werden alle in diesem Foto dargestellten Personen aufgelistet.

Abbildung 4.71: Die Personen im Album (oben) oder auf Fotos (unten)

4 • Picasa online nutzen – das Webalbum

3. Findet Picasa in einem Foto eine Person bzw. ein Gesicht, dem noch kein Name zugeordnet wurde, erscheint lediglich die Anzeige **Unbekannt**. Sind Sie gerade dabei, sich Ihre Fotos anzuschauen, lässt sich das ganz schnell ändern.

   - Fahren Sie mit dem Mauszeiger über das für Picasa unbekannte Gesicht. Dadurch erscheint automatisch ein Rahmen um das Gesicht und darunter ein Eingabefeld. Tippen Sie hier den Namen der Person ein.
   - Manchmal erkennt Picasa ein Gesicht auch gar nicht als solches. Um die Person trotzdem zu benennen, klicken Sie in der rechten Spalte auf die Schaltfläche **Personen** (Kopfsymbol). Jetzt können Sie den Markierungsrahmen im Bild manuell setzen und einen Namen dazu eintippen.

Abbildung 4.72: Unbekannte Personen manuell benennen

4. Ähnlich wie in der Picasa-Software wird das Online-Album sehr schnell sehr viele Personen finden. Ihr Webalbum ist also voll mit Namens-Tags oder unbekannten Gesichtern. Damit Sie hier nicht den Überblick verlieren, lassen sich die Personen und die vergebenen Tags recht übersichtlich organisieren.

   - Gehen Sie hierfür in das Register **Startseite** oder **Meine Fotos**. In der rechten Spalte sehen Sie den Eintrag **Weitere Personen finden**. Klicken Sie daneben auf den Link **Alle anzeigen**.
   - Dadurch gelangen Sie in die allgemeine Personen- und Favoritenverwaltung. Klicken Sie jetzt oben links auf den Link **Personen auf meinen Fotos**.

Das Online-Album im Webbrowser verwalten

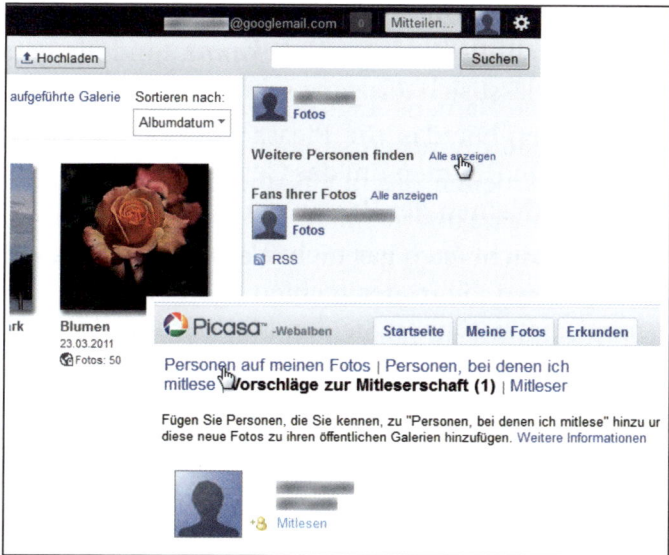

Abbildung 4.73: Öffnen Sie die Verwaltung der Personen-Tags

5. Dieses Fenster listet Ihnen nun alle bereits gefundenen und gespeicherten Personen auf.
   - Klicken Sie auf einen der Namen, erhalten Sie eine Übersicht über alle Fotos, auf denen diese Person zu sehen ist.
   - Befinden sich in Ihrem Webalbum viele neue Gesichter, werden diese meist unter dem Punkt **Unbekannt** zusammengefasst.
   - In dieser Übersicht lassen sich die Personen- bzw. Namens-Tags nicht bearbeiten. Dazu müssen Sie das gewünschte Foto öffnen und die Optionen in der rechten Spalte verwenden.

Abbildung 4.74: Eine Übersicht aller gefundenen Personen

4 • Picasa online nutzen – das Webalbum

Die Personenzuordnung automatisieren

Im Webalbum ist die Arbeit mit den Namens-Tags noch nicht so richtig ausgefeilt und fehlerfrei. Das manuelle Zuordnen ist eher nervig als nützlich. Am besten und zuverlässigsten arbeiten Sie mit Namens-Tags, wenn Sie diese aus Ihrer lokalen Picasa-Software übernehmen. Beim Hochladen Ihrer Fotos können Sie die lokalen Personen-Tags mit dem Webalbum abgleichen und erhalten so eine sehr zuverlässige Sortierung.

Wählen Sie hierzu in der Picasa-Software den Menüpunkt *Tools/Optionen* aus. Es öffnet sich ein neues Fenster, in welchem Sie in das Register *Webalben* wechseln müssen. Aktivieren Sie hier im Abschnitt *Namens-Tags* die Option *In Foto-Uploads einschließen*. Ab jetzt wird Ihr Webalbum automatisch mit den lokalen Personen-Tags abgeglichen.

Zugriffsrechte im Webalbum verwalten

Je mehr Sie sich mit den Onlinefunktionen von Picasa beschäftigen, desto mehr Wert werden Sie auf geordnete Zugriffsrechte und Datenschutz legen. Mit der Picasa-Software haben Sie die Zugriffsrechte bereits beim Hochladen der Fotos festgelegt und ggf. Ihre Freunde dabei direkt eingeladen. Das können Sie alles auch direkt vom Webalbum aus tun. Das geht manchmal sogar schneller als mit der Picasa-Software und bietet sogar ein paar bequemere Funktionen.

1. Die Freigabestufe eines Albums wird Ihnen immer an mehreren Stellen im Webalbum angezeigt, z. B. auf der Startseite direkt unter dem Vorschaubild. Möchten Sie die Freigabestufe ändern, klicken Sie das Album an, sodass die darin enthaltenen Fotos aufgelistet werden.

2. In der rechten Spalte erscheinen nun die Basisinformationen zu diesem Album wie Datum, Ort, Größe usw. Klicken Sie hier neben dem Symbol mit der Freigabestufe auf den Link *bearbeiten*.

Abbildung 4.75: Die Freigabestufe ändern

Das Online-Album im Webbrowser verwalten

3. Nun öffnet sich ein neues Fenster, das Ihnen die Albumeigenschaften auflistet. Ganz unten finden Sie einen Abschnitt für die Freigabe bzw. Sichtbarkeit. Ähnlich wie in der Picasa-Software wählen Sie hier zwischen den Optionen *Öffentlich im Web*, *Eingeschränkt, jeder mit dem Link* und *Nur für Sie* aus – die Freigabestufen heißen im Webalbum ein wenig anders.

4. Speichern Sie die neuen Angaben mit der Schaltfläche *Änderungen speichern* ab. Sie gelangen zurück in die Übersicht des Albums, wo bereits das Symbol der neuen Freigabestufe angezeigt wird.

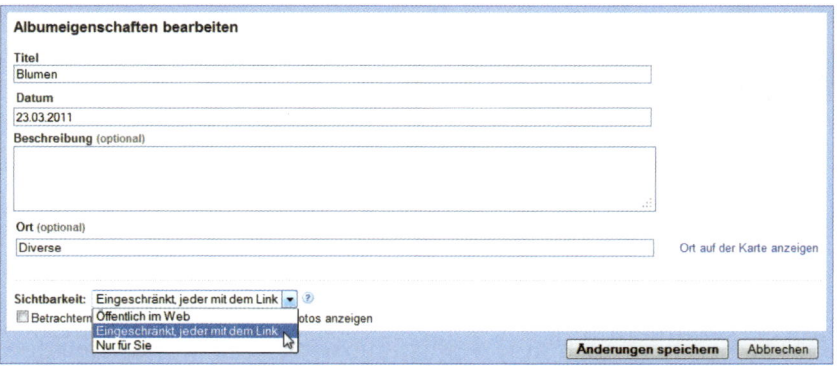

Abbildung 4.76: Wählen Sie die neue Freigabe aus

5. Möchten Sie dieses Album nun freigeben bzw. Ihre Freunde dazu einladen, klicken Sie in der rechten Spalte auf die Schaltfläche *Teilen*. Dadurch öffnet sich ein neues Fenster und bietet Ihnen an, dieses Album in Googles sozialem Netzwerk *Google+* zu teilen. Möchten Sie das Album stattdessen auf herkömmliche Weise teilen, also wie aus der Picasa-Software heraus und mit E-Mail-Benachrichtigungen, gehen Sie an das Ende des neuen Fensters und klicken auf den Link **Teilen nur per E-Mail**. Nun stehen Ihnen folgende Felder und Optionen zur Verfügung:

- **An** – Tippen Sie die E-Mail-Adresse einzelner Personen ein, die Sie einladen möchten. Klicken Sie auf den Link *An:*, um Personen aus Ihrem Adressbuch hinzuzufügen.
- **Beisteuern** – Möchten Sie den eingeladenen Personen erlauben, Fotos in dieses Album zu laden, aktivieren Sie die Option *Personen ... können Fotos hochladen*.
- **Nachricht** – Geben Sie hier den Text ein, der in der Einladungs-E-Mail für Ihre Freunde stehen soll.

6. Sind alle Einstellungen vorgenommen, klicken Sie auf die Schaltfläche *Über E-Mail teilen*. Alle Personen erhalten nun eine E-Mail mit der Einladung zu Ihrem Album.

4 • Picasa online nutzen – das Webalbum

Abbildung 4.77: Laden Sie Freunde in Ihr Album ein

Während Sie sich ein Album ansehen, zeigt Ihnen die rechte Spalte immer alle Zusatzinformationen an. Dazu gehört auch eine Auflistung sämtlicher Zugriffsrechte und Nutzer.

- Ganz oben steht die Freigabestufe zusammen mit dem dazugehörigen Symbol, z. B. **Öffentlich im Web**, **Eingeschränkt** oder **Nur für Sie**.
- Direkt darunter werden sämtliche Personen aufgelistet, die Sie zu diesem Album eingeladen haben und denen Sie Zugriffsrechte gewähren.
- Befindet sich hinter dem Namen ein nach oben gerichteter Pfeil, erlauben Sie dieser Person, eigene Fotos in dieses Album zu laden. Es ist also als gemeinsames Album freigegeben.
- Möchten Sie eine Person aus der Liste entfernen, müssen Sie lediglich auf das blaue *X* hinter dem Namen klicken.

Ist ein Album als öffentlich oder nicht öffentlich deklariert, können Sie den Personen allerdings nicht verbieten, die Fotos im Album weiterhin zu betrachten. Immerhin kennen sie bereits den geheimen Link und können ihn jederzeit öffnen. Eine richtige Zugriffskontrolle ist nur möglich, wenn für das Album die Option **Privat** bzw. **Nur für Sie** aktiviert wurde.

Möchten Sie bei einem nicht privaten Album trotzdem verhindern, dass gelöschte Personen weiterhin in das Album schauen können, müssen Sie den geheimen Link neu erstellen lassen. Klicken Sie hierfür auf die Funktion **Link zu diesem Album** und dann auf **Geheimen Link zurücksetzen**. Der bisherige Link wird damit gelöscht und

Das Online-Album im Webbrowser verwalten

ein neuer geheimer Link erstellt. Beachten Sie dabei, dass dadurch niemand mehr Zugriff auf das Album hat und Sie alle anderen Freunde neu einladen müssen.

Abbildung 4.78: Die Liste der Freigaben und Rechte

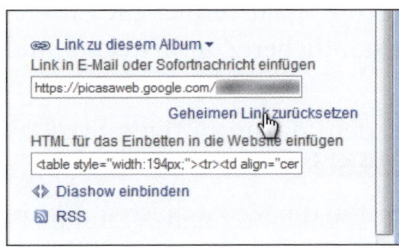

*Abbildung 4.79:
Den Link neu generieren*

Um die Zugriffsrechte für ein Album detailliert zu bearbeiten, müssen Sie immer die in diesem Abschnitt beschriebenen Schritte durchlaufen. Auch das Einladen von Freunden ist online nur darüber möglich. Möchten Sie hingegen nur die Sichtbarkeit bzw. Freigabestufe für ein oder mehrere Alben verändern, bietet das Webalbum eine Art Schnellzugriff. Damit verändern Sie die Sichtbarkeit aller Online-Alben mit nur wenigen Mausklicks.

Klicken Sie dafür auf der Übersichtseite Ihres Webalbums auf den Link **Sichtbarkeit bearbeiten**. Dadurch öffnet sich ein zusätzliches Fenster und legt sich über das Webalbum. Dieses Fenster listet alle Ihre Online-Alben auf. In der rechten Spalte sehen Sie die aktuelle Sichtbarkeit und ob Standortdaten (Geotag, GPS) öffentlich angezeigt werden sollen. Wählen Sie aus der Liste die gewünschten Optionen aus und speichern Sie Ihre Änderungen mit der Schaltfläche **Fertig**. Sie gelangen zurück auf die Übersichtsseite Ihres Webalbums.

4 • Picasa online nutzen – das Webalbum

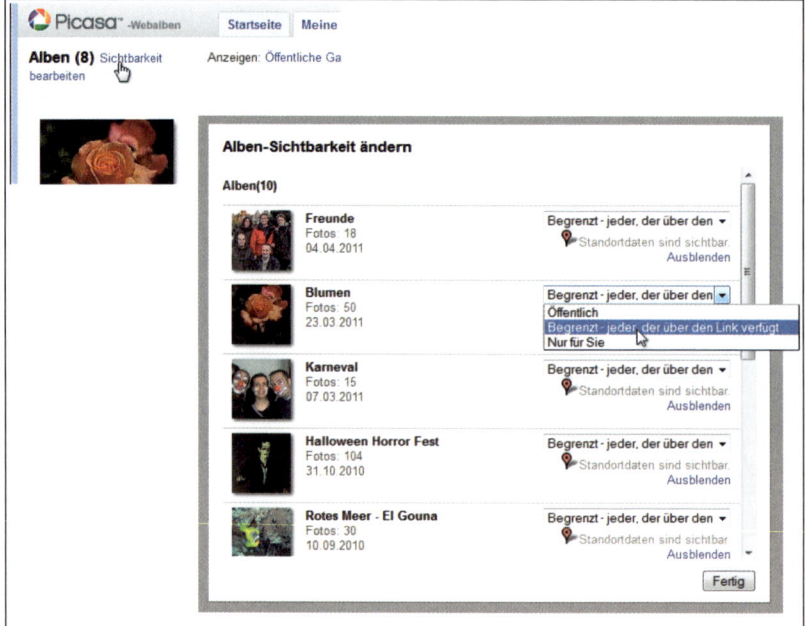

Abbildung 4.80: Die Sichtbarkeit für alle Alben anpassen

Binden Sie Fotos & Alben in Ihre Homepage ein

Besitzen Sie eine eigene Homepage oder vielleicht sogar eine eigene Domäne im Internet, möchten Sie dort sicherlich auch Ihre Fotos präsentieren und nutzen. Dabei ist Ihnen Picasa ebenfalls behilflich, denn alle Fotos Ihres Webalbums lassen sich direkt verlinken und somit einbinden. Ein erneutes Hochladen und Verwalten auf Ihrer Homepage ist nicht notwendig.

- Beim Betrachten eines Fotos finden Sie unter der Funktion **Link zu diesem Foto** den notwendigen HTML-Code, um das Bild in beliebige Seiten einzubinden. Die Größe der Vorschau und der Link zum Picasa-Album lassen sich anpassen.

- Klicken Sie innerhalb eines Albums auf die Funktion **Link zu diesem Album**, finden Sie dort den HTML-Code, um das gesamte Album einzubinden. Kopieren Sie ihn unverändert in Ihre Webseite.

- Möchten Sie eine komplette Diaschau des Albums einbinden, klicken Sie auf die Funktion **Diashow einbinden**. Es öffnet sich ein Konfigurationsfenster, um die Diaschau anzupassen. Kopieren Sie den erzeugten HTML-Code in das gewünschte Dokument Ihrer Webseite.

Das Online-Album im Webbrowser verwalten

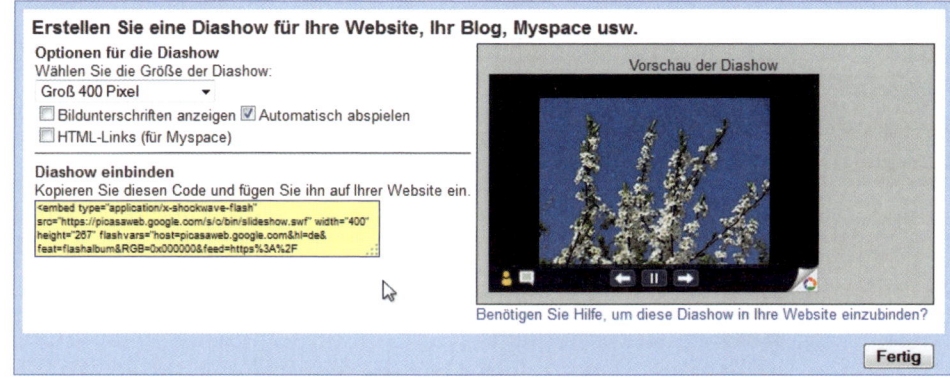

Abbildung 4.81: Erstellen Sie eine Diaschau für Ihre Webseite

Ein paar Gedanken zum Datenschutz

Picasa hat den Umgang mit Fotos für viele Menschen grundlegend verändert. Die Bilder lassen sich auf der Festplatte übersichtlich organisieren und in Alben aufteilen. Dazu kommen Funktionen wie Stichworte, geografische Daten und das automatische Erkennen von Personen. Und um das Gesamtpaket abzurunden, lassen sich diese Dinge auch noch mit allen Menschen dieser Erde online austauschen. Vor einigen Jahren hätte das noch ziemlich utopisch geklungen, heute ist es selbstverständlich. Diese Leichtigkeit des globalen Austausches ist nicht nur praktisch, sondern ein Stück

Abbildung 4.82: Achten Sie auf Ihre Daten!

weit auch gruselig. In der Summe geben wir mit unseren Fotos, den verknüpften Kontakten und den exakten GPS-Daten ziemlich private – fast schon intime – Informationen für die ganze Welt frei. Wenn wir uns bei Unternehmen einen besseren Datenschutz und einen behutsameren Umgang mit unseren Daten wünschen, sollten auch wir selbst vorsichtiger sein. Nehmen Sie sich einen kurzen Moment Zeit und denken Sie über das nach, was Sie gerade im Internet veröffentlichen wollen.

Ein paar allgemeine Gedanken

- Überlegen Sie sich gut, was Sie online stellen möchten. Ein Fotoalbum ist kein Tagebuch oder Blog. Dokumentieren Sie nicht zu viel Persönliches.
- Vergessen Sie nie, dass die ganze Welt zuschaut und Ihre Fotos auf der eigenen Festplatte speichern kann. Sie verlieren also die Kontrolle über die Bilder.
- Das Internet vergisst nie. Fotos, die Ihnen später peinlich oder zu persönlich sind, werden Sie nicht mehr los, wenn sie einmal veröffentlicht wurden.

4 • Picasa online nutzen – das Webalbum

- Überprüfen Sie bei allen neuen Alben und Fotos die Freigabestufe. Den Mindeststandard sollte die Einstellung *Jeder Nutzer, der über den Link verfügt* bzw. *Eingeschränkt, jeder mit dem Link* darstellen.
- Private Bilder sollten Sie nur mit der Einstellung *Privat* bzw. *Nur für Sie* hochladen. Dann haben Sie die volle Kontrolle, wer die Bilder sehen kann.
- Stellen Sie nur dann Fotos in ein öffentliches Album, wenn Sie das voll und ganz vertreten können. Könnte Sie das in Schwierigkeiten bringen? Was würden Ihr Chef oder Ihre Familie dazu sagen? Überlegen Sie es sich vielleicht doch noch einmal.
- Falls Sie den Verlust bzw. den Verlust über die Kontrolle wichtiger Fotos nicht verschmerzen könnten, haben diese in einem Webalbum nichts verloren. Ein gewisses Restrisiko bleibt immer, selbst bei der Freigabestufe *Privat*, z. B. wenn das Benutzerkonto eines Freundes geknackt wird.
- Auf der Übersichtsseite Ihres Webalbums gibt es die Links *Öffentliche Galerien* und *Nicht aufgeführte Galerien*. Damit überprüfen Sie mit nur einem Mausklick, welche Bilder für die Öffentlichkeit sichtbar sind und welche nur für Freunde. Nutzen Sie diese Links regelmäßig, um Ihre Freigaben zu überprüfen.

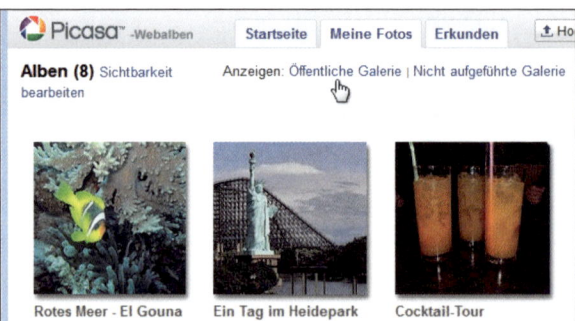

Abbildung 4.83: Überprüfen Sie die freigegebenen Alben

Ein paar nützliche Einstellungen in Picasa

- Wählen Sie in Ihrem Webalbum den Menüpunkt *Einstellungen/Foto-Einstellungen* und dann das Register *Datenschutz und Berechtigungen* aus. Dort finden Sie wichtige Optionen zu Ihrem eigenen Schutz.
- Aktivieren Sie die Optionen *Fotos automatisch auf einer Karte platzieren* und *Die Aufnahmeorte meiner Fotos anderen auf allen neuen Alben anzeigen* nur, wenn Sie das wirklich möchten. Die ganze Welt sieht, wann und wo Sie zuletzt gewesen sind.

Das Online-Album im Webbrowser verwalten

- Entfernen Sie den Haken bei der Option *Abzüge bestellen*. Ansonsten kann jeder Besucher über die Onlinedienste Papierabzüge von Ihren Fotos erstellen. Das ist sicher unnötig.
- Ebenso sollten Sie die Option *Meine Fotos herunterladen* deaktivieren, indem Sie den Haken davor entfernen. Damit verhindern Sie, dass jeder Besucher Ihre Fotos mit einem Mausklick in sein lokales Picasa-Verzeichnis herunterladen kann.
- Wählen Sie unter *Creative Commons* die Option *Keine Weiterverwendung zulässig*. Das schützt Ihre Fotos zwar nicht vor Missbrauch, aber Picasa blendet neben jedem Foto ein, dass Sie explizit keine Bearbeitung Ihrer Fotos wünschen.

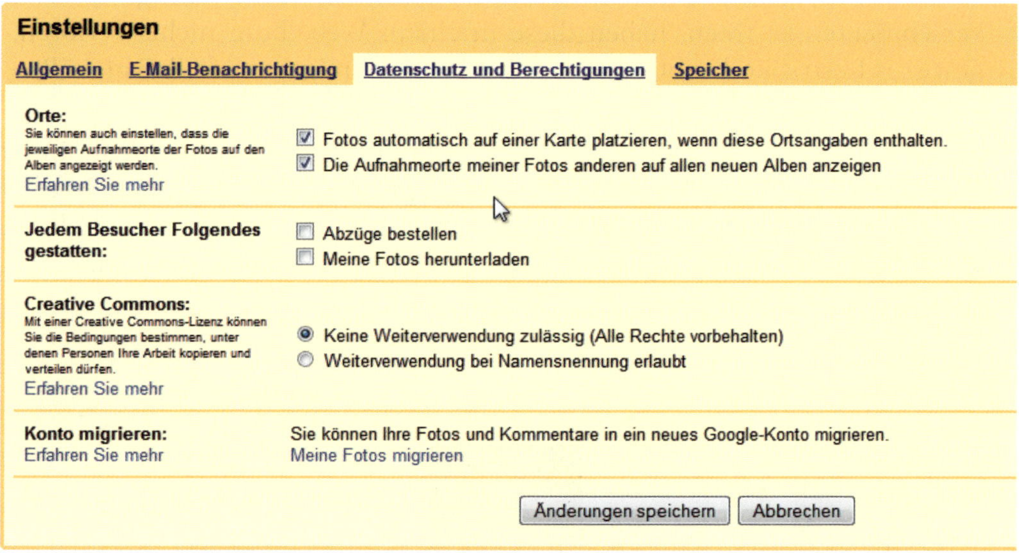

Abbildung 4.84: Datenschutz-Einstellungen in Picasa

Kapitel 5

Fotos korrigieren – Bildbearbeitung in Picasa

Die vielen Belichtungshilfen in modernen Digitalkameras sorgen für möglichst gute Fotos. Trotzdem benötigen manche Bilder eine leichte Nachbearbeitung. Auch hier hilft Ihnen Google Picasa weiter, denn das Programm bietet eine integrierte Bildbearbeitung. Damit lassen sich einzelne Bilder ein wenig optimieren, kleinere Fehler korrigieren oder der Bildausschnitt und die Größe anpassen. Selbst ein paar Spezialeffekte lassen sich einfügen. Der Schwerpunkt liegt hierbei ganz klar auf der möglichst schnellen und einfachen Bildoptimierung. Möchten Sie eine aufwendige Bildbearbeitung durchführen, benötigen Sie aber weiterhin Programme wie z. B. Adobe Photoshop. Damit kann und will Picasa nicht konkurrieren, denn es sollen lediglich grundlegende Funktionen bereitgestellt werden. Aber diese Aufgaben beherrscht Picasa wirklich gut.

5 · Fotos korrigieren – Bildbearbeitung in Picasa

Abbildung 5.1: Das Bildbearbeitungsfenster von Picasa

1. **Optimierung** – Auf dieser Registerkarte finden Sie die wichtigsten Funktionen zum Optimieren Ihrer Fotos, z. B. für Helligkeit, Kontrast, Farbe usw.
2. **Feinabstimmung** – Diese Registerkarte bietet Ihnen verschiedene Regler an, mit denen sich die Belichtungswerte Ihres Fotos individuell und ganz genau einstellen lassen.
3. **Effekte** – Möchten Sie Ihr Foto mit ein paar Spezialeffekten aufpeppen, bietet Ihnen dieses Register verschiedene Möglichkeiten an.
4. **Funktionen** – Dieser Bereich ändert sich, je nachdem, welches Register Sie auswählen. Es bietet Schaltflächen oder Regler zum Anpassen der Bearbeitungsfunktionen.
5. **Bildanzeige** – In diesem Bereich wird stets das bearbeitete Foto angezeigt.

So optimieren Sie Ihre Fotos

Können Sie mit Ihrer Digitalkamera gut umgehen und kennen ein paar Grundlagen der Fotografie, werden die meisten Ihrer Bilder sicherlich recht gut werden. Eine aufwendige Bildbearbeitung ist dann nicht notwendig. Trotzdem gibt es immer ein paar

So optimieren Sie Ihre Fotos

Einstellungen, die sich noch optimieren lassen. Oft werden Helligkeit und Kontrast von den Kameras eher behutsam gewählt, vielleicht hat der Weißabgleich nicht richtig funktioniert oder Sie haben die Kamera etwas schief gehalten. Solche und ähnliche kleine Fehler lassen sich mit Picasa ganz schnell korrigieren.

Blitzschnell – Fotos mit einem Klick verbessern

Picasa möchte Ihnen das Optimieren Ihrer Fotos so einfach wie möglich machen und bietet deshalb im Register *Optimierung* eine ganze Reihe von 1-Klick-Funktionen an. Der Vorteil besteht darin, dass Sie sich keine Gedanken über die richtige Einstellung machen müssen. Klicken Sie einfach auf eine der Funktionen, und schon verbessert Picasa Ihr Foto vollautomatisch. Darin kann aber gleichzeitig auch ein Nachteil bestehen, denn eine Feinabstimmung ist somit nicht möglich.

- Die schnellste und einfachste Bildoptimierung erzielen Sie mit der Funktion *Auf gut Glück!*. Klicken Sie einfach einmal mit der linken Maustaste auf diese Schaltfläche, und Picasa wird automatisch die Beleuchtung und die Farbe des aktuell gewählten Bildes anpassen. Die Bearbeitung sehen Sie sofort rechts in der Bildanzeige.

Abbildung 5.2: Funktion Auf gut Glück!

- Mit dem Kontrast regeln Sie das Verhältnis zwischen den hellen und dunklen Bereichen Ihres Bildes. Mit einem hohen Kontrast werden helle Flächen noch heller und dunkle Flächen noch ein wenig dunkler. Dadurch wirkt ein Foto oft lebendiger und intensiver, meist aber auch härter. Bei einem geringen Kontrast ist es genau umgekehrt, wodurch die Farben etwas an Leuchtkraft verlieren können und das Foto insgesamt etwas weicher wirkt. Mit der Schaltfläche **Kontrast** versucht Picasa automatisch, einen optimalen Wert zu finden.

*Abbildung 5.3: Funktion **Kontrast (automatisch)***

- Manchmal kommt es vor, dass Bilder einen leichten Farbstich besitzen. Das kann aufgrund des Umgebungslichts passieren, weil der Weißabgleich nicht optimal gearbeitet hat oder weil die Lichtquelle einfach farbig war. Mit der Schaltfläche **Farbe** gleicht Picasa das wieder aus. Es wird versucht, alle Farben möglichst neutral darzustellen.

*Abbildung 5.4: Funktion **Farbe (automatisch)***

So optimieren Sie Ihre Fotos

Probieren Sie die automatische Bildkorrektur in Ruhe aus. Die Ergebnisse sind oft überraschend gut. Picasa nimmt dabei auch noch keinerlei Änderungen an Ihren Originalfotos vor, sodass Sie sich keine Sorgen um Ihre Fotos machen müssen. Außerdem lassen sich alle Änderungen jederzeit mit der Schaltfläche **Rückgängig machen** zurücknehmen.

Hintergrund – so speichert Picasa Ihre Änderungen

In der digitalen Fotografie stellen die Originaldateien aus der Kamera sozusagen das digitale Negativ dar. Deshalb sollten Sie diese immer gut aufbewahren und möglichst nicht bearbeiten. Diesen wichtigen Aspekt beachtet auch Picasa, sodass Sie sich bei der Bildbearbeitung niemals Sorgen um Ihre Originaldateien machen müssen. Damit das funktioniert, verarbeitet Picasa Ihre Fotos auf eine recht interessante Weise.

- Picasa nimmt die Veränderungen an den Bildern nicht wirklich vor, sondern merkt sich diese nur in einer Art Liste. Beim Anzeigen und Öffnen eines Bildes werden diese in Echtzeit angewendet, als wären sie tatsächlich durchgeführt.
- Aus diesem Grund lassen sich die Bearbeitungen zu jedem Zeitpunkt mit der Schaltfläche **Rückgängig machen** auch wieder zurücknehmen. Sie wurden schließlich noch gar nicht durchgeführt, sondern nur vorgemerkt.
- Öffnen Sie die Fotodateien in einem anderen Programm, sehen die Bilder aus, als wären sie noch nie bearbeitet worden – was streng genommen natürlich richtig ist. Nur Picasa kennt Ihre Bearbeitungen und blendet sie beim Anzeigen des Fotos ein.

Damit das alles funktioniert, muss sich Picasa natürlich merken, welche Bearbeitungen auf welches Foto angewendet wurden. Hierzu wird in jedem Ordner eine Datei mit dem Namen *.picasa.ini* angelegt. Sie enthält neben den Ordnerinformationen sämtliche Bearbeitungsschritte. Löschen oder verändern Sie diese Datei niemals, denn dann wären diese Informationen verloren. Um das zu verhindern, zeigt Windows solche Konfigurationsdateien erst gar nicht an. Haben Sie im Windows-Explorer allerdings die Ordneroptionen verändert, werden Systemdateien möglicherweise trotzdem eingeblendet.

5 · Fotos korrigieren – Bildbearbeitung in Picasa

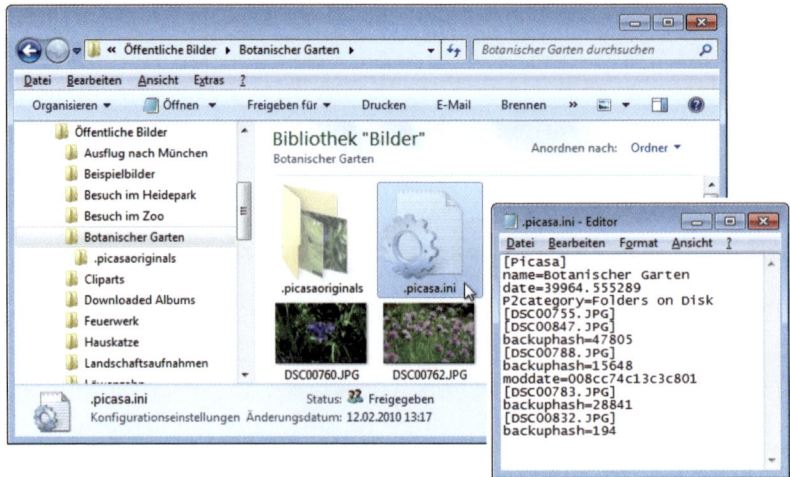

Abbildung 5.5: Picasa merkt sich alle Bearbeitungsschritte

Möchten Sie ein Foto veröffentlichen oder einem Bekannten geben, müssen Sie die Bearbeitung speichern. Erst dann wird sie wirklich auf die Datei angewendet und ist auch in anderen Programmen sichtbar. Hierzu müssen Sie im Hauptmenü den Punkt *Datei/Speichern* auswählen. Dieselbe Funktion finden Sie auch im Kontextmenü, wenn Sie einen Rechtsklick auf das Bild ausführen.

- Auch jetzt werden Ihre Originaldateien immer noch nicht verändert. Picasa erstellt automatisch eine Kopie des Fotos und wendet alle Bearbeitungen nur auf die Kopie an.
- Zusätzlich erstellt Picasa im jeweiligen Ordner ein Unterverzeichnis mit dem Namen *.picasaoriginals*. In dieses Verzeichnis wird automatisch die Originaldatei aus Ihrer Kamera verschoben – natürlich ohne jede Veränderung.
- In Ihren Alben und Ordnern zeigt Picasa ab jetzt aber nur noch die bearbeitete Kopie Ihres Fotos an. Sie trägt denselben Dateinamen und bringt somit Ihre Ordner und Alben nicht durcheinander.

Obwohl Sie die Änderungen nun im Foto gespeichert haben, merkt sich Picasa in der Datei *.picasa.ini* weiterhin, welche Bearbeitungsschritte Sie durchgeführt haben. Dadurch können Sie auch viel später, selbst nach dem Speichern, einzelne Bearbeitungsschritte über die Schaltfläche *Rückgängig machen* wieder zurücknehmen. Nehmen Sie alle Bearbeitungen zurück, löscht Picasa die Kopie Ihres Fotos und schiebt das vorher gesicherte Original wieder in den normalen Bildordner.

So optimieren Sie Ihre Fotos

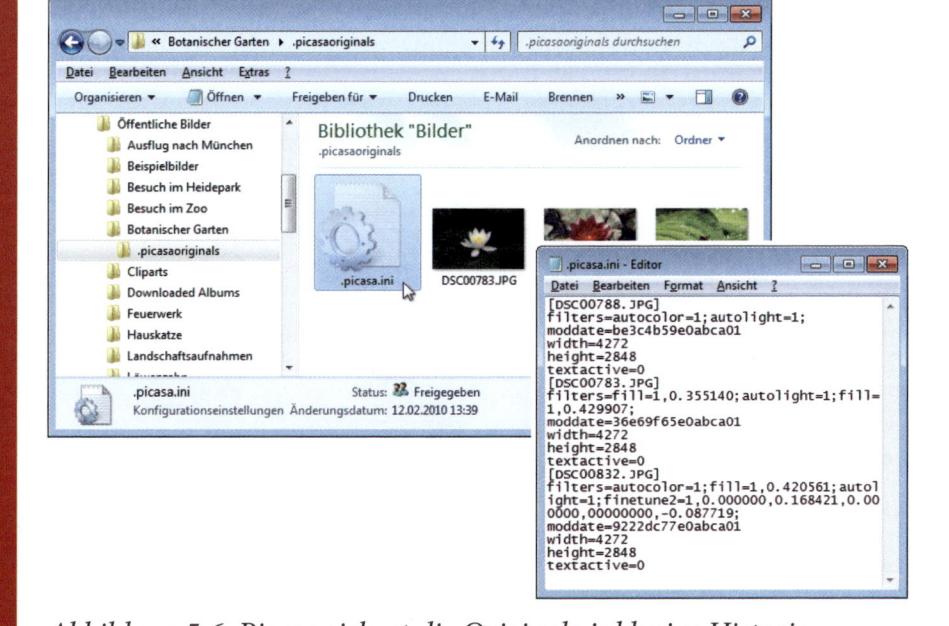

Abbildung 5.6: Picasa sichert die Originale inklusive Historie

Den Bildausschnitt anpassen

Beim Fotografieren achten Sie natürlich darauf, einen möglichst guten Bildausschnitt zu wählen. Leider klappt das nicht immer, z. B. bei Schnappschüssen oder wenn sich das Motiv schnell bewegt hat. Außerdem zeigen viele Kompaktkameras leider nicht das vollständige Bild auf dem Sucher, sondern deutlich weniger. Auf dem tatsächlichen Foto ist hinterher also mehr von der Umgebung zu sehen als ursprünglich gewünscht. Mit Picasa lässt sich der Bildausschnitt anpassen, indem Sie links die Schaltfläche *Zuschneiden* auswählen. Dadurch gelangen Sie in eine neue Bearbeitungsansicht.

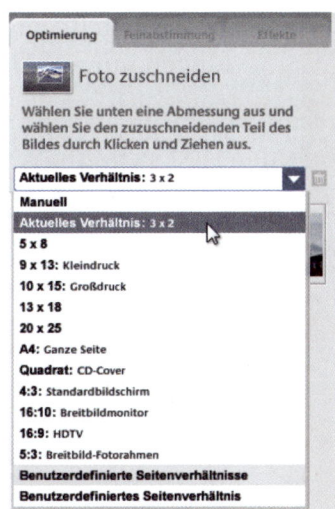

1. Als Erstes sollten Sie in der Liste das gewünschte Seitenverhältnis auswählen. Die meisten Digitalfotos entsprechen dem Verhältnis **4:3** oder **3:2**. Möchten Sie eine ganz andere Bildgröße verwenden, z. B. **16:9** für Ihr TV-Gerät, wählen Sie dies aus der Liste aus. Kennen Sie das Format des Bildes nicht, wählen Sie die Option *Aktuelles Verhältnis*.

Abbildung 5.7: Wählen Sie ein Seitenverhältnis aus

5 · Fotos korrigieren – Bildbearbeitung in Picasa

2. Jetzt bietet Picasa Ihnen direkt unter der Liste drei Vorschläge für einen Bildausschnitt an. Klicken Sie diese der Reihe nach an, um sie rechts in der Bildanzeige vergrößert zu betrachten.

Abbildung 5.8: Vorschläge für den Bildausschnitt

In den meisten Fällen werden Ihnen die Vorschläge nicht gefallen, weil sie eher unglücklich gewählt sind. Zum Glück lässt sich der Bildausschnitt auch ganz individuell anpassen. Nachdem Sie irgendeinen der Vorschläge angeklickt haben, erscheint rechts in der Bildanzeige ein Rahmen für den aktuell gewählten Ausschnitt. Dieser Rahmen lässt sich nun verändern.

3. Bewegen Sie die Maus über eine der vier Seitenlinien, sodass aus dem Mauszeiger ein Doppelpfeil wird. Jetzt können Sie die Größe des Rahmens stufenlos verändern. Dabei bleibt automatisch das vorher gewählte Seitenverhältnis erhalten.

Abbildung 5.9: Die Größe des Rahmens ändern

Abbildung 5.10: Den Rahmen im Bild verschieben

So optimieren Sie Ihre Fotos

4. Möchten Sie den Ausschnitt zwischen dem Hochkantformat und dem Querformat umschalten, müssen Sie links die Schaltfläche **Drehen** betätigen. Dadurch wechselt die Ausrichtung des Rahmens automatisch von horizontal zu vertikal oder umgekehrt.

Abbildung 5.11:
Hoch- oder Querformat

5. Haben Sie alle gewünschten Veränderungen am Bildausschnitt vorgenommen, genügt ein Mausklick auf die Schaltfläche **Vorschau**. Dadurch zeigt Ihnen Picasa genau an, wie das Foto mit Ihren Einstellungen aussehen wird. Die Vorschau wird nach ein paar Sekunden automatisch wieder beendet.

Abbildung 5.12: Das fertige Bild als Vorschau

5 • Fotos korrigieren – Bildbearbeitung in Picasa

Sind Sie mit dem neuen Bildausschnitt zufrieden, bestätigen Sie Ihre Änderungen mit der Schaltfläche *Anwenden*. Das Foto wird nun zurechtgeschnitten, und Sie gelangen automatisch zurück in die vorherige Ansicht. Möchten Sie weitere Veränderungen vornehmen, verwenden Sie dafür wie zuvor den Ausschnittrahmen und wiederholen den Vorgang. Falls Sie ganz von vorne anfangen möchten, klicken Sie auf die Schaltfläche *Zurücksetzen*: Der bisherige Bildausschnitt wird entfernt und das Foto wieder im Original angezeigt. Und wenn Sie das Bild doch nicht beschneiden wollen, verlassen Sie die Bearbeitung einfach über die Schaltfläche *Abbrechen*.

Schiefe Bilder gerade rücken

Die meisten Kompaktkameras besitzen gar keinen Sucher mehr, sodass man ausschließlich mit dem Monitor fotografieren muss. Damit lässt sich die Kamera oft nicht so genau ausrichten. Plötzlich stehen die Personen leicht schief, der Horizont neigt sich zur Seite, oder der Turm scheint gleich umzukippen. Das sieht gar nicht gut aus, lässt sich mit Picasa aber gleich wieder beheben.

1. Klicken Sie hierzu links auf die Schaltfläche *Ausrichtung*. Sie gelangen dadurch in ein Bearbeitungsfenster, mit dem sich das aktuell gewählte Foto wieder gerade rücken lässt.

*Abbildung 5.13:
Ausrichtung*

2. Mit dem Schieberegler drehen Sie das Foto nun vorsichtig nach rechts oder nach links. Achten Sie dabei auf das Gitternetz über Ihrem Foto. Es eignet sich sehr gut, um sich an waagerechten oder senkrechten Linien zu orientieren.

3. Sobald Sie mit der neuen Ausrichtung des Bildes zufrieden sind, betätigen Sie die Schaltfläche *Anwenden*. Dadurch gelangen Sie automatisch in die vorherige Ansicht zurück. Möchten Sie das Bild jetzt doch nicht korrigieren, wählen Sie die Schaltfläche *Abbrechen*.

Dieses Werkzeug ist sehr einfach gehalten und stellt letztendlich nichts weiter als eine Drehfunktion dar. Damit lässt sich ein schiefer Horizont oder ein leicht geneigtes Bauwerk problemlos wieder gerade rücken. Auf vielen Fotos wirken die Gebäude oder der Horizont aber aus ganz anderen Gründen schief. Sehr häufig handelt es sich um perspektivische Verzerrungen, weil das Gebäude nun einmal von der Seite fotografiert wurde oder weil ein zu starkes Weitwinkelobjektiv zum Einsatz kam. Diese Form von optischer Neigung lässt sich damit natürlich nicht korrigieren.

So optimieren Sie Ihre Fotos

Abbildung 5.14: Richten Sie Ihr Foto genau aus

Rote Augen aus Porträts entfernen

Werden Personen in dunkler Umgebung mit einem Blitzlicht fotografiert, kommt es sehr häufig zu roten Augen auf den Fotos. Das hat wenig mit Ihrer Kamera zu, sondern mit unseren Augen selbst. Im Dunklen weiten sich die Pupillen besonders stark, damit wir besser sehen können. Wird dann ein Blitz ausgelöst, dringt der durch die geöffnete Pupille bis auf die Netzhaut – und die ist von Natur aus eben rot.

1. Möchten Sie aus Ihren Fotos diese roten Augen entfernen, bietet Picasa dafür eine eigene Funktion an. Klicken Sie links auf die Schaltfläche **Rote Augen**.

   *Abbildung 5.15:*
   *Schaltfläche **Rote Augen***

2. Picasa wechselt jetzt in das Bearbeitungsfenster für rote Augen und sucht im aktuellen Bild automatisch danach. Die gefundenen roten Augen werden jeweils mit grünen Rahmen markiert. Klicken Sie auf die Schaltfläche **Vorschau**, um sich direkt anzeigen zu lassen, wie Picasa das Bild automatisch korrigieren würde.

183

5 • Fotos korrigieren – Bildbearbeitung in Picasa

3. Sind Sie mit der automatischen Bearbeitung zufrieden, müssen Sie nur noch auf die Schaltfläche *Anwenden* klicken. Die roten Augen werden entfernt, und Sie gelangen ins vorherige Fenster zurück.

Abbildung 5.16: Die Augen werden automatisch markiert

4. Sind Sie mit der automatischen Korrektur hingegen nicht zufrieden, klicken Sie auf die Schaltfläche *Zurücksetzen*. Die Markierungsrahmen werden wieder entfernt. Jetzt haben Sie zwei Möglichkeiten:

- Entweder Sie klicken auf die Schaltfläche *Automatisch*, damit Picasa noch einmal allein nach roten Augen sucht. Vielleicht klappt es diesmal besser.
- Oder Sie können die roten Augen auch selbst im Bild markieren. Ziehen Sie hierzu mit der linken Maustaste einen Rahmen um jedes rote Auge.

*Abbildung 5.17:
Rahmen um die Augen ziehen*

So optimieren Sie Ihre Fotos

5. Anschließend lassen Sie sich mit der Schaltfläche *Vorschau* wieder das Ergebnis der Bearbeitung anzeigen. Sind Sie damit zufrieden, übernehmen Sie die Korrektur mit der Schaltfläche *Anwenden*. Möchten Sie den Vorgang jetzt doch nicht durchführen, betätigen Sie die Schaltfläche *Abbrechen*.

Abbildung 5.18: Vor und nach der Korrektur

Kleine Fehler einfach retuschieren

Betrachtet man ein Foto zu Hause in aller Ruhe, wird man schnell den einen oder anderen kleinen Makel feststellen. Staub und winziger Schmutz auf der Kameralinse machen sich auf den Fotos als unschöne Punkte bemerkbar. Das fällt vor allem auf einem blauen Himmel oder einer hellen Fläche deutlich auf. Vielleicht hatten Sie auch einfach mit dem Motiv Pech, z. B. weil das Blütenblatt angeknabbert ist oder der Anzug beim Porträt ein paar deutliche Fussel zeigt. Picasa besitzt dafür eine recht einfache, aber wirkungsvolle Korrekturfunktion.

1. Gehen Sie wie immer mit dem betreffenden Foto in die Bearbeitungsansicht. Klicken Sie hier nun auf die Schaltfläche *Retuschieren*.

*Abbildung 5.19:
Schaltfläche **Retuschieren***

5 • Fotos korrigieren – Bildbearbeitung in Picasa

2. Als Erstes vergrößern Sie mit dem Schieberegler unten rechts das Bild so, dass die zu korrigierende Stelle groß und deutlich zu sehen ist. Nur so lässt es sich vernünftig arbeiten. Um sich weiterhin im Bild bewegen zu können, müssen Sie die Taste [Strg] drücken und dann mit der Maus den Bildausschnitt verschieben.

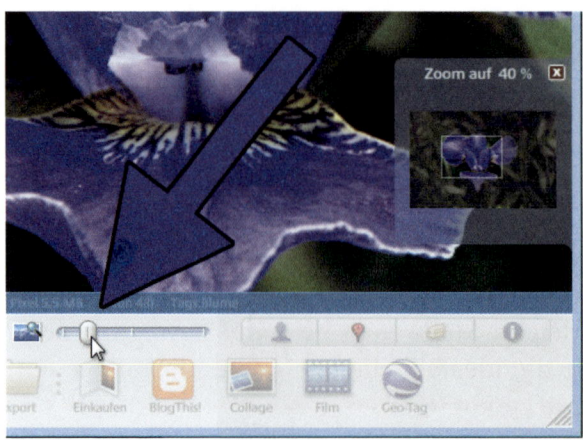

Abbildung 5.21: Den Ausschnitt vergrößern

3. Mit dem Schieberegler **Pinselgröße** bestimmen Sie, wie groß der Mauszeiger bzw. Bearbeitungskreis sein soll. Sie sehen dabei sofort eine Vorschau des Pinsels. Welche Größe Sie wählen sollten, hängt in erster Linie von der Größe des zu korrigierenden Makels ab. Oft hilft nur, ein wenig auszuprobieren.

Das Prinzip der Bearbeitung ist nun ganz einfach. Im Grunde handelt es sich um einen Kopiervorgang, bei dem ein winziger Bildausschnitt von einer Position zur anderen kopiert wird. Dabei legen Sie mit dem Mauszeiger bzw. Pinsel zuerst fest, welchen Bereich Sie korrigieren wollen. Direkt danach wählen Sie eine Stelle im Bild aus, die dorthin kopiert werden soll. Diesen Vorgang wiederholen Sie so oft, bis die defekte Stelle wieder heil ist.

Abbildung 5.20: Größe des Korrekturpinsels

4. Klicken Sie jetzt als Erstes die zu korrigierende Stelle im Bild an. Wichtig ist hierbei, dass die Pinselgröße gut gewählt ist. Im Beispiel wird die defekte Stelle des Blütenblatts angeklickt.

So optimieren Sie Ihre Fotos

Abbildung 5.22: Die defekte Stelle anklicken

5. Jetzt gehen Sie mit dem Pinsel an eine fehlerfreie, aber möglichst ähnliche Stelle im Bild. Die vorher angeklickte defekte Stelle zeigt bei jeder Bewegung des Pinsels eine Vorschau an. Haben Sie die ideale Stelle gefunden, klicken Sie einmal mit der linken Maustaste, um diese zu kopieren.

Abbildung 5.23: Die heile Stelle kopieren

Das klingt zwar einfach, kann in der Praxis aber einiges an Mühe und Geduld kosten. Häufig sind viele Versuche notwendig, um die richtige Stelle zum Kopieren zu finden. Oft ist es auch nicht möglich, eine Korrektur mit einem großen Pinsel durchzuführen. Dann ist es besser, einen größeren Makel mit zwei, drei oder mehr Kopiervorgängen zu beseitigen.

Während des Kopierens stehen Ihnen die beiden Schaltflächen **Patch-Anwendung rückgängig machen** und **Patch neu anwenden** zur Verfügung. Vermutlich werden Sie diese häufiger brauchen. Damit lassen sich unpassende Kopierversuche rückgängig machen und besonders gute wiederholen bzw. mehrfach anwenden.

5 • Fotos korrigieren – Bildbearbeitung in Picasa

6. Sind Sie mit Ihrer Fehlerbearbeitung zufrieden, bestätigen Sie dies mit der Schaltfläche *Anwenden*, worauf Sie in die vorherige Ansicht zurückkehren. Haben Sie sich entschlossen, jetzt doch keine Korrektur vorzunehmen, brechen Sie den Vorgang mit der Schaltfläche *Abbrechen* ab.

Abbildung 5.24: Vor und nach der Korrektur

Texte und Überschriften einfügen

Ein gutes Foto benötigt keine zusätzlichen Beschreibungen oder Untertitel. Immerhin heißt es, dass ein Bild mehr sagt als tausend Worte. Manchmal ist es aber trotzdem sehr praktisch, wenn man einen dekorativen Text einfügen kann oder dem Foto eine Überschrift gibt. So lassen sich die eigenen Fotos z. B. als Einladungen, Postkarten oder auch als Startbild für eine Diaschau verwenden.

1. Picasa besitzt dafür eine Textfunktion. Klicken Sie im Register *Optimierung* auf die Schaltfläche *Text* und schon gelangen Sie in das Bearbeitungsfenster für Texte und Überschriften.

 *Abbildung 5.25: Schaltfläche Text*

So optimieren Sie Ihre Fotos

2. Jetzt fügen Sie Ihren Text ein, indem Sie im rechten Fenster eine beliebige Stelle auf Ihrem Foto anklicken. Dadurch erscheint ein Textcursor, und Sie können sofort anfangen zu tippen. Klicken Sie eine weitere Stelle an, wird ein zweiter Text eingefügt. So lassen sich beliebig viele Textelemente erstellen.

Abbildung 5.26: Tippen Sie Texte und Überschriften ein

3. Natürlich möchten Sie das Aussehen der Schrift an Ihr Foto anpassen. Klicken Sie dafür im Bild die zu ändernde Schrift an und wählen Sie nun auf der linken Seite mit den Listen und Schaltflächen die gewünschten Optionen aus.

- **Schriftart** – Mit dieser Liste wählen Sie eine beliebige Schriftart für den Text aus.
- **Größe** – Wählen Sie die gewünschte Größe in Punkten aus.
- **Stil** – Mit diesen drei Schaltflächen wird Ihre Schrift fett dargestellt, kursiv gesetzt oder unterstrichen (von links nach rechts).
- **Ausrichtung** – Richten Sie die Schrift linksbündig, mittig oder rechtsbündig aus.

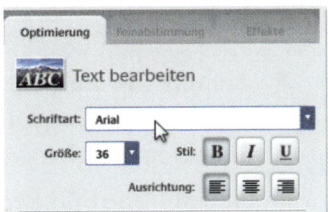

Abbildung 5.27: Verändern Sie das Aussehen der Schrift

4. Direkt darunter befindet sich der Abschnitt zum Anpassen der Schriftfarbe. Zusätzlich lässt sich jeder Text auf Wunsch mit einer Umrandung ausstatten. Markieren Sie rechts im Foto den zu verändernden Text und wählen Sie dann aus folgenden Optionen aus.

- **Text** (dunkles T) – Hiermit wählen Sie die Farbe für den Text aus. Klicken Sie auf den Kreis neben dem dunklen *T*, öffnet sich ein Farbwähler. Klicken Sie auf die gewünschte Farbe, und schon wird sie Ihrer Schrift zugewiesen. Die obere Reihe bietet die zuletzt verwendeten Farben als Schnellzugriff an.

  Tipp: Mit der Pipette lassen sich auch Farben aus dem eigenen Foto auswählen!

- **Farblos** (weiße Schaltfläche) – Direkt daneben findet sich eine weiße Schaltfläche mit einem roten Querbalken. Hiermit weisen Sie Ihrer Schrift gar keine Farbe zu – stattdessen ist sie durchsichtig. Das kann zusammen mit der Umrandung in der nächsten Option sehr gut aussehen.

- **Umrandung** (helles T) – Zusätzlich zur eigenen Farbe kann jeder Text auch mit einer Umrandung ausgestattet werden. Klicken Sie auf den Kreis neben dem hellen *T* und wählen Sie aus der Farbpalette den gewünschten Ton aus. Rechts daneben verändern Sie die Stärke des Randes. Ziehen Sie den Schieberegler nach links, wird der Rand schmaler – ziehen Sie den Regler nach rechts, wird der Rand breiter.

Abbildung 5.28: Farbe und Umrandung verändern

5. Manchmal sieht es nicht so schön aus, wenn ein Text deutlich aus dem Foto hervorsticht. Geben Sie ihm stattdessen eine leichte Durchsichtigkeit, und schon wirkt das Ganze viel harmonischer. Hierzu dient der Regler *Transparenz* im unteren Bereich.

   - Steht der Regler ganz rechts, wird die Schrift vollständig angezeigt.
   - Ziehen Sie den Regler in die Mitte, wird die Schrift halb ausgeblendet und liegt wie eine Folie über dem Foto.
   - Auf der ganz linken Position wird der Text fast vollständig ausgeblendet. Er wirkt nur noch wie ein Schatten in Ihrem Foto.

Abbildung 5.29: Text durchsichtig darstellen

6. Meistens befindet sich Ihr Text nicht sofort an der richtigen Position, sodass Sie ihn noch verschieben möchten. Klicken Sie hierzu den Text einmal mit der Maus an. Dadurch erscheint ein grauer Rahmen. Klicken Sie diesen mit der linken Maustaste an, halten Sie die Taste fest und schieben Sie den Text an die gewünschte Position. Jetzt lassen Sie die Taste wieder los.

So optimieren Sie Ihre Fotos

Abbildung 5.30: Textelemente einfach verschieben

7. Möchten Sie Ihren Text drehen oder ganz frei in der Größe anpassen, ist das ebenfalls möglich. Klicken Sie hierzu den gewünschten Text an. Fahren Sie nun mit der Maus in die Mitte des Rahmens. Dadurch erscheint ein grauer Kreis mit einem roten Greifpunkt.
   - Klicken Sie mit der linken Maustaste den roten Greifpunkt an und halten Sie die Taste fest. Fahren Sie mit der Maus nun nach oben oder nach unten, um die Schrift zu drehen.
   - Halten Sie den roten Greifpunkt fest und ziehen die Maus nach rechts oder links, vergrößern oder verkleinern Sie die Schrift stufenlos.
   - Leider passiert es sehr schnell, dass man die Schrift dreht und vergrößert. Um das zu verhindern, halten Sie dabei die Taste `Alt` fest, um den Text nur zu drehen. Halten Sie hingegen die Taste `Strg` fest, wird der Text nur vergrößert. Die jeweils andere Funktion ist so lange gesperrt.
   - Noch bequemer geht es mit einer Maus mit Rad. Halten Sie die Taste `Strg` fest und drehen das Rad, vergrößern oder verkleinern Sie den Text. Halten Sie hingegen die Taste `Alt` fest und drehen das Mausrad, rotieren Sie den Text.

Auf diese Weise gestalten Sie nun beliebige Textelemente in Ihrem Foto. Passen Sie die Schriftart, die Farbe, den Rand und die Größe an das jeweilige Foto an. Erstellen Sie Überschriften oder auch kleine Nachrichten. Ihnen sind hierbei keine Grenzen gesetzt. Sobald Sie mit Ihrem Text fertig sind, müssen Sie nur noch die Schaltfläche **Anwenden** betätigen, um die Bearbeitung zu speichern. Und falls Sie es sich doch anders überlegen, entfernen Sie mit der Schaltfläche **Alles löschen** alle bisher erstellten Textelemente oder beenden die Bearbeitung ohne zu speichern mit der Schaltfläche **Abbrechen**.

5 • Fotos korrigieren – Bildbearbeitung in Picasa

Abbildung 5.31: Den Text drehen und/oder vergrößern

Abbildung 5.32: Ihr Foto wird zur persönlichen Postkarte

Helligkeit manuell anpassen

Obwohl Sie beim Fotografieren alle wichtigen Punkte beachtet haben, kommt es immer wieder vor, dass ein Foto zu hell oder zu dunkel aufgenommen wird. Das kann viele Ursachen haben und lässt sich nachträglich meist nicht mehr herausfinden. Auch dafür bietet Picasa eine schnelle und bequeme Funktion, mit der sich die Helligkeit eines Fotos regeln lässt.

So optimieren Sie Ihre Fotos

1. Im unteren Bereich des Registers **Optimierung** finden Sie die Funktion **Aufhellen**. Sie ist mit einem Schieberegler ausgestattet.

2. Ganz links befindet sich die Neutralstellung, also das Originalbild. Schieben Sie den Regler nach rechts, wird das Foto langsam immer heller. Befindet sich der Regler ganz rechts, wird das Foto mit dem maximalen Wert künstlich aufgehellt.

3. Falls Sie mit Ihrer Korrektur nicht zu zufrieden sind, betätigen Sie die Schaltfläche **Rückgängig machen**, um die Aufhellung zurückzunehmen.

Diese Funktion ist zwar sehr praktisch und ganz einfach zu bedienen. Trotzdem sollten Sie sehr vorsichtig damit umgehen. Picasa hellt das Bild dabei sehr hart und undifferenziert auf. Es kann schnell passieren, dass alles viel zu blass wirkt oder helle Flächen völlig überstrahlen. Kleine Fehlbelichtungen lassen sich damit durchaus beheben. Größere Helligkeitskorrekturen sollten Sie im Register **Feinabstimmung** vornehmen, das bessere und feinere Optionen anbietet.

Abbildung 5.33: Die Helligkeit des Fotos anpassen

Picnik für die Bildoptimierung nutzen

Der Onlinedienst Picnik gehört nun zum Google-Universum und wird in viele Produkte eingebunden. Sie haben Picnik bereits in Ihrem Webalbum kennengelernt. Es handelt sich dabei um einen Dienst, der die Bearbeitung von Fotos im Webbrowser erlaubt. Die Funktionen sind überraschend gut und umfangreich, sodass sich grundlegende Bildoptimierungen leicht im Webalbum vornehmen lassen. Damit Sie Picnik immer und überall nutzen können, ist der Dienst nun auch in der Picasa-Software integriert. Sie finden dafür im Register **Optimierung** eine eigene Schaltfläche mit dem Namen **In Picnik bearbeiten**.

Sobald Sie diese Schaltfläche betätigen, erscheint ein Abfragefenster, um Ihr Foto auf die Onlineserver von Picnik zu laden. Damit wird deutlich, dass diese Bearbeitung nicht auf Ihrem Computer stattfindet, sondern im Internet auf den Picnik-Servern. Das Ganze unterscheidet sich also überhaupt nicht von der Bildbearbeitung in Ihrem Webalbum.

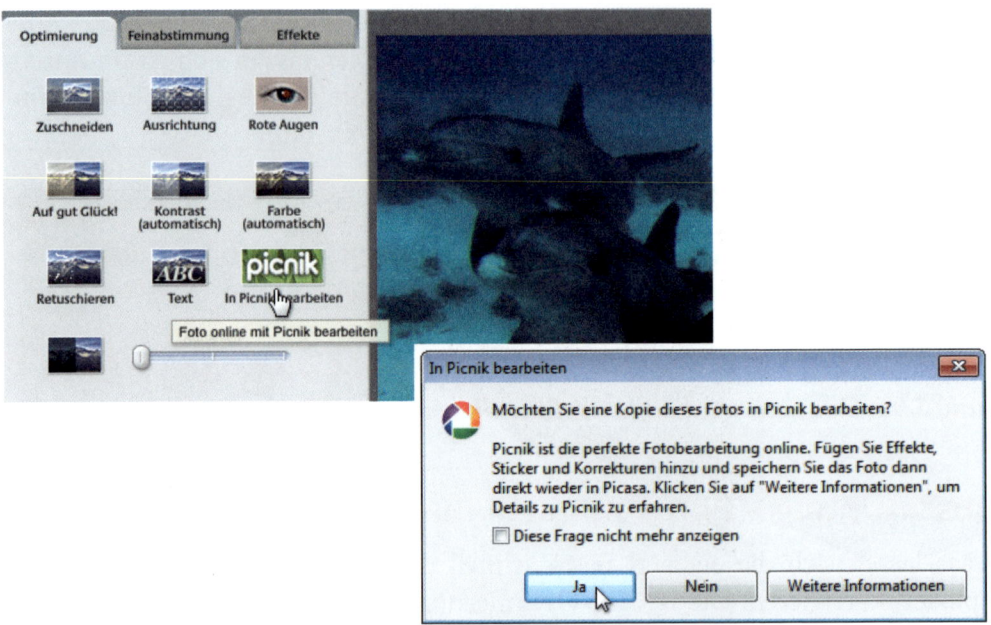

Abbildung 5.34: Das Foto in Picnik öffnen

Picnik stellt zwar einen netten Dienst dar, um online recht unkompliziert ein Foto zu bearbeiten, für Ihre lokalen Bilder macht er aber keinen Sinn. Immerhin lädt Picnik das Foto von Ihrer Festplatte auf den Picnik-Server, bearbeitet es dort und schickt es zurück an Ihre lokale Picasa-Software. Es macht zwar den Anschein, als würden Sie Ihr Foto lokal bearbeiten, aber in Wirklichkeit wird nur die Picnik-Webseite innerhalb der Picasa-Software eingeblendet. Das ist unnötig kompliziert und das Ergebnis nicht wert. Letztendlich sind die Funktionen von Picnik zwar nett, aber nur sehr grundlegend. Das kann jede Bildbearbeitung besser – eben auch die Picasa-Software selbst. Wenn Sie also offline mit den Fotos auf Ihrer Festplatte arbeiten möchten, brauchen Sie Picnik nicht. Verwenden Sie besser die anderen Bearbeitungsschaltflächen in Picasa.

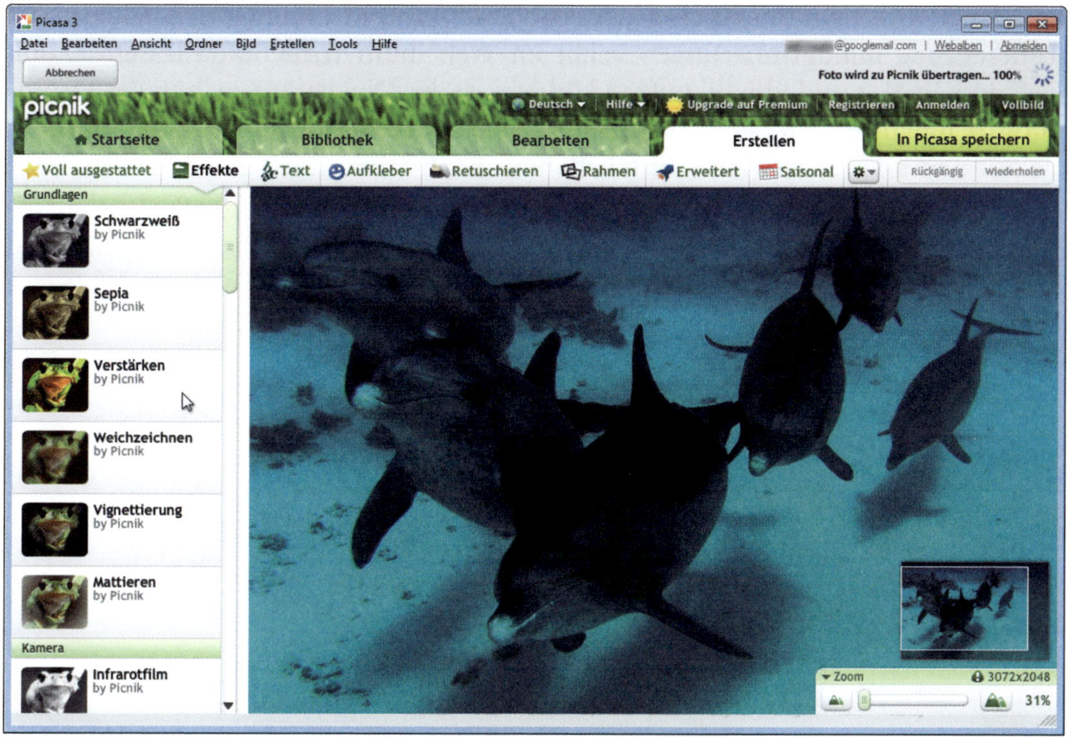

Feinabstimmung – Fotos manuell optimieren

Abbildung 5.35: Das Foto wird online bei Picnik bearbeitet

Feinabstimmung – Fotos manuell optimieren

Mit Picasa lassen sich die eigenen Fotos schnell und unkompliziert korrigieren. Die 1-Klick-Optimierungen nehmen Ihnen dabei die meiste Arbeit ab. Diese vollautomatische Korrektur ist aber nicht immer optimal. Fotos mit schwieriger Beleuchtung, starke Kontraste in den Motiven, Aufnahmen von Sonnenuntergängen oder bei Dämmerlicht werden leicht falsch analysiert und unpassend korrigiert. Um das zu vermeiden, gibt es die manuelle Optimierung von Fotos. Klicken Sie dafür in der Bildbearbeitung auf das Register **Feinabstimmung**. Nun erhalten Sie eine Liste mit verschiedenen Reglern und Schaltflächen, die Ihnen eine ganz genaue Anpassung Ihres Fotos erlauben.

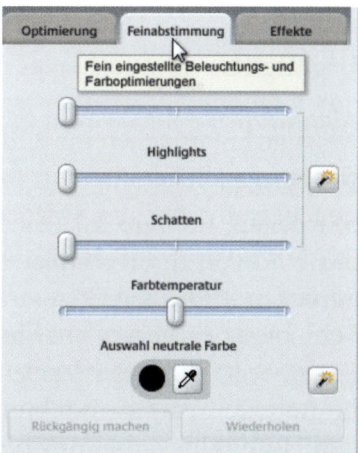

Abbildung 5.36: Fotos mit der Feinabstimmung optimieren

5 • Fotos korrigieren – Bildbearbeitung in Picasa

Aufhellen – Mit diesem Regler stellen Sie die Helligkeit Ihres Fotos ein. Je weiter Sie den Regler mit der Maus nach rechts schieben, desto heller wird Ihr Foto. Dabei wird immer die Gesamthelligkeit des Bildes erhöht. Das ist fast so, als hätte es vor Ort eine stärkere Lichtquelle gegeben. Eine zu starke Anwendung lässt ein Foto aber schnell matt und kraftlos aussehen. Erhöhen Sie die Gesamthelligkeit nur behutsam und kombinieren Sie diese mit den anderen Feineinstellungen.

Abbildung 5.37: Die gesamte Helligkeit verändern (zur Verdeutlichung überzeichnet)

Highlights – Dieser Regler ist ebenfalls für die Helligkeit zuständig, beeinflusst aber nur Highlights. Darunter versteht man sämtliche Lichter, Lampen, Spitzlichter und sonstige Lichtquellen im Bild. Die anderen Bereiche des Fotos werden nur geringfügig verändert. Ziehen Sie den Regler vorsichtig nach rechts, um den Lichtquellen mehr Leuchtkraft zu geben. Erhöhen Sie die Highlights zu stark, kann es zu Überstrahlungen kommen. Dann sehen Sie nur noch weiße Flächen ohne Strukturen und Details.

Schatten – Die Schatten stellen das Gegenstück zu den Highlights dar. Mit diesem Schieberegler verstärken Sie also die dunklen Bereiche des Fotos. Das ist sehr praktisch, wenn ein Foto leicht überbelichtet wurde und Sie ein wenig mehr Kontrast in das Bild bringen möchten. Ebenso kann damit nach dem Aufhellen oder Setzen von Highlights das Gleichgewicht zwischen hellen und dunklen Flächen wiederhergestellt werden. Hier reicht oft schon eine minimale Korrektur, weil das Foto sonst sehr schnell in völliger Dunkelheit verschwindet.

Feinabstimmung – Fotos manuell optimieren

Abbildung 5.38: Nur die Lichtquellen aufhellen (zur Verdeutlichung überzeichnet)

Abbildung 5.39: Intensivieren Sie die Schattenbereiche (zur Verdeutlichung überzeichnet)

5 • Fotos korrigieren – Bildbearbeitung in Picasa

Die 1-Klick-Optimierung für die Beleuchtung

Mit der Schaltfläche *1-Klick-Optimierung* (Zauberstab-Symbol) lässt sich die gesamte Beleuchtung ganz schnell verbessern. Dabei passt Picasa die Regler *Aufhellen*, *Highlights* und *Schatten* automatisch an. Das ist sehr praktisch, um zu sehen, wie das Bild aus rein technischer Sicht verbessert werden könnte. Falls Ihnen die vollautomatische Feinabstimmung nicht gefällt, lassen sich die Regler anschließend manuell wieder verändern. Somit bildet die 1-Klick-Optimierung eine gute Ausgangsbasis für die eigene Feineinstellung.

Farbtemperatur – Über die Temperatur variieren Sie den Gesamtfarbton Ihres Bildes. Das ist ganz ähnlich wie der Weißabgleich in Ihrer Kamera. Ziehen Sie den Regler nach links, um den Farbton in Richtung Blau zu verschieben. Ziehen Sie den Regler hingegen nach rechts, verschieben Sie den Farbton in Richtung Rot. Auf diese Weise lässt sich ein leichter Farbstich ganz leicht korrigieren. Natürlich ist auch eine gezielte Verfärbung möglich, z. B. ein wenig mehr Rot für Sonnenuntergänge oder etwas mehr Blau für das Meer.

Abbildung 5.40: Farbstiche bearbeiten (zur Verdeutlichung überzeichnet)

Zusätzliche Effekte in Ihre Bilder einfügen

Möchten Sie einen Farbstich besser automatisch entfernen lassen, steht Ihnen die Schaltfläche **1-Klick-Optimierung** (Zauberstab-Symbol) zur Verfügung. Klicken Sie einmal mit der linken Maustaste auf die Schaltfläche, und schon stellt Picasa das Bild so ein, dass die Farben neutral dargestellt werden.

Eine gute Alternative stellt auch die Wahl einer neutralen Farbe dar. Klicken Sie dafür auf die Schaltfläche **Neutrale Farbe** (Pipettensymbol) und fahren Sie mit dem Mauszeiger, der nun eine Pipette darstellt, über Ihr Foto. Klicken Sie an eine Stelle, an der eine möglichst saubere und unverfälschte Farbe zu sehen ist. Am einfachsten geht das mit Weiß. Picasa passt alle anderen Farben automatisch an, sodass sie neutral dargestellt werden.

Zusätzliche Effekte in Ihre Bilder einfügen

Picasa bietet Ihnen die Möglichkeit, Ihre Fotos mit Spezialeffekten auszustatten. Wählen Sie hierzu im Bearbeitungsfenster das Register **Effekte** aus. Sie erhalten nun eine Liste mit zwölf Effekten, die beliebig auf Ihr Foto angewendet werden können. Auch wenn das Wort „Effekt" meist wilde Bildverfremdungen vermuten lässt, befinden sich in diesem Register auch sehr sinnvolle Bildoptimierungen, z. B. die Schärfekorrektur oder die Sättigung. Probieren Sie die Effekte ruhig einmal aus – sie können wie immer mit einem Mausklick rückgängig gemacht werden.

Abbildung 5.41: Das Register mit den Effekten

Die 1-Klick-Effekte – Sepia, SW, Wärme & Filmkorn

Die Liste mit den Effekten bietet vier sogenannte 1-Klick-Effekte. Sie erkennen diese an der blauen 1 unten rechts im Vorschaubild. Hierbei handelt es sich um Effekte, die Sie mit einem einzigen Mausklick auf Ihr Foto anwenden. Es sind keinerlei Korrekturen oder Anpassungen notwendig bzw. möglich. Folgende 1-Klick-Effekte stehen Ihnen zur Verfügung:

5 • Fotos korrigieren – Bildbearbeitung in Picasa

Der Sepia-Effekt

Sehr alte Fotos erkennt man daran, dass sie ausgeblichen sind und einen gelblich braunen Farbstich besitzen. Die früher im Fotolabor verwendeten Chemikalien reagieren mit der Zeit auf das UV-Licht der Sonne und lassen die Fotos so altern. Diese Charakteristik nennt man den Sepia-Effekt. Möchten Sie ein Foto nostalgisch bzw. antik erscheinen lassen, genügt ein Mausklick auf den Sepia-Effekt, und schon altert Ihr Foto.

Abbildung 5.42: Der Sepia-Effekt lässt Fotos altern

Schwarz-Weiß-Fotos

Obwohl Farbfotos heute eine Selbstverständlichkeit sind, sollten Sie Schwarz-Weiß-Bilder nicht außer Acht lassen. Sie besitzen einen ganz eigenen Charakter, der sich mit Farbbildern nicht erzielen lässt. Besonders Porträts wirken in Schwarz-Weiß häufig viel interessanter und intensiver. Probieren Sie diesen Effekt einfach aus, indem Sie ihn mit einem Mausklick auf ein Porträt anwenden.

Fotos wärmer gestalten

Dieser Filter bewirkt eine leichte Verschiebung der Rottöne, sodass diese noch ein wenig intensiver wirken. Das ist aber nicht mit einer Verstärkung der Sättigung zu verwechseln, weil sich die Veränderung nur im Rot-Spektrum abspielt. Dadurch eignet sich dieser Filter, um in Porträts die Haut schön rosig und gesund erscheinen zu lassen. Ebenso lassen sich damit Sonnenuntergänge oder andere rötliche Motive wärmer und intensiver darstellen.

Abbildung 5.43: Schwarz-Weiß wirkt bei Porträts oft gut

Zusätzliche Effekte in Ihre Bilder einfügen

Abbildung 5.44: Warme Stimmungen unterstreichen

Filmkörnung einfügen

Dieser Effekt fügt Ihrem Foto ein grobes Filmkorn hinzu. Dadurch wirkt das Bild, als wäre es mit einem alten Negativfilm und nicht mit einer modernen Digitalkamera aufgenommen. Zusammen mit dem Sepia-Effekt wirkt ein Foto dadurch angenehm nostalgisch. Allerdings wird der Effekt sehr behutsam durchgeführt und ist auf den ersten Blick kaum zu erkennen. Manchmal ist es notwendig, ihn mehrfach anzuwenden, um eine Wirkung wahrzunehmen.

Abbildung 5.45: Filmkorn wirkt nostalgisch

5 • Fotos korrigieren – Bildbearbeitung in Picasa

Noch mehr Effekte – Schärfe, Sättigung, Schein & Co.

Die 1-Klick-Effekte lassen sich blitzschnell und unkompliziert anwenden. Picasa bietet im Register *Effekte* aber noch viele weitere Möglichkeiten, mit denen sich Ihre Fotos optimieren oder aufpeppen lassen. Einige dieser Filter sind interessant und machen Ihr Foto zu einem Hingucker, z. B. der Schwarz-Weiß-Fokus, andere Filter unterstreichen es nur dezent in seinen Eigenschaften, z. B. der Sättigungseffekt. Schauen Sie sich die vielen Effekte ruhig einmal an und probieren Sie diese aus. Über die Schaltfläche *Rückgängig machen* lässt sich jeder Effekt sofort wieder zurücknehmen.

Fotos nachträglich schärfen

Die Schärfe eines Fotos wird hauptsächlich beim Fotografieren festgelegt. Trotzdem ist es manchmal möglich oder notwendig, ein Foto nachträglich am Computer nachzuschärfen. Das ist praktisch, wenn Sie ein Objekt besser hervorheben möchten oder wenn Sie ein Foto vergrößert oder verkleinert haben. Dabei verliert es immer ein wenig an Schärfe. Das lässt sich mit diesem Effekt wieder korrigieren.

Klicken Sie auf den Effekt *Scharf stellen*. Mit dem Regler *Anzahl* bestimmen Sie nun, wie stark das Foto geschärft werden soll. Befindet sich der Regler links, wird nur eine leichte Schärfung hinzugefügt. Je weiter Sie den Regler nach rechts schieben, desto stärker wird die Schärfung. Seien Sie hierbei vorsichtig, denn ein überschärftes Foto wirkt oft unnatürlich und unangenehm. Ebenso lässt sich ein wirklich unscharf fotografiertes Bild hiermit nicht zu einem angenehm scharfen Bild machen.

Abbildung 5.46: Die Schärfe einstellen

Zusätzliche Effekte in Ihre Bilder einfügen

Bilder einfach einfärben

Möchten Sie einem Foto einen ganz eigenen Farbton geben, wählen Sie den Effekt *Färbung* aus. Dadurch sieht Ihr Foto ganz ähnlich einer Schwarz-Weiß-Aufnahme aus, allerdings kommen dabei andere Farben zum Einsatz, z. B. Blau, Grün oder Gelb. In der Fotografie wird dabei oft von Duoton-Aufnahmen gesprochen.

Als Erstes klicken Sie unter *Farbe wählen* auf die Farbpalette. Dadurch wird der Mauszeiger zu einer Pipette, und Sie können aus der Palette die gewünschte Farbe auswählen. Ihr Foto wird sofort entsprechend eingefärbt. Zusätzlich bietet Ihnen der Regler *Farberhaltung* die Möglichkeit, die Originalfarben des Fotos durchscheinen zu lassen.

Abbildung 5.47: Dem Foto eine Färbung geben

Die Sättigung optimieren

Manchmal ist es notwendig, die Intensität der Farben anzupassen. Sind sie zu matt, wirkt das Foto kraftlos und langweilig. Sind sie hingegen zu satt, wirkt das Foto unnatürlich und unangenehm. Klicken Sie auf den Effekt *Sättigung*, um die Intensität individuell anzupassen.

Sie erhalten nun einen Regler, mit dem Sie die Sättigung anpassen. In der Mitte befindet sich die Neutralposition. So sieht das Foto also im Original aus. Ziehen Sie den Regler nach links, um die Farben schwächer darzustellen, und nach rechts, um die Farben stärker einzustellen. Ganz links wird Ihr Foto zu einem Schwarz-Weiß-Bild und ganz rechts ist es derart überfärbt, dass es wie ein Comic wirkt. Soll Ihr Foto lebendiger wirken, ist eine leichte Intensivierung der Farben völlig in Ordnung. Für eine kühle und diffuse Stimmung nehmen Sie die Farben ein klein wenig heraus. Seien Sie hier immer vorsichtig, denn eine Überzeichnung zerstört sehr schnell Ihr Foto.

Abbildung 5.48: Sättigung – intensivieren Sie die Farben

Weichzeichner-Effekte einfügen

Weichzeichner-Effekte kommen häufig bei Porträts zum Einsatz, weil sie kleine Schönheitsmakel angenehm kaschieren und die Person aus dem Hintergrund hervorheben. Klicken Sie auf den Effekt **Weichzeichnen**, um ihn anzuwenden.

Mit dem Regler **Größe** bestimmen Sie einen Bereich, auf den der Effekt nicht angewendet werden soll. Befindet sich der Regler ganz links, wird das gesamte Foto weichgezeichnet, befindet er sich dagegen ganz rechts, nur der äußere Rand. Mit dem grünen Fadenkreuz bestimmen Sie, wo sich der auszulassende Bereich befinden soll. Bei Porträts setzen Sie das Kreuz auf die Augen der Person, weil diese natürlich schön scharf und intensiv erhalten bleiben sollen. Der Regler **Anzahl** bestimmt die Stärke des Weichzeichner-Effekts. Ganz links ist der Effekt nur minimal, und ganz rechts wird Ihr Foto sehr stark weichgezeichnet.

Abbildung 5.49: Lassen Sie Porträts weich und harmonisch erscheinen

Zusätzliche Effekte in Ihre Bilder einfügen

Objekte mit einem Schein versehen

Klicken Sie auf den Effekt *Schein*, um Ihrem Foto einen leicht mystischen Leuchteffekt zu geben. Das wirkt vor allem bei Fotos mit starkem Kontrast und hellen Flächen sehr originell. Mit dem Regler *Intensität* legen Sie fest, wie stark der Schein bzw. das Glühen dargestellt wird. Der Regler *Radius* legt fest, in welchem Umkreis das Leuchten wirkt. Häufig ist es notwendig, mit beiden Reglern gleichzeitig zu arbeiten, um einen schönen Effekt zu erzielen.

Obwohl dieser Effekt recht interessant aussieht, sollten Sie ihn sehr sparsam einsetzen. Er wirkt nur bei einem passenden Motiv gut und muss dann auch noch richtig dosiert sein. Bei vielen Fotos wirkt der Schein eher merkwürdig und schadet mehr, als dass er hilft.

Abbildung 5.50: Motive mit einem Schein versehen

Gefilterte Schwarz-Weiß-Fotos

Den Effekt für herkömmliche Schwarz-Weiß-Fotos kennen Sie bereits als 1-Klick-Effekt. Möchten Sie Ihre Fotos deutlich gezielter umwandeln, hilft Ihnen der Effekt *Gefiltertes S/W*. Er funktioniert wie ein Farbfilter, der beim Fotografieren vor das Objektiv der Kamera gesetzt wird. Das ist ein typisches Verfahren, um bei Schwarz-Weiß-Aufnahmen eine Farbe zu verstärken oder zu blockieren.

Gehen Sie dazu mit der Maus über die Farbpalette. Der Mauszeiger wird nun zu einer Pipette, und Sie können damit einen Farbton aus der Palette auswählen. Die stärkste Wirkung erreichen Sie meist mit einem Rot- oder Grün-Filter. Während Sie mit der Pipette über die Farbpalette gehen, verändert sich das Foto rechts in Echtzeit. So ist es ganz einfach, den besten Filter auszuwählen.

5 • Fotos korrigieren – Bildbearbeitung in Picasa

Abbildung 5.51: Schwarz-Weiß-Fotos wie im Labor filtern

Schwarz-Weiß-Fotos mit farbigen Objekten erstellen

Der Schwarz-Weiß-Fokus stellt einen recht spektakulären Effekt dar, wie Sie ihn vielleicht schon einmal in der Werbung gesehen haben. Dabei wird ein Foto in Schwarz-Weiß dargestellt, aber ein einzelnes Objekt ist trotzdem farbig. Mit dem Effekt **S/W-Fokus** stellen Sie das ganz einfach nach.

Das Foto wird nun automatisch in Schwarz-Weiß dargestellt. Mit dem Regler **Größe** stellen Sie den Bereich ein, der trotzdem farbig dargestellt werden soll. Wählen Sie die Größe entsprechend des gewünschten Objekts auf dem Bild. Mit dem grünen Fadenkreuz im Foto bestimmen Sie die Position des farbigen Bereichs. Setzen Sie ihn auf das gewünschte Objekt.

Der Regler **Schärfe** bestimmt nun, wie hart der Übergang vom farbigen zum farblosen Bereich sein soll. Befindet sich der Regler ganz links, ist der Übergang besonders weich und schließt unter Umständen auch Objekte im Hintergrund mit ein. Im Zentrum befindet sich ein guter Mittelwert aus Schärfe und Unschärfe. Ganz rechts erzeugt der Effekt eine ganz harte Kante zwischen den farbigen und farblosen Bereichen.

Abbildung 5.52: Lassen Sie einzelne Objekte farbig erscheinen

Zusätzliche Effekte in Ihre Bilder einfügen

Einen Farbverlauf einfügen

Dieser Effekt ist einem Verfahren der analogen Fotografie nachempfunden, bei dem der obere Teil eines Fotos mit einem speziellen Filter eingefärbt wird. Auf diese Weise lässt sich z. B. ein Sonnenuntergang noch roter darstellen oder ein grauer Himmel schön blau einfangen.

Als Erstes sollten Sie mit der Maus über den Bereich **Farbe wählen** gehen. Der Mauszeiger wird zu einer Pipette, und Sie wählen die gewünschte Farbe aus der Palette aus. Klicken Sie nun mit der Maus in Ihr Foto und geben Sie mit dem grünen Fadenkreuz an, bis wohin der Farbfilter reichen soll. Er kann nur von oben nach unten gehen und nicht umgekehrt.

Mit dem Regler **Schattierung** legen Sie fest, wie stark der Farbfilter angewendet werden soll. Ganz links ist die Färbung sehr dezent, rechts ist sie extrem intensiv. Sie haben auch die Möglichkeit, den Verlauf vom Farbfilter zu den ungefilterten Bereichen des Bildes festzulegen. Hierzu dient der Regler **Übergänge**. Steht der Regler ganz links, erzeugen Sie eine harte Kante. Schieben Sie den Regler nach rechts, wird der Übergang immer weicher.

Abbildung 5.53: Bereiche mit einem Farbverlauf intensivieren

Stapelverarbeitung – Effekte für Ordner & Alben

Die meisten Bearbeitungen und Effekte werden Sie sicherlich verwenden, um einzelne Fotos zu korrigieren oder zu optimieren. Manchmal ist es aber notwendig, gleich mehrere Fotos zu korrigieren – vielleicht sogar ganze Ordner oder Alben. Vielleicht haben Sie an Ihrer Kamera eine falsche Einstellung vorgenommen, und

5 · Fotos korrigieren – Bildbearbeitung in Picasa

jetzt sind alle Fotos etwas zu dunkel. Ganz typisch ist auch eine unpassende Wahl des Weißabgleichs, und plötzlich besitzen alle Bilder einen Farbstich. Damit Sie nun nicht jedes Bild einzeln bearbeiten müssen, besitzt Picasa eine Stapelverarbeitung. Sie befindet sich im Hauptmenü unter **Bild/Satz-Bearbeitung**.

1. Sind in der Liste der Vorschaubilder Fotos markiert, wird die Bearbeitung nur auf diese angewendet. Ein einzelnes Bild klicken Sie direkt an. Um mehrere Bilder zu markieren, halten Sie die Taste `Strg` fest und klicken alle gewünschten Bilder der Reihe nach an.

2. Klicken Sie in der Ordnerliste einen Ordner oder ein Album an, ohne dass bei den Vorschaubildern Fotos angewählt werden, wird die Bearbeitung automatisch auf den gesamten Ordner bzw. das gesamte Album angewendet.

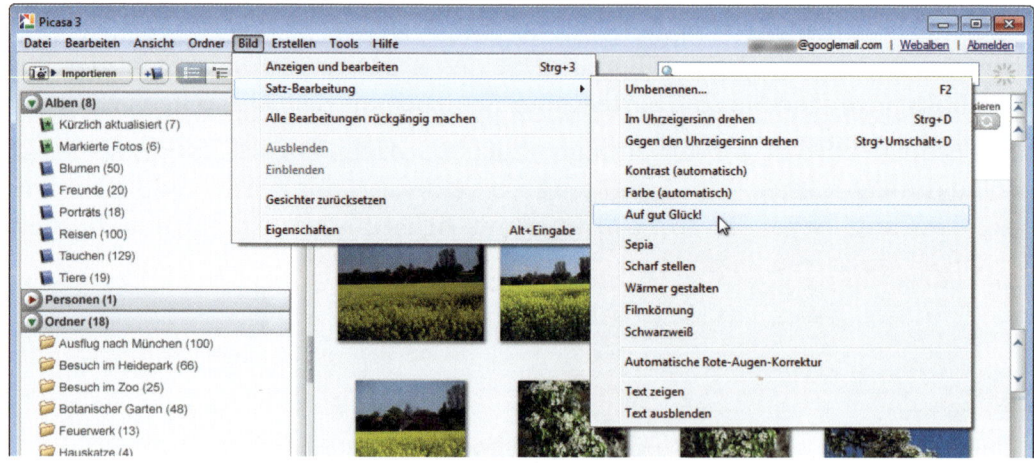

Abbildung 5.54: Mehrere Bilder auf einmal korrigieren

Die meisten Funktionen und Effekte in diesem Menü kennen Sie bereits von der Bearbeitung einzelner Bilder. Sie werden sich also sofort zurechtfinden. Ein paar wenige Funktionen sind neu, erklären sich aber auch fast von selbst.

- **Umbenennen** – Diese Funktion ist praktisch, um die meist kryptischen Dateinamen aus der Digitalkamera zu ändern. Es öffnet sich ein Fenster, in das Sie einen neuen Namen eingeben. Picasa nummeriert die Bilder automatisch durch. Testen Sie das zuerst an ein paar weniger wichtigen Dateien aus, denn der Vorgang kann nicht rückgängig gemacht werden!

- **Drehen** – Mit den Funktionen *Im Uhrzeigersinn drehen* und *Gegen den Uhrzeigersinn drehen* lassen sich Fotos im Hochkantformat ganz einfach in die richtige Position bringen.

Zusätzliche Effekte in Ihre Bilder einfügen

- **Kontrast/Farbe/Auf gut Glück!** – Diese drei Funktionen sind identisch mit den 1-Klick-Effekten im Register *Optimierung*.
- **Sepia/Scharf stellen/Wärmer gestalten/Filmkörnung/Schwarzweiß** – Diese Funktionen sind identisch mit den gleichnamigen Effekten bzw. Filtern im Register *Effekte*.
- **Automatische Rote-Augen-Korrektur** – Hiermit korrigiert Picasa vollautomatisch die roten Augen in allen markierten Fotos oder im gesamten angewählten Ordner.
- **Text zeigen & ausblenden** – Haben Sie im Register *Optimierung* die Funktion *Text* genutzt, um Ihren Fotos Texte und Beschreibungen zu geben, lassen sich diese damit ein- oder ausblenden. Dadurch verändern sich die Vorschaubilder und auch die große Ansicht der Bilder. Ihre Texte bleiben unabhängig von der Sichtbarkeit natürlich erhalten.

Generell sollten Sie bei der Bearbeitung von vielen Bildern vorsichtig sein. Schleicht sich ein Fehler ein, sind diese Fotos „beschädigt". Für alle Fälle gibt es im Menü den Punkt **Bild/Alle Bearbeitungen rückgängig machen**, mit dem sich teilweise auch diese Stapel- bzw. Satz-Bearbeitungen zurücknehmen lassen. Allerdings funktioniert das nicht immer – das hängt jeweils von der Art der Bearbeitung ab. Seien Sie also vorsichtig, bevor Sie große Ordner mit vielen Bildern auf einmal verarbeiten. Testen Sie die Wirkung zuvor an ein paar wenigen Bildern.

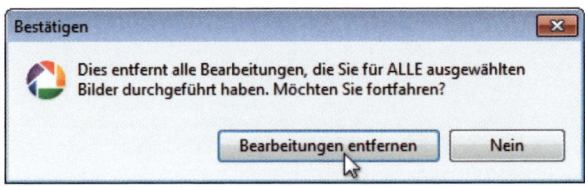

Abbildung 5.55: Die Stapelverarbeitung zurücknehmen

Kapitel 6

Fotos toll präsentieren – Diaschau, Collage & Film

Schöne Fotos möchten präsentiert und betrachtet werden. Es macht wenig Sinn, die besten Aufnahmen auf dem Computer zu speichern und in Alben zu sortieren, damit sie dann dort vor sich hin schlummern. Zeigen Sie Ihre Fotos allen Freunden und Bekannten, damit jeder in den Genuss der Erinnerungen kommt. Präsentieren Sie, was Sie im Urlaub alles erlebt haben oder wie schön die letzte Familienfeier war. Mit Picasa gibt es verschiedene Möglichkeiten für die Fotopräsentation. Diese reichen von der einfachen und leicht zu handhabenden Diaschau über ansprechende Collagen bis hin zu beeindruckenden Filmen. Dieses Kapitel zeigt Ihnen, was Picasa alles an Möglichkeiten bietet und wie Sie diese nutzen.

Fotos sofort präsentieren – Diaschau mit einem Mausklick

Besonders einfach lassen sich Ihre Fotos natürlich direkt am Computer oder Notebook präsentieren. Picasa bringt dafür eine praktische Diaschau-Funktion mit, sodass Sie die Vorführung sofort starten können. Besondere Vorbereitungen oder Konfigurationen sind nicht notwendig. Alle Fotos werden dabei in der Vollbildansicht auf dem Monitor angezeigt und der Reihe nach durchgeschaltet.

- Befinden Sie sich in der Standardansicht mit den Ordnern und Alben, finden Sie die Schaltfläche *Diaschau* oben in der Titelleiste des angewählten Ordners oder Albums. Sie besitzt ein grünes Pfeilsymbol. Alternativ können Sie auch die Tastenkombination Strg + 4 betätigen.

6 • Fotos toll präsentieren – Diaschau, Collage & Film

- Haben Sie doppelt auf ein Bild geklickt, z. B. um es vergrößert anzuzeigen oder um es zu bearbeiten, lässt sich die Diaschau ebenfalls ganz einfach starten. In dieser Ansicht finden Sie die Schaltfläche **Abspielen** oben in der Titelleiste neben den Vorschaubildern.
- Eine Diaschau lässt sich nur für komplette Ordner und Alben starten. Es ist nicht möglich, einzelne Bilder zu markieren und als Diaschau ablaufen zu lassen. Wird ein bestimmtes Bild markiert, startet die Diaschau ab diesem Bild, zeigt aber alle Fotos an.

Abbildung 6.1: Die Diaschau bei den Vorschaubildern

Sobald Sie die Schaltfläche zum Starten der Diaschau betätigt haben, ändert sich die Anzeige auf dem Bildschirm. Picasa wechselt in eine Präsentationsansicht, die sämtliche Elemente des Programms ausblendet. In der Mitte sehen Sie das aktuelle Foto als Vollbild, und am unteren Rand befinden sich die Steuerleisten. Diese bieten Ihnen verschiedene Anpassungen für Ihre Diashow. Sie können diese vornehmen, müssen das aber nicht tun. Im einfachsten Fall betätigen Sie einfach die Schaltfläche **Start** bzw. **Play** (die Nr. 4 in der Abbildung), und schon geht es los.

Fotos sofort präsentieren – Diaschau mit einem Mausklick

Abbildung 6.2: Die Steuerelemente der Diaschau

1. **Beenden** – Mit dieser Schaltfläche beenden Sie die Diaschau und gelangen zurück in die Ordneransicht.

2. **Vergrößern** – Mit diesem Regler lassen sich einzelne Fotos vergrößern/zoomen.

3. **Drehen** – Bei Bedarf lassen sich hiermit Fotos im Hochformat in die richtige Position bringen.

4. **Start & Weiter** – Klicken Sie auf diese Schaltfläche, um die automatische Diaschau zu starten oder anzuhalten. Möchten Sie die Diaschau lieber manuell steuern, tun Sie das mit den Vor- und Zurück-Tasten.

5. **Markieren** – Falls Ihnen beim Betrachten der Diashow ein besonders wichtiges Foto auffällt, lässt sich dies hiermit markieren oder später einfach wiederfinden.

6. **Übergänge** – Picasa wählt per Standard einen dezenten Übergang für die Fotos. Auf Wunsch lassen sich aus dieser Liste andere Übergänge auswählen.

7. **Bildunterschriften** – Klicken Sie auf dieses Feld, um die von Ihnen vergebenen Bildunterschriften während der Diaschau ein- oder auszublenden.

8. **Anzeigedauer** – Für die automatische Diaschau legen Sie hiermit fest, wie lange die einzelnen Bilder angezeigt werden sollen, bevor Picasa zum nächsten überblendet.

6 • Fotos toll präsentieren – Diaschau, Collage & Film

> ### Eine Diaschau aus verschiedenen Alben/Ordnern
>
> Leider ist es in Picasa nicht möglich, eine Diaschau aus mehreren Ordnern oder unterschiedlichen Alben zusammenzustellen. Eine Diaschau ist immer an einen Ordner oder ein Album gebunden. Möchten Sie eine individuelle Diaschau zusammenstellen, müssen Sie dafür also ein eigenes (Diaschau-)Album erstellen. Legen Sie alle gewünschten Fotos aus verschiedenen Ordnern und Alben in dieses neue Album und starten Sie Ihre Diaschau von dort aus.

Fügen Sie Musik zur Diaschau hinzu

Bei einer Diaschau sind selbstverständlich die Fotos das Wichtigste. Trotzdem kann es manchmal langweilig sein, wenn die Bilder stumm über den Bildschirm laufen. Um das zu ändern, besitzt Picasa eine Musikfunktion für die Diaschau. Damit wählen Sie einen Ordner mit Musik oder eine Musikdatei aus, welche dann im Hintergrund abgespielt wird.

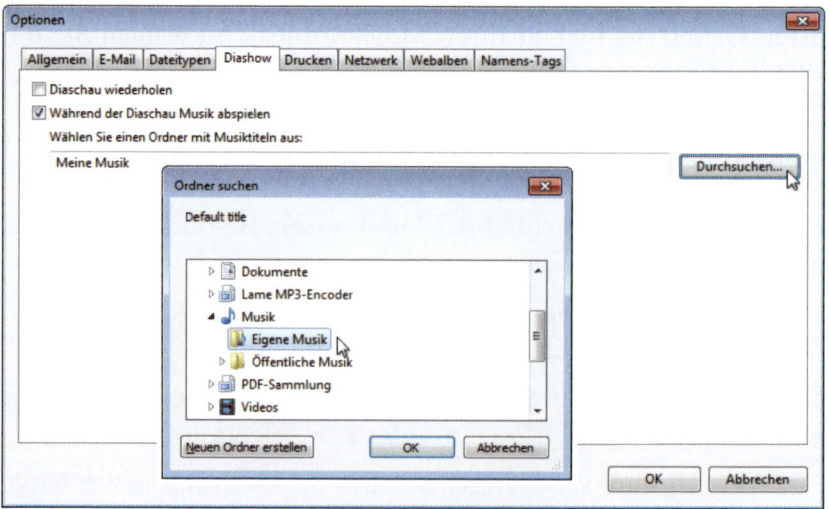

Abbildung 6.3: Den Musikordner auswählen

Soll es ganz schnell und unkompliziert gehen, sagen Sie Picasa einfach, wo sich auf Ihrer Festplatte die Musikdateien befinden. Picasa wird dann für jede Diaschau per Zufallsgenerator ein Lied aus diesem Ordner auswählen.

1. Um diese Funktion einzustellen, wählen Sie im Hauptmenü den Punkt *Tools/Optionen* aus. Jetzt öffnet sich ein neues Fenster mit den Picasa-Optionen.

Fotos sofort präsentieren – Diaschau mit einem Mausklick

2. Wechseln Sie in das Register **Diashow**. Mit der Schaltfläche **Durchsuchen** öffnet sich ein Explorer-Fenster. Wählen Sie hier das Verzeichnis aus, in dem sich die Musik befindet, die Picasa abspielen soll.
3. Mit **OK** bestätigen Sie Ihre Angaben und gelangen zurück zu Picasa.

Möchten Sie lieber genau festlegen, welches Lied zu Ihrer Diaschau abgespielt werden soll, ist das natürlich auch möglich. Schließlich erfordern z. B. Partyfotos eine ganz andere Untermalung als ein Sonnenuntergang, die schönsten Blumenfotos oder Porträts. Picasa bietet hierzu die Möglichkeit, jedem Ordner und jedem Album ein bestimmtes Lied zuzuordnen. Dies wird dann immer während einer Diaschau abgespielt.

1. Markieren Sie in der Ordnerliste den Ordner oder das Album, dem Sie ein Musikstück zuordnen möchten. Jetzt wählen Sie im Hauptmenü den Punkt **Ordner/Beschreibung bearbeiten** bzw. **Album/Beschreibung bearbeiten** aus.
2. Es öffnet sich das Fenster mit den Ordner- bzw. Albumeigenschaften, welches Sie bereits von der allgemeinen Organisation kennen. Aktivieren Sie hier die Option **Musik für Diaschau und Filmpräsentation verwenden**, indem Sie einen Haken vor die Option setzen.
3. Als Nächstes klicken Sie auf die Schaltfläche **Durchsuchen** und öffnen dadurch ein Explorer-Fenster. Gehen Sie hier in Ihren Musikordner und wählen Sie die gewünschte Musikdatei aus.
4. Mit **OK** bestätigen Sie die Änderung und schließen das Eigenschaftenfenster wieder. Starten Sie das nächste Mal eine Diaschau, wird das gewählte Lied abgespielt.

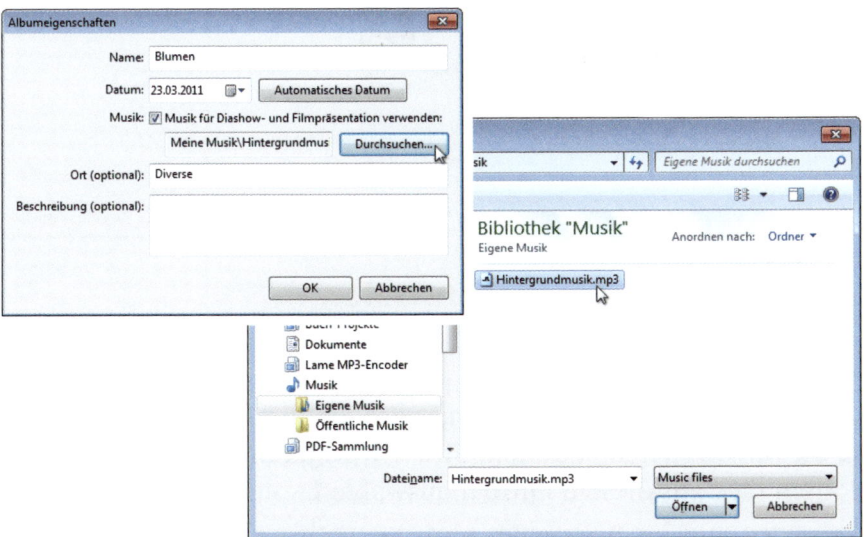

Abbildung 6.4: Dem Album/Ordner ein Lied zuordnen

6 • Fotos toll präsentieren – Diaschau, Collage & Film

Zeitleiste – die grafische Fotonavigation

Beim Präsentieren Ihrer Fotos müssen Sie sich stets durch die Ordner und Alben von Picasa bewegen. Das sieht nicht immer gut aus und wirkt sehr nüchtern. Eine schöne Alternative stellt die Zeitleiste von Picasa dar. Sie listet Ihre Ordner und Alben in einer grafischen Oberfläche auf und sortiert sie dabei automatisch nach dem Datum.

Wählen Sie hierzu im Hauptmenü den Punkt *Ansicht/Zeitverlauf* aus. Alternativ können Sie auch die Tastenkombination Strg+5 betätigen. Mit den Pfeilen am unteren Bildrand bewegen Sie sich in der Zeitleiste hin und her. Klicken Sie auf ein Album bzw. einen Ordner, werden die darin enthaltenen Fotos als Diaschau abgespielt. Klicken Sie unten links auf die Schaltfläche *Zurück*, um wieder in die Ordneransicht zu gelangen. Sie können auch einfach auf die Taste Esc drücken.

Abbildung 6.5: Fotos mit der Zeitleiste präsentieren

Fotos zu einer Collage zusammenstellen

Meistens werden Fotos einzeln betrachtet – immer eins nach dem anderen. Manchmal ist es aber viel interessanter, mehrere Fotos auf einmal anzuschauen. Früher hat man hierzu einen großen Karton genommen und eine bunte Mischung von Bildern darauf festgeklebt. Mit Picasa können Sie das auch tun, denn das Programm besitzt dafür eine spezielle Collage-Funktion. Diese funktioniert ganz ähnlich wie das Zusammenstellen von Papierfotos, nur am Computer und natürlich viel komfortabler. Fertige Collagen lassen sich normal betrachten, ausdrucken oder veröffentlichen.

Fotos zu einer Collage zusammenstellen

So erstellen Sie eine Collage aus Ihren Fotos

Das Erstellen von Collagen funktioniert mit Picasa fast vollautomatisch, sodass Sie kaum etwas tun müssen. Dadurch lassen sich solche Zusammenstellungen blitzschnell und mit nur wenigen Mausklicks erstellen. Wichtig ist dabei nur, dass Sie genau festlegen, welche Bilder in der Collage enthalten sein sollen. Hier gibt es zwei Möglichkeiten.

- **Ordner und Alben** – Möchten Sie einen kompletten Ordner bzw. ein komplettes Album zu einer Collage verarbeiten, müssen Sie diese nur in der Ordnerliste mit einem Mausklick markieren.
- **Einzelne Bilder** – Sollen hingegen nur bestimmte Bilder eines Ordners oder eines Albums verarbeitet werden, gehen Sie zunächst in das betreffende Album bzw. den Ordner. Nun halten Sie die Taste Strg fest und klicken die gewünschten Bilder an, sodass diese markiert sind.

Jetzt müssen Sie nur noch die Funktion zum Erstellen der Fotocollage aufrufen. Picasa bietet sie Ihnen gleich an mehreren Stellen an, sodass sie jederzeit erreichbar ist. Im Hauptmenü finden Sie die Funktion unter dem Punkt *Erstellen/Collage*. In der Titelleiste des jeweiligen Ordners bzw. Albums finden Sie oben die Schaltfläche *Fotocollage erstellen*. Auch die Leiste mit den Sonderfunktionen im unteren Bereich von Picasa bietet eine Schaltfläche mit dem Namen *Collage* an. Es spielt keine Rolle, welchen dieser Wege Sie auswählen – Sie gelangen in jedem Fall in die Collage-Funktion.

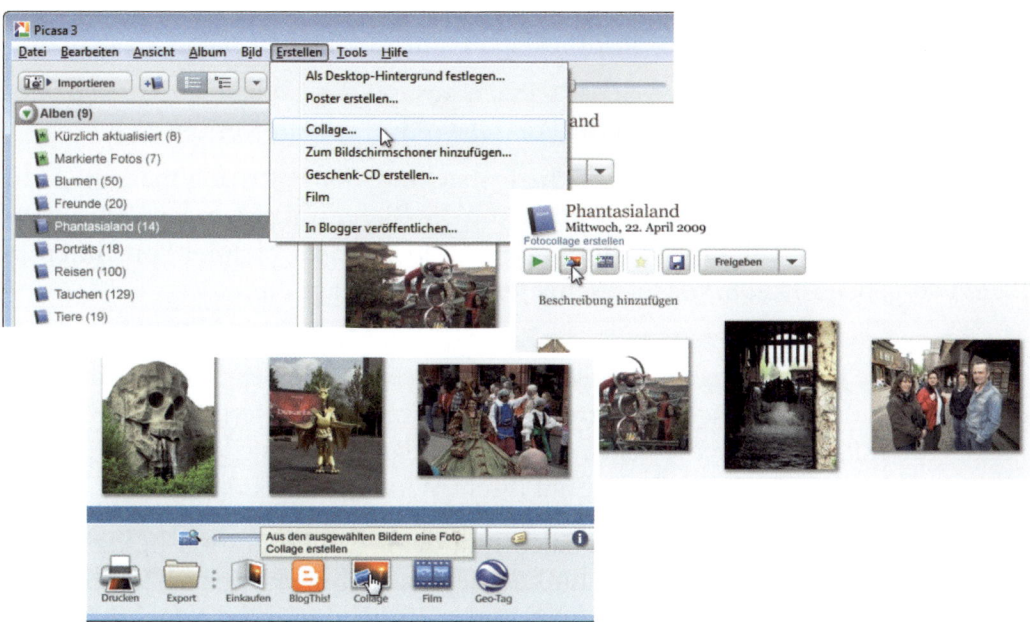

Abbildung 6.6: Rufen Sie die Collage-Funktion auf

Sie gelangen jetzt in das Bearbeitungsfenster für Ihre Collagen. Ganz ähnlich wie bei der herkömmlichen Bearbeitung Ihrer Fotos ist das Fenster in zwei Bereiche geteilt. Links werden die Funktionen und Optionen aufgelistet – rechts befindet sich eine Vorschau. Folgende Funktionen stehen Ihnen nun zur Anpassung Ihrer Collage zur Verfügung:

1. Als Erstes geben Sie hier an, was für eine Collage erstellt werden soll. Für den Anfang empfiehlt sich der Stil *Fotostapel*, aber Sie können auch jeden anderen Stil aus der Liste auswählen.

2. Mit dieser Option legen Sie den Rahmen für die Fotos fest. Sie können zwischen den drei Optionen *Nur das Bild ohne Rand*, *Einfacher weißer Rand* und *Sofortbildkamera* auswählen. Bei einigen Stilvorlagen wird statt der Randoptionen ein Schieberegler mit dem Namen *Rasterabstand* angezeigt. Damit legen Sie die Bildzwischenräume fest, also wie nah oder weit die Fotos auseinandergesetzt werden sollen.

3. An dieser Stelle legen Sie den Hintergrund für Ihre Collage fest. Wählen Sie die Option *Deckende Farbe*, lässt sich im Feld rechts daneben die gewünschte Hintergrundfarbe direkt auswählen. Die Option *Bild verwenden* macht eines Ihrer Fotos zum Hintergrund. Sie müssen es in der Collage anklicken und dann die Schaltfläche *Ausgewählte verwenden* betätigen.

4. Wichtig ist natürlich auch die Größe der zu erstellenden Collage. Wählen Sie hier ein Standardformat aus, z. B. *13 x 18*, *DIN A4*, *CD-Cover* usw. Das ist vor allem wichtig, wenn Sie die Collage später ausdrucken oder im Fotoladen belichten möchten.

5. Wählen Sie mit diesen beiden Schaltflächen aus, ob die Collage im *Querformat* (Bergsymbol) oder im *Hochformat* (Porträtsymbol) erstellt werden soll.

6. Diese beiden Optionen erlauben es, die Darstellung der Fotos anzupassen. Aktivieren Sie die Option *Schatten zeichnen*, um die Bilder mit einem leichten Schatten zu dekorieren. Die Option *Bildunterschriften zeigen* blendet von Ihnen in Picasa vergebene Titel bzw. Unterschriften in der Collage ein.

7. Mit diesen Schaltflächen steuern Sie die Bearbeitung. Mit *Zurücksetzen* nehmen Sie durchgeführte Bearbeitungen zurück. *Schließen* beendet die Bearbeitung und fragt, ob die Änderungen gespeichert werden sollen. Ist Ihre Collage fertig, lassen Sie diese mit der Schaltfläche *Collage erstellen* als eigenständiges Bild erstellen. Und mit *Desktophintergrund* lässt sich die Collage auf Ihrem Windows-Desktop anzeigen.

8. In diesem Bereich sehen Sie jederzeit eine Vorschau Ihrer Collage. Ebenso lassen sich die Bilder hier individuell arrangieren. Wie das funktioniert, zeigt der nächste Abschnitt.

Fotos zu einer Collage zusammenstellen

9. Eine Collage macht erst richtig Spaß, wenn die Fotos ordentlich durcheinandergemischt sind. Mit der Schaltfläche **Collage mischen** werden die Bilder zufällig gemischt und angeordnet. Sie können das so oft wiederholen, bis Ihnen die Darstellung gefällt. Die Größe und die Ausrichtung der einzelnen Bilder bleiben dabei erhalten.

10. In einer Collage sollen die Bilder verschieden groß und unterschiedlich gedreht sein und sich teilweise überlappen. Mit der Schaltfläche **Bilder zufällig anordnen** tut Picasa genau das. Das Layout, also die Verteilung der Fotos auf der Seite, verändert sich dabei nicht. Wiederholen Sie den Vorgang beliebig oft.

Abbildung 6.7: Alle Collage-Funktionen im Überblick

Haben Sie die Schaltfläche **Collage erstellen** betätigt, fügt Picasa die Fotos zusammen und erstellt daraus ein ganz neues und eigenständiges Bild. Dabei wird in der Ordnerliste automatisch der Eintrag **Projekte** angelegt. Hier werden in Zukunft alle Ihre Arbeiten gespeichert. Es handelt sich hierbei im Grunde um ein ganz normales Album, welches Sie öffnen können, um die darin enthaltenen Arbeiten anzusehen.

6 · Fotos toll präsentieren – Diaschau, Collage & Film

*Abbildung 6.8: Öffnen Sie Ihre Collage im **Projekte**-Ordner*

Fotos nachträglich hinzufügen oder entfernen

Eine in Picasa erstellte Collage lässt sich jederzeit wieder verändern. Sie können problemlos neue Bilder hinzufügen oder vorhandene wieder entfernen. Das geht schnell und einfach, sodass sich Ihre Collagen jederzeit aktualisieren lassen. Gehen Sie hierzu zunächst wieder in die Collage-Funktion, indem Sie in der Ordnerliste den Eintrag **Projekte** auswählen und Ihre Collage mit einem Doppelklick öffnen. Sie gelangen in die vergrößerte Ansicht und klicken hier oben links auf die Schaltfläche **Collage bearbeiten**.

Abbildung 6.9: Bearbeiten Sie Ihre Collage

Möchten Sie aus der Collage **Fotos entfernen**, gehen Sie wie folgt vor:

1. Klicken Sie das zu löschende Foto rechts in der Collage an. Dadurch wird es mit einem Rahmen markiert.

2. Nun müssen Sie nur noch die Schaltfläche **Entfernen** mit der linken Maustaste anklicken.

Fotos zu einer Collage zusammenstellen

3. Meist ist es sinnvoll, jetzt einmal die Schaltflächen **Collage mischen** und **Bilder zufällig anordnen** zu betätigen, damit die entstandene Lücke wieder vernünftig gefüllt wird.

Abbildung 6.10: Fotos aus der Collage entfernen

In jede Collage lassen sich auch nachträglich **Fotos einfügen**. So geht es:

1. Während Sie sich in der Bearbeitung dieser Collage befinden, klicken Sie oben links das Register **Clips** an. Es ist zunächst leer und muss nun mit weiteren Bildern gefüllt werden. Klicken Sie dazu auf die Schaltfläche **Mehr**.

2. Sie gelangen dadurch in die Ordneransicht von Picasa.

   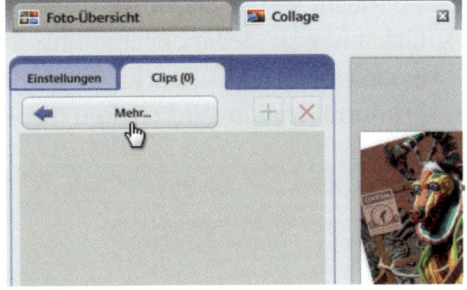

   Abbildung 6.11: Fotos in die Clip-Fläche einfügen

   - Möchten Sie einen ganzen Ordner oder ein Album hinzufügen, klicken Sie es in der Ordnerliste an, sodass es markiert ist.
   - Soll nur ein Foto hinzugefügt werden, klicken Sie es im entsprechenden Ordner oder Album an. Mehrere Fotos lassen sich mit der Taste `Strg` markieren.

3. Um nun zurück zu Ihrer Collage zu gelangen, gibt es zwei Möglichkeiten. Entweder klicken Sie am oberen Rand das Register **Collage** an oder Sie betätigen ganz unten die Schaltfläche **Zurück zur Collage**. In beiden Fällen wechseln Sie jetzt wieder zurück in Ihre Collage, und die ausgewählten Ordner oder Fotos erscheinen in der zuvor leeren Clip-Fläche.

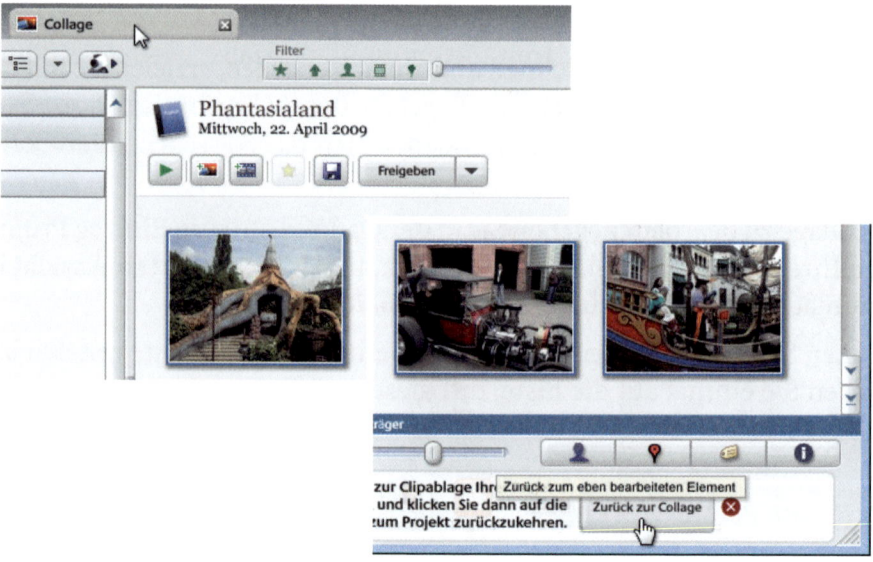

Abbildung 6.12: Fotos in die Clip-Fläche einfügen

4. Um nun ein oder mehrere Fotos in die Collage einzufügen, markieren Sie diese und klicken oben auf die Plus-Schaltfläche (+). Alternativ klicken Sie das gewünschte Foto mit der Maus an, halten die linke Taste fest und ziehen das Foto in die Collage.

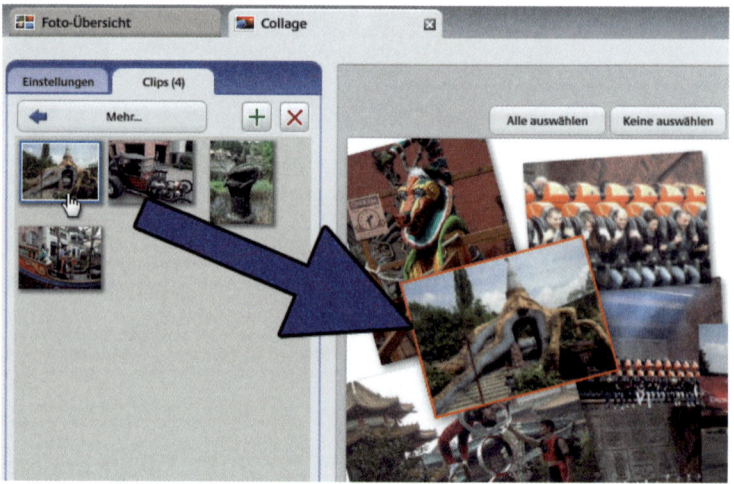

Abbildung 6.13: Das Foto der Collage hinzufügen

Fotos zu einer Collage zusammenstellen

Die Stilvorlagen für Collagen im Überblick

Möchten Sie eine Collage möglichst schnell und einfach erstellen, erzielen Sie mit dem Layout bzw. der Stilvorlage *Fotostapel* in der Regel die besten Ergebnisse. Picasa bietet Ihnen auch noch viele weitere Vorlagen, mit denen sich das Aussehen Ihrer Collage komplett verändern lässt.

1. Um Ihre Collage zu bearbeiten, gehen Sie in der Ordnerliste zum Eintrag *Projekte* und öffnen Ihre Collage mit einem Doppelklick. In der vergrößerten Ansicht klicken Sie nun auf die Schaltfläche *Collage bearbeiten*.

2. Auf der linken Seite des Bearbeitungsfensters befindet sich die Liste mit den Vorlagen. Klicken Sie einmal auf die Liste, um diese zu öffnen.

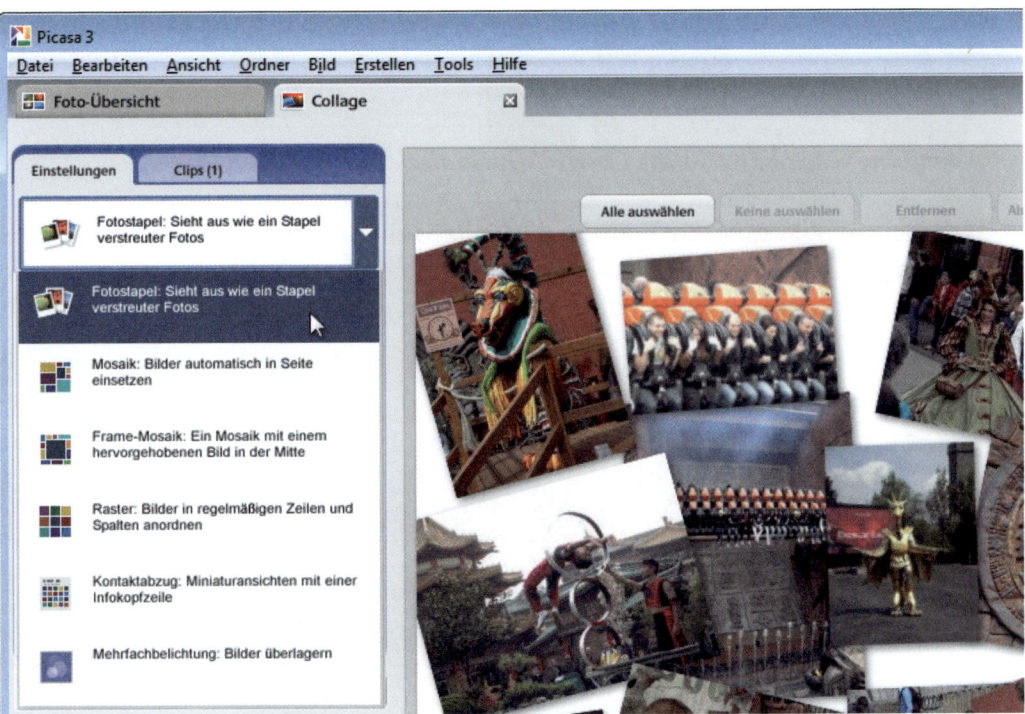

Abbildung 6.14: Die Liste mit den Stilvorlagen

Ihnen werden jetzt die verfügbaren Stile und Vorlagen für Ihre Collage angezeigt. Sie wählen diese einfach mit einem Mausklick aus, und schon verändert sich die Vorschau im rechten Teil des Fensters. Abhängig von der gewählten Vorlage wird Ihnen unter der Liste entweder die Option für die Rahmen oder für die Zwischenräume (Rasterabstand) angeboten.

- **Fotostapel** – Dieser Stil sieht aus, als würden ein paar Fotos zufällig vermischt auf einer Fläche verteilt. Direkt darunter wählen Sie die gewünschte Rahmung für die Bilder.
- **Mosaik** – Die Fotos werden vermischt und in unterschiedlichen Größen so angeordnet, dass die Fläche komplett mit ihnen gefüllt ist. Mit dem Schieberegler legen Sie den Zwischenraum der Fotos fest.
- **Frame-Mosaik** – Hierbei wird in der Mitte ein Foto in größerem Maßstab angezeigt, alle anderen erscheinen rundherum verkleinert und bilden einen Rahmen. Mit dem Schieberegler legen Sie die Zwischenräume fest und über die Schaltfläche *Als Frame-Mittelpunkt festlegen* bestimmen Sie, welches Foto in der Mitte der Collage gezeigt werden soll.

Abbildung 6.15: Fotostapel, Mosaik, Frame-Mosaik (von links nach rechts)

- **Raster** – Alle Fotos werden auf eine Größe gebracht und in regelmäßigen Spalten und Zeilen dargestellt. Auch hier müssen Sie mit dem Regler wieder die Zwischenräume festlegen.
- **Kontaktabzug** – Diese Vorlage bringt alle Fotos als Vorschaubilder auf eine Seite und zeigt dabei zusätzlich eine Informationszeile an. Der Kontaktabzug bietet Ihnen die Möglichkeit, einen Rahmen für die Vorschaubilder auszuwählen.

Fotos zu einer Collage zusammenstellen

- **Mehrfachbelichtung** – Hierbei werden die Fotos halb transparent übereinandergelegt. Das funktioniert nur bei zwei bis drei Fotos, die ähnliche oder zueinanderpassende Motive besitzen. Ansonsten sieht das meist merkwürdig und unbrauchbar aus.

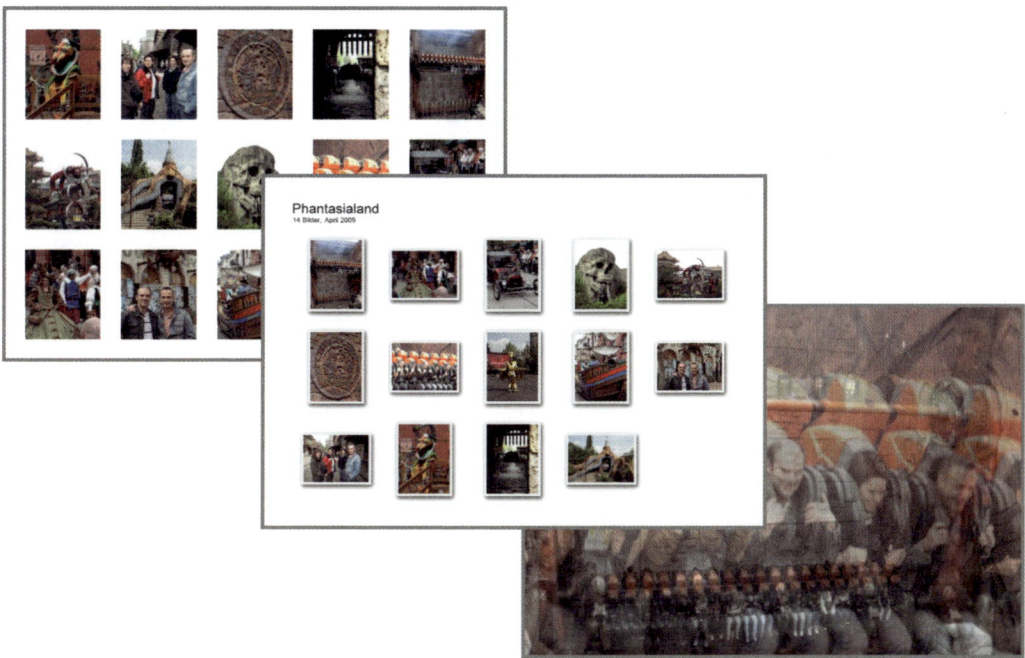

Abbildung 6.16: Raster, Kontaktabzug, Mehrfachbelichtung (von links nach rechts)

Fotos innerhalb der Collage arrangieren & verändern

Bis jetzt haben Sie Ihre Collage fast ausschließlich durch Picasa erstellen lassen. Die Aufteilung der Bilder, die Größe und die Anordnung wurden von den automatischen Vorlagen festgelegt und angewendet. Sie haben aber auch die Möglichkeit, das Aussehen und die Gestaltung Ihrer Collage ganz individuell nach Ihren Wünschen zu gestalten. Öffnen Sie hierzu wieder Ihre Collage im Ordner **Projekte** mit einem Doppelklick und gehen Sie über die Schaltfläche **Collage bearbeiten** in das Bearbeitungsfenster. Jetzt stehen Ihnen verschiedene Bearbeitungsfunktionen zur Verfügung.

Die Position der Bilder ändern – Möchten Sie ein Foto innerhalb der Collage verschieben, klicken Sie es mit der linken Maustaste an. Dadurch wird das Foto mit einem Rahmen markiert. Halten Sie jetzt die linke Maustaste fest, und schon lässt sich das Foto frei in der Collage verschieben.

6 • Fotos toll präsentieren – Diaschau, Collage & Film

Abbildung 6.17: Verschieben Sie Fotos

Die Reihenfolge/Überlappung anpassen – Picasa ordnet die Fotos in einer zufälligen Reihenfolge an. Dadurch kann es passieren, dass wichtige Fotos in den Hintergrund geraten oder von anderen überlappt werden. Vor allem wenn Sie zuvor einzelne Bilder in ihrer Position verändert haben, passen die Überlappungen oft nicht mehr zusammen. Das lässt sich ganz einfach ändern.

Klicken Sie hierzu einmal mit der rechten Maustaste auf das zu ändernde Foto. Dadurch öffnet sich ein Kontextmenü, das Ihnen verschiedene Optionen anbietet. Wichtig sind hier die Einträge **Nach oben verschieben** und **Zum unteren Ende verschieben**. Damit holen Sie das angeklickte Foto im Stapel nach vorne oder schieben es nach hinten. Oft ist es notwendig, die Reihenfolge mehrerer Fotos zu verändern, damit die Collage nach einer Bearbeitung wieder richtig gut aussieht.

Abbildung 6.18: Die Reihenfolge im Stapel verändern

Fotos zu einer Collage zusammenstellen

Fotos drehen und skalieren – Eine Collage wirkt interessanter, wenn die Fotos möglichst individuell angeordnet sind. Das lässt sich ganz einfach durch Verändern der Größe und der Drehung der einzelnen Bilder erreichen. Ähnlich wie beim Hinzufügen von Schriften steht Ihnen hierzu ein praktisches Werkzeug zur Verfügung.

Klicken Sie einmal mit der linken Maustaste auf das zu bearbeitende Bild. Dadurch erscheinen ein grauer Winkelkreis und ein roter Greifpunkt. Damit verändern Sie jetzt das Aussehen des Bildes.

- Klicken Sie mit der linken Maustaste auf den roten Greifpunkt und halten Sie die Taste fest. Schieben Sie die Maus nun nach oben oder nach unten, drehen Sie dadurch das Foto.
- Halten Sie den roten Greifpunkt fest und ziehen die Maus nach rechts oder links, vergrößern oder verkleinern Sie das Foto.
- Möchten Sie das Foto nur drehen, halten Sie dabei die Taste Alt fest. Halten Sie hingegen die Taste Strg fest, wird das Foto nur vergrößert. Die jeweils andere Funktion ist so lange gesperrt.
- Noch bequemer geht es mit einer Maus mit Rad. Halten Sie die Taste Strg fest und drehen das Rad, vergrößern oder verkleinern Sie das Foto. Halten Sie hingegen die Taste Alt fest und drehen das Mausrad, rotieren Sie das Foto.

Abbildung 6.19: Fotos drehen und skalieren

6 • Fotos toll präsentieren – Diaschau, Collage & Film

Collagen anschauen, veröffentlichen oder drucken

Picasa verändert bei einer Collage niemals Ihre Originalfotos und speichert nur die Bearbeitungsschritte ab. Dadurch lässt sich eine Collage jederzeit wieder verändern. Damit Ihre Collage zu einer richtigen und selbstständigen Fotodatei verarbeitet wird, müssen Sie unbedingt die Schaltfläche **Collage erstellen** betätigen. Sie erhalten dann eine Bilddatei, welche die fertige Collage enthält.

Diese Datei lässt sich nun wie jedes andere Foto verarbeiten. Sie können das Collage-Bild öffnen und anzeigen oder in einer Diaschau verwenden. Ebenso lässt sich dieses Bild im Webalbum veröffentlichen oder per E-Mail verschicken. Auch das Ausdrucken ist problemlos möglich. Wichtig ist dabei, dass beim Erstellen der Collage die korrekte Ausgabegröße angegeben wurde, z. B. 13 x 18, DIN A4 usw. Nur dann hat der Ausdruck eine optimale Qualität. Das ist besonders wichtig, wenn Sie die Collage im Fotoladen als Abzug bestellen möchten.

Erstellen Sie einen Film aus Ihren Fotos

Mit den Picasa-Ordnern, den Alben, einer Diaschau oder einer Collage lassen sich auch größere Fotoserien ganz einfach präsentieren. Möchten Sie mit Ihren Fotos auch mal etwas ganz anderes ausprobieren, bietet Picasa Ihnen die Möglichkeit, daraus einen Film zu erstellen. Dann müssen Sie sich nicht durch die vielen Bilder klicken, sondern lassen diese vollautomatisch über den Bildschirm laufen. Mit interessanten Texttafeln, effektvollen Übergängen und einer angenehmen Hintergrundmusik schmücken Sie die Vorführung zusätzlich. So macht das Betrachten von Fotos gleich noch mehr Spaß. Natürlich lässt sich dieser Film auch an Freunde weitergeben oder ins Webalbum laden.

So erstellen Sie einen neuen Film

Picasa möchte Ihnen das Erstellen von Filmen möglichst einfach machen und übernimmt deshalb einen Großteil der Arbeit für Sie. So ist es auch Einsteigern möglich, sehr schnell tolle Ergebnisse zu erzielen. Besonders wichtig ist es dabei natürlich, dass Sie Picasa genau mitteilen, welche Fotos Sie in Ihrem Film verarbeiten möchten. Das ist auf zwei Arten möglich.

- **Ordner und Alben** – Sollen alle Fotos eines Ordners oder Albums zu einem Film verarbeitet werden, müssen Sie den gewünschten Ordner oder das Album in der Ordnerliste mit einem Mausklick markieren.
- **Einzelne Bilder** – Möchten Sie hingegen nur bestimmte Bilder eines Ordners oder eines Albums verarbeiten, markieren Sie diese mit der Maus. Mehrere Bilder lassen sich bei gedrückter `Strg`-Taste anklicken und somit markieren.

Erstellen Sie einen Film aus Ihren Fotos

Sind alle gewünschten Bilder markiert, öffnen Sie die Filmbearbeitung. Dadurch werden die Fotos direkt in das neue Filmprojekt übernommen. Ähnlich wie bei der Collage lässt sich die Film-Funktion an mehreren unterschiedlichen Stellen in Picasa aufrufen. Möchten Sie über das Hauptmenü gehen, rufen Sie den Punkt **Erstellen/Film/Aus Auswahl** auf. Ebenso befindet sich in der Titelleiste des gewählten Ordners oder Albums die Schaltfläche **Filmpräsentation erstellen**. Eine weitere Schaltfläche mit der Beschriftung **Film** finden Sie ganz unten in der Leiste mit den Sonderfunktionen. Sie können jede dieser Optionen nutzen, Sie gelangen stets in dasselbe Fenster für die Filmerstellung.

Abbildung 6.20: Rufen Sie die Filmerstellung auf

Jetzt öffnet sich das Bearbeitungs- und Erstellungsfenster für Filmpräsentationen. Es funktioniert ganz ähnlich wie die herkömmliche Bildbearbeitung. Auf der linken Seite befinden sich sämtliche Steuerelemente, Optionen und Register. Der rechte Bereich zeigt jeweils eine Vorschau des aktuellen Projekts an. Das Erstellen des Films an sich macht Picasa für Sie fast vollautomatisch. Sie müssen lediglich ein paar Parameter angeben, wie Ihr Film aussehen soll. Dafür stehen Ihnen folgende Optionen zur Verfügung:

6 • Fotos toll präsentieren – Diaschau, Collage & Film

1. Ihre Filmpräsentation kann mit einer Hintergrundmusik ausgestattet werden. Wählen Sie über die Schaltfläche **Wird geladen** eine MP3- oder WMA-Datei mit der gewünschten Musik. Anschließend müssen Sie angeben, wie Fotos und Musik zeitlich aufeinander abgestimmt werden sollen.

    - **Audio kürzen** – Der Film wird beendet, nachdem alle Fotos gezeigt wurden. Die Länge der Musik spielt keine Rolle.
    - **Fotos an Audio anpassen** – Picasa passt die Anzeigedauer der einzelnen Fotos automatisch so an, dass sie genau der Dauer der Musikdatei entspricht.
    - **Fotos passend zum Ton wiederholen** – Hierbei bestimmen Sie die Anzeigelänge der einzelnen Fotos selbst. Picasa wiederholt die Fotos aber automatisch, damit sie so lange gezeigt werden, wie die Musik andauert.

2. Picasa kann die Fotos in Ihrem Film auf viele verschiedene Weisen überblenden. Diese Liste bietet Ihnen verschiedene Stile an, z. B. sanfte Überblendungen, Schwenks, Kreise usw. Der Stil für die Überblendung gilt automatisch für den gesamten Film und lässt sich nicht einzeln für die Fotos festlegen.

3. Mit dem oberen Regler bestimmen Sie die Anzeigedauer pro Foto in Sekunden. Sie können zwischen 1 und 10 Sekunden wählen. Diese Option steht Ihnen nicht zur Verfügung, wenn Sie vorher die Option **Fotos an Audio anpassen** gewählt haben. Der untere Regler bestimmt, wie schnell oder langsam der Übergang zwischen den Fotos vollzogen werden soll. Dabei stehen 0 % für einen schlagartigen Übergang und 100 % für eine lange und sanfte Überblendung.

4. Wählen Sie aus dieser Liste eine Größe/Auflösung für Ihren Film aus. Mit **320 x 240** Punkten ist der Film gut für die Homepage geeignet, sieht aber nicht so gut aus. **800 x 600** Punkte entspricht in etwa DVD-Qualität. Wünschen Sie Full-HD-Qualität, wählen Sie **1.920 x 1.080** aus. Die Datei wird damit allerdings auch sehr groß.

5. Haben Sie Ihren Fotos in Picasa Titel bzw. Unterschriften gegeben, lassen sich diese im Film einblenden. Aktivieren Sie dafür diese Option mit einem Haken.

6. Haben Sie Fotos im Hochformat aufgenommen, sieht das auf einem herkömmlichen Fernseher nicht gut aus. Rechts und links sind immer dicke schwarze Streifen zu sehen. Besitzen Sie einen Fernseher im Breitbildformat, ist dieser Effekt noch schlimmer. Aktivieren Sie diese Option, schneidet Picasa die Fotos automatisch so zu, dass sich keine schwarzen Ränder ergeben.

7. Mit diesen Schaltflächen steuern Sie die Bearbeitung. Mit **Schließen** beenden Sie die Bearbeitung und werden gefragt, ob die Änderungen gespeichert werden sollen. Ist Ihr Film fertig, lassen Sie ihn mit der Schaltfläche **Film erstellen** als eigenständige Videodatei erstellen. Und mit **YouTube** lässt sich der Film im Internet hochladen.

Erstellen Sie einen Film aus Ihren Fotos

8. In diesem Bereich sehen Sie jederzeit eine Vorschau Ihres Films. Damit lässt sich jederzeit die Reihenfolge, die Anzeigedauer und der Stil der Übergänge überprüfen.

9. Direkt unter der Vorschau befindet sich die Zeitleiste mit ein paar Steuerelementen. Mit der **Play**-Taste starten Sie eine Echtzeit-Vorschau, mit dem Schieberegler gehen Sie direkt zu einem Bild, und mit der Lautstärkeregelung wird die Musik lauter oder leiser. Mit den beiden Schaltflächen ganz rechts wechseln Sie zwischen dem Vollbildmodus und der tatsächlichen Größe.

10. Mit der Bilderleiste wird die Reihenfolge der Fotos bestimmt. Picasa übernimmt automatisch die Sortierung aus dem ursprünglichen Ordner bzw. Album. Um die Bilder neu zu arrangieren, klicken Sie auf ein Bild und halten dabei die linke Maustaste gedrückt. Jetzt lässt sich das Bild an eine beliebige andere Stelle ziehen. Auf diese Weise lassen sich alle Bilder komplett umsortieren. Wiederholen Sie das so lange, bis die Fotos genau in der von Ihnen gewünschten Reihenfolge sortiert sind.

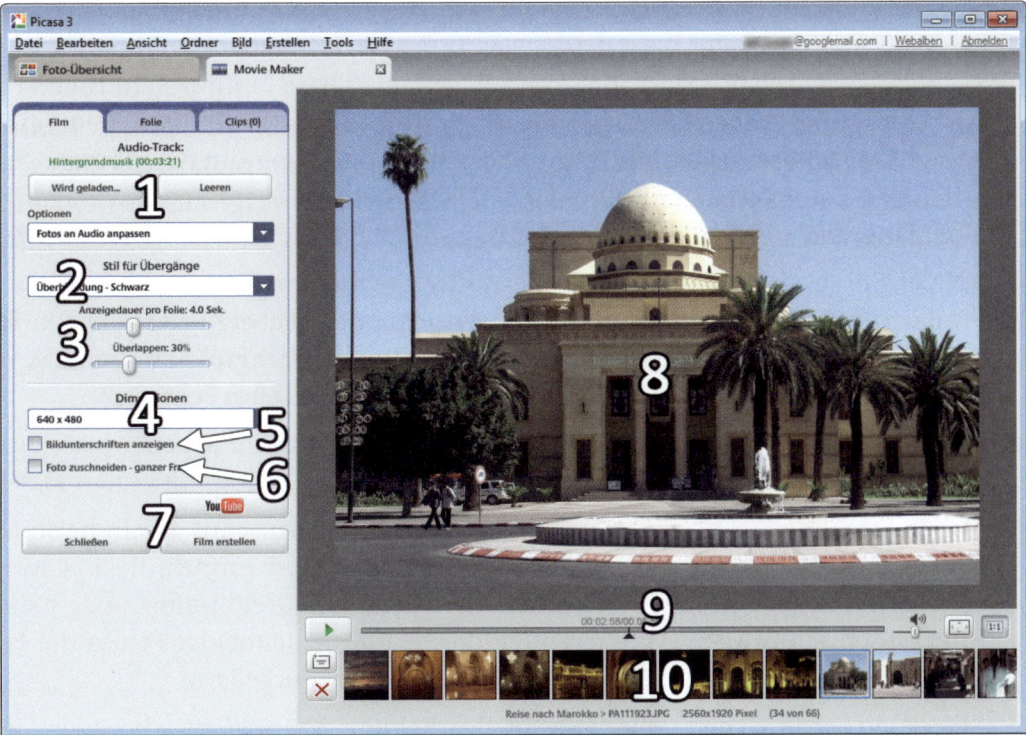

Abbildung 6.21: Die Filmerstellung im Überblick

Sind Sie mit allen Optionen Ihres Films zufrieden, betätigen Sie die Schaltfläche **Film erstellen**. Picasa wird jetzt die Videodatei mit allen Bildern, Übergängen und der Musik erstellen. Abhängig von der Anzahl der Bilder und der gewählten Auflösung kann das einige Zeit in Anspruch nehmen. Anschließend gelangen Sie in ein neues Picasa-Fenster, welches Ihren fertigen Film sofort vorführt. Klicken Sie oben links auf die Schaltfläche **Zurück zur Foto-Übersicht**, um in die normale Ordneransicht von Picasa zu gelangen.

Abbildung 6.22: Die Videodatei wird erstellt

Picasa erstellt unter Windows ausschließlich Videodateien im Format **Windows Media Video (WMV)**. Dadurch lassen sich die Dateien auf praktisch jedem Computer abspielen und können problemlos über das Internet ausgetauscht werden. Die Originaldateien liegen jeweils innerhalb Ihres Benutzerkontos im Verzeichnis **Bilder\Picasa\Filme**.

Innerhalb von Picasa wird in der Gruppe **Projekte** der Eintrag **Filme** erstellt. Hier speichert Picasa alle von Ihnen erstellten Filme. Mit einem Doppelklick auf das Vorschaubild gelangen Sie in eine größere Ansicht – genau wie bei Fotos auch.

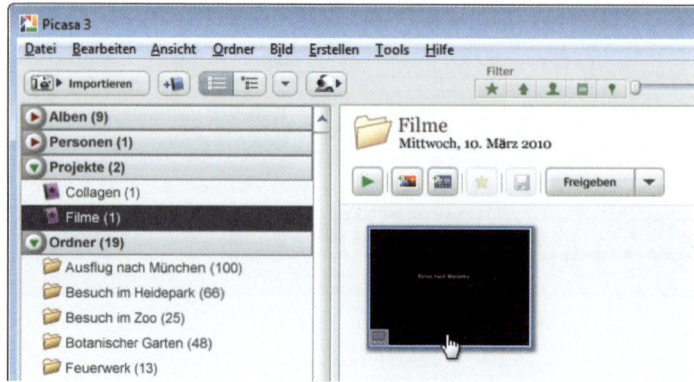

*Abbildung 6.23: Ihr Film im **Projekte**-Ordner*

Erstellen Sie einen Film aus Ihren Fotos

Fotos löschen oder einfügen

Beim Betrachten Ihres neuen Films fällt Ihnen vielleicht auf, dass Sie das eine oder andere Foto doch nicht verwenden wollen oder gern weitere Bilder hinzufügen möchten. Das ist überhaupt kein Problem, denn Picasa speichert immer sämtliche Projektdaten zu Ihren Filmen, sodass sich auch nachträglich noch Änderungen durchführen lassen. Öffnen Sie hierzu in der Ordnerliste den Eintrag **Projekte** und öffnen Sie Ihren Film mit einem Doppelklick. Sie gelangen in die vergrößerte Ansicht. Oben links klicken Sie nun auf die Schaltfläche **Film bearbeiten**. Sie gelangen dadurch in das Bearbeitungsfenster, genau wie beim ersten Erstellen des Films.

Abbildung 6.24: Den Film zum Bearbeiten öffnen

Das **Entfernen von Fotos** aus Ihrem Film ist ganz einfach. Gehen Sie wie folgt vor:

1. Rechts unter dem Vorschaubild erscheint die Bilderleiste. Sie zeigt sämtliche Fotos in Ihrem Film an. Klicken Sie mit der rechten Maustaste auf das zu löschende Foto. Es öffnet sich ein Menü, aus dem Sie den Punkt **Entfernen** auswählen.
2. Alternativ können Sie auch einfach die Taste `Entf` auf der Tastatur betätigen.

Abbildung 6.25: Das Foto über die Bilderleiste löschen

6 • Fotos toll präsentieren – Diaschau, Collage & Film

Möchten Sie Ihrem Film weitere **Fotos hinzufügen**, ist das ebenfalls möglich. So müssen Sie dabei vorgehen:

1. Im Bearbeitungsfenster für Ihren Film klicken Sie oben links auf das Register *Clips*. Die Clip-Fläche ist noch leer. Um zusätzliche Fotos in Ihr Projekt zu laden, betätigen Sie die Schaltfläche *Mehr*.

2. Dadurch gelangen Sie in die normale Ordneransicht von Picasa.

    - Wenn Sie einen ganzen Ordner oder ein ganzes Album hinzufügen möchten, klicken Sie diese einfach in der Ordnerliste an, sodass sie markiert sind.

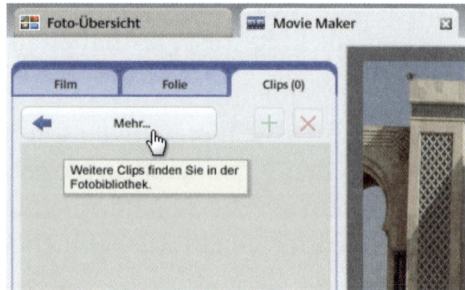

Abbildung 6.26: Laden Sie Fotos in die Clip-Fläche

    - Möchten Sie hingegen nur ein Foto hinzufügen, klicken Sie dieses im jeweiligen Ordner oder Album an. Um mehrere Fotos zu markieren, halten Sie die Taste Strg gedrückt.

3. Jetzt müssen Sie zurück in das Filmbearbeitungsfenster gehen. Klicken Sie dazu am oberen Rand des Picasa-Fensters auf das Register *Movie Maker*. Alternativ können Sie auch unten in der Zeile mit den Sonderfunktionen auf die Schaltfläche *Zurück zu Movie Maker* klicken. Sie gelangen in jedem Fall zurück zu Ihrem Film, und die gewählten Fotos erscheinen auf der Clip-Fläche.

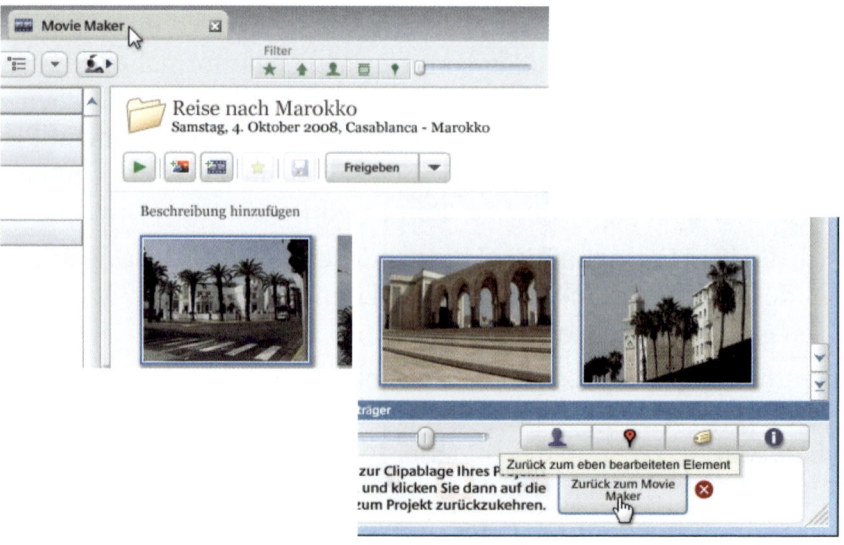

Abbildung 6.27: Wählen Sie die zu ladenden Fotos

Erstellen Sie einen Film aus Ihren Fotos

4. Markieren Sie nun ein oder mehrere Fotos in der Clip-Fläche und betätigen Sie die Plus-Schaltfläche (+). Die Bilder werden an die aktuelle Filmposition eingefügt. Noch einfacher geht es, wenn Sie das gewünschte Foto mit der Maus anklicken, die linke Taste festhalten und das Foto in der Bilderleiste an die gewünschte Stelle ziehen.

Abbildung 6.28: Ziehen Sie das Foto in den Film

Folien – Texttafeln zwischen die Fotos einfügen

Mit Picasa lassen sich in Ihren Film Texttafeln einbauen. Diese können an beliebigen Stellen erscheinen und dem Zuschauer somit zusätzliche Informationen vermitteln. Das ist ganz praktisch, um Ihrem Film einen Vor- oder Abspann zu geben, das Datum, den Anlass oder das Reiseziel mitzuteilen und natürlich vieles mehr. Picasa spricht dabei zwar von „Folien", gemeint sind aber Texttafeln. Hierbei ist zu beachten, dass es zwei Arten von Texten in Picasa-Filmen gibt:

- Texte lassen sich direkt in Fotos einfügen. Hierzu müssen Sie lediglich das gewünschte Foto unten auf der Bilderleiste anklicken. Schon können Sie mit den Optionen am linken Rand den gewünschten Text einfügen.
- Sie haben auch die Möglichkeit, eigene Textseiten einzufügen. Diese eignen sich sehr gut für den Vor- oder Abspann oder um eigenständige Abschnitte eines Films zu verdeutlichen. Markieren Sie in der Bilderleiste die gewünschte Stelle und fügen Sie die Textseite mit der Schaltfläche links daneben ein.

Klicken Sie oben links auf das Register *Folie*, und schon stehen Ihnen alle Möglichkeiten für Texttafeln zur Verfügung.

1. Mit den Optionen in diesem Abschnitt legen Sie das Aussehen der Schrift fest. Wählen Sie aus der Liste eine **Schriftart** aus und geben Sie direkt darunter die **Größe** an. Mit den Schaltflächen unter **Stil** stellen Sie die Schrift fett oder kursiv dar. Interessant ist die Schaltfläche **Automatisches Outline** (rechts), weil die Schrift und ihre Umrandung automatisch an die Helligkeit des Fotos angepasst werden.

2. In diesem Abschnitt legen Sie die Farbe für den Text fest. Klicken Sie auf den Kreis, um aus einer Palette die gewünschte Farbe auszuwählen. Haben Sie eigene Textseiten erstellt, wählen Sie an dieser Stelle zusätzlich die Hintergrundfarbe aus.

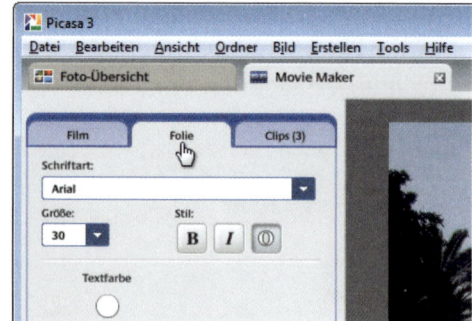

*Abbildung 6.29: In das Register **Folie** wechseln*

3. Mit der Auswahlliste **Vorlage** legen Sie das Erscheinungsbild Ihres Textes fest. Ihnen stehen verschiedene Ausrichtungen, Farbverläufe, Hintergründe oder halb transparente Streifen zur Verfügung. Sie können für jedes Foto und für jede Textseite eine eigene Vorlage auswählen.

4. In dieses Feld tippen Sie Ihren Text ein. Sie dürfen dabei Leerzeichen, Absätze und auch Sonderzeichen verwenden. Wählen Sie keine zu langen Texte. Aufgrund der maximalen Anzeigedauer von 10 Sekunden pro Seite bleibt nicht viel Zeit zum Lesen.

5. Im rechten Bereich sehen Sie wie immer eine sofortige Vorschau Ihrer Änderungen. So ist es problemlos möglich, die vielen Textvorlagen auszuprobieren und kennenzulernen.

6. Mit diesen beiden Schaltflächen erstellen Sie neue Textseiten oder entfernen diese wieder.

7. Um neue Textseiten einzufügen, klicken Sie auf der Bilderleiste an die gewünschte Stelle. Nun betätigen Sie die zuvor genannte Schaltfläche **Neue Textfolie hinzufügen**. Jetzt tippen Sie den Text ein und legen das Aussehen fest.

Erstellen Sie einen Film aus Ihren Fotos

Picasa erstellt für Ihren Film automatisch eine Texttafel als Vorspann. Diese besteht aus dem Namen des Ordners oder Albums sowie aus dem Datum. Dadurch ist immer gewährleistet, dass zumindest diese Grundinformationen im Film angezeigt werden. Natürlich können Sie diesen Standardvorspann bearbeiten, löschen oder durch einen eigenen ersetzen.

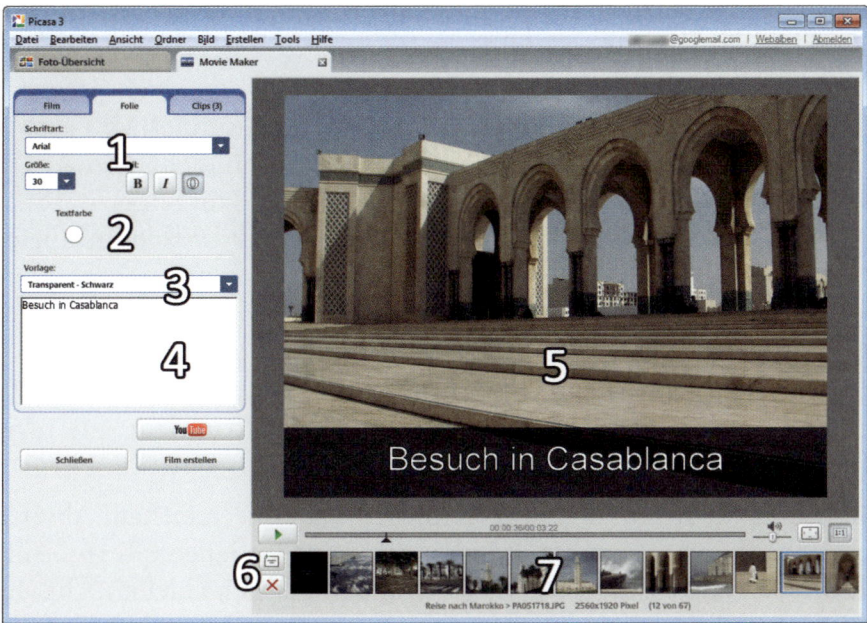

Abbildung 6.30: Alle Funktionen für Texttafeln im Überblick

Die Videodatei neu erstellen lassen

Jedes Mal, wenn Sie Veränderungen an Ihrem Film vorgenommen haben, sind diese zunächst nur in Picasa sichtbar. Es ist also notwendig, die tatsächliche Videodatei neu erstellen zu lassen. Nur dann sehen Sie die neueste Version Ihres Films auch in anderen Videoabspielprogrammen oder können diese veröffentlichen, per E-Mail versenden usw. Klicken Sie dafür auf die Schaltfläche **Film erstellen**. Picasa wird Sie fragen, ob Sie die vorherige Version überschreiben möchten. Abhängig von der Anzahl der Bilder und der gewählten Auflösung des Videos dauert dieser Vorgang unter Umständen einige Zeit.

6 • **Fotos toll präsentieren – Diaschau, Collage & Film**

Face Movie – einen ganz persönlichen Film erstellen

Sie wissen nun, wie Sie mit Picasa einen Film aus Ihren Fotos erstellen. In einem vorherigen Kapitel haben Sie erfahren, wie Sie Ihre Fotos mit Namens-Tags nach Personen sortieren. Jetzt bietet Picasa Ihnen die Möglichkeit, diese beiden Funktionen miteinander zu verbinden. Dabei wird meist von einem *Face Movie* oder *Gesichtsfilm* gesprochen. Das mag zunächst merkwürdig klingen, ist aber ganz lustig und überraschend gut umgesetzt.

Gesichtsfilme werden aus Personenalben heraus erstellt. Rein technisch gesehen handelt es sich dabei um normale Filme aus Ihren Fotos. Die Besonderheit liegt in der Anordnung der Fotos. Picasa positioniert und arrangiert die Bilder automatisch so, dass sich alles um das Gesicht der jeweiligen Person dreht. Die Bilder werden ineinander übergeblendet, wie in einer kleinen Animation der Person oder in einem Daumenkino.

Abbildung 6.31: Eine Person als Hauptdarsteller

1. Gehen Sie in der Ordnerliste in den Abschnitt mit den Personenalben. Wählen Sie die gewünschte Person mit einem Mausklick aus, sodass rechts deren Bilder erscheinen.

Erstellen Sie einen Film aus Ihren Fotos

2. In der Titelleiste des Albums sehen Sie nun die Schaltflächen für die Sonderfunktionen, z. B. Diaschau, Fotocollage usw. Klicken Sie auf die Schaltfläche mit dem Film- und Personensymbol, um einen Gesichtsfilm zu erstellen.

Alternativ können Sie auch ein paar Bilder innerhalb eines Ordners oder Albums markieren und im Menü den Punkt *Erstellen/Film/Von Gesichtern in Auswahl* auswählen. Dann werden nur diese Personen in den Film integriert. Wählen Sie hingegen den Punkt *Erstellen/Film/Aus Personenalben*, erhalten Sie einen Film mit allen in Picasa erkannten Personen. Vorsicht, das ergibt schnell einen riesigen Film mit Hunderten Personen.

Abbildung 6.32: Starten Sie einen neuen Gesichtsfilm

Sie gelangen jetzt in das Erstellungs- und Bearbeitungsfenster für diesen Gesichtsfilm. Ihnen wird das sofort sehr bekannt vorkommen, denn die meisten Optionen funktionieren genau wie bei einem herkömmlichen Film. Nur ein paar wenige Funktionen wurden an den Gesichtsfilm angepasst.

1. Genau wie bei herkömmlichen Filmen können Sie ein Face Movie mit einer Hintergrundmusik hinterlegen. Wählen Sie mit der Schaltfläche **Wird geladen** eine Musikdatei aus und legen Sie mit der Auswahlliste darunter fest, wie die Länge von Bild und Ton gesteuert werden soll.

2. Auch bei den Face Movies gibt es Überblendungen, allerdings stehen Ihnen nur die Stile **Ausschneiden**, **Zeitraffer** und **Auflösen** zur Verfügung. Das ist notwendig, weil Picasa einen Großteil der Überblendungen selbst steuern muss, damit der Gesichtsfilm auch funktioniert.

3. Mit diesen beiden Reglern geben Sie wie gewohnt an, wie lange ein einzelnes Foto angezeigt werden soll und wie sanft die Überblendungen bzw. Überlappungen sein sollen.

4. Geben Sie hier die Auflösung bzw. Qualität für diesen Film an.

5. Auf Wunsch kann Picasa die Bildunterschriften sowie das Datum der Aufnahmen einblenden.

6. Sind alle Einstellungen gemacht, lassen Sie das Video mit der Schaltfläche **Film erstellen** erzeugen. Mit **Schließen** beenden Sie die Bearbeitung, und mit **YouTube** lässt sich der Film im Internet hochladen.

7. Dieses Fenster zeigt Ihnen wie gewohnt eine Vorschau Ihres Films an.

8. Die Zeitleiste mit den Steuerelementen funktioniert bei den Face Movies genau so, wie Sie es von herkömmlichen Filmen gewohnt sind.

9. Mit der Bilderleiste legen Sie auch bei einem Face Movie die Reihenfolge der Fotos fest. Klicken Sie auf die Bilder und halten Sie dabei die linke Maustaste gedrückt, um sie an eine neue Position zu schieben.

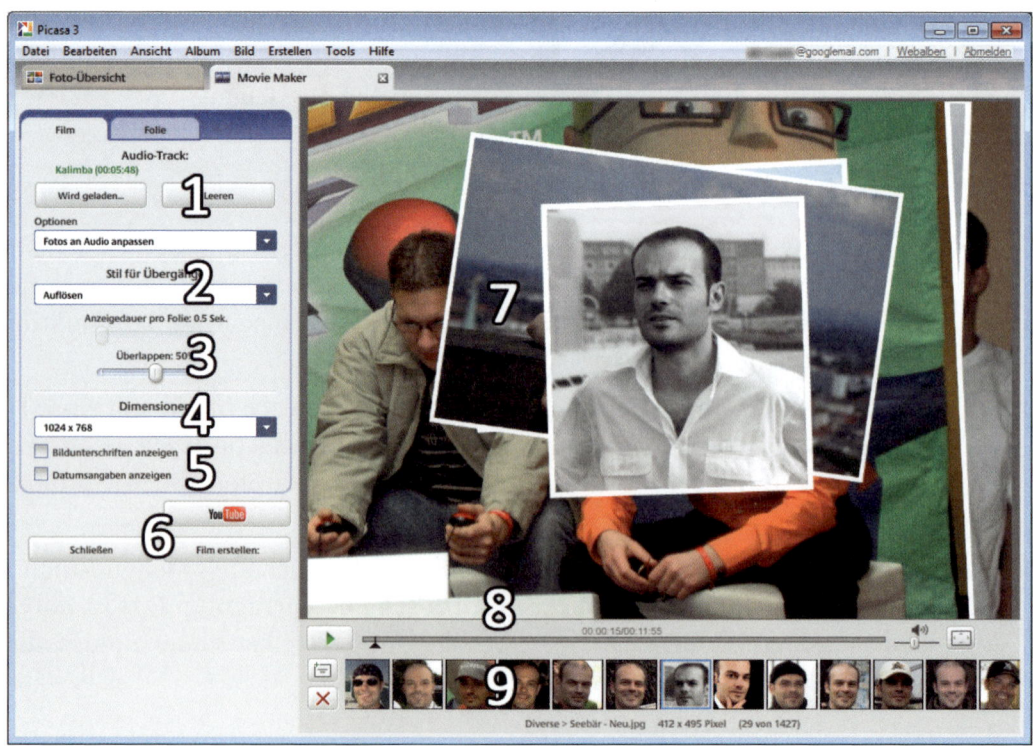

Abbildung 6.33: Alle Funktionen für Texttafeln im Überblick

Erstellen Sie einen Film aus Ihren Fotos

3. In diesem Fenster bearbeiten Sie nun wie gewohnt Ihren Film. Legen Sie eine neue Reihenfolge der Bilder fest oder entfernen Sie unerwünschte Gesichter. Es ist übrigens nicht möglich, zusätzliche Bilder einzufügen. Immerhin sollen nur Fotos verwendet werden, auf denen Picasa die entsprechende Person gefunden hat.
4. Sie sollten sich den Film in der Vorschau auf jeden Fall genau ansehen. Das Ergebnis wird durch die Reihenfolge der Fotos sehr stark beeinflusst. Oft ist es sinnvoll, die Sortierung ein wenig anzupassen.
5. Sind Sie mit dem Ergebnis zufrieden, müssen Sie den Film nur noch erstellen lassen. Wählen Sie in der Liste die gewünschte Zielgröße aus und klicken Sie auf die Schaltfläche *Film erstellen*. Picasa wird jetzt eine eigenständige Videodatei erzeugen.

Videotools – Schneiden, Veröffentlichen, Schnappschuss

Picasa bietet für Ihre Videodateien ein paar Funktionen an, die im Alltag durchaus nützlich sein können. Dabei spielt es keine Rolle, ob es sich um Filmpräsentationen handelt, die mit Picasa erstellt wurden, oder um Filmdateien, die Sie einfach nur in Picasa importiert haben. Es handelt sich in beiden Fällen um herkömmliche Videodateien, die sich auf dieselbe Weise verarbeiten lassen.

In Picasa erstellte Filme finden Sie im Abschnitt *Projekte* im Unterordner *Filme*. Von der Festplatte importierte Videos liegen meist im Abschnitt *Anderes* unter dem Namen ihres tatsächlichen Verzeichnisses. Klicken Sie doppelt auf das Vorschaubild der gewünschten Videodatei, sodass Sie in die vergrößerte Anzeige gelangen.

Abbildung 6.34: Ein paar Optionen für Ihre Videodateien

6 · Fotos toll präsentieren – Diaschau, Collage & Film

1. Wollen Sie Ihr Video mit anderen Menschen teilen, betätigen Sie die Schaltfläche *In YouTube hochladen*. Dadurch öffnet sich ein Fenster, in welches Sie einen Titel, eine Beschreibung und eine Kategorie für dieses Video eingeben. Google geht davon aus, dass Ihr Benutzername bei Google, Picasa und YouTube identisch ist. Arbeiten Sie mit unterschiedlichen Konten, klicken Sie auf die Schaltfläche *Nutzer wechseln*. Möchten Sie Ihre Filme nur Freunden und Bekannten zugänglich machen, laden Sie diese besser in Ihr Picasa-Webalbum hoch.

2. Manchmal ist es ganz praktisch, wenn man aus einem Film einzelne Szenenbilder entnehmen kann. Um das zu tun, ziehen Sie den Positionsmarker auf der Zeitleiste an die gewünschte Stelle. Nun betätigen Sie die Schaltfläche *Schnappschuss erstellen*. Im Abschnitt *Projekte* wird ein neuer Ordner mit dem Namen *Aufgezeichnete Videos* erstellt. Hier speichert Picasa die Schnappschüsse.

3. Picasa bietet sogar eine minimale Schnittfunktion, mit der Sie den Anfang und das Ende einer Videodatei verkürzen können. Ziehen Sie auf der Zeitleiste die dreieckigen Marker für den Start- und Endpunkt auf die gewünschte Position (Punkt 4). Möchten Sie die aktuelle Position des Films als Start- oder Endpunkt einstellen, klicken Sie auf die Schaltfläche rechts (Punkt 5). Zuletzt betätigen Sie die Schaltfläche *Clip exportieren*, und aus dem markierten Bereich wird eine neue Videodatei erstellt.

Kapitel 7
Fotos auf Papier bringen – selbst oder im Labor

Das Schöne an digitalen Fotos ist natürlich, dass man sie innerhalb der elektronischen Welt aus Computern, Webseiten, Smartphones, Tablet-PCs usw. fast grenzenlos verwenden kann. Trotzdem möchten die meisten Menschen nicht auf Papierfotos verzichten. Es ist eben doch ein Unterschied, ob man in einem Fotoalbum blättert oder sich durch die Ordner der Festplatte klickt. Hat die Oma keinen Computer, kann sie die Urlaubsfotos nicht sehen – und Dateien lassen sich schlecht einrahmen und an die Wand hängen. Richtige Fotos sind eben toll und als Poster oder selbst erstellte Collage an der Wand durch nichts zu ersetzen. Mit Picasa ist das alles kein Problem, denn Ausdrucke von Ihren schönsten Aufnahmen lassen sich damit im Handumdrehen erstellen. Und wenn Sie lieber hochwertige Abzüge aus dem Fotolabor haben möchten, lassen die sich direkt aus Picasa heraus bestellen. Dieses Kapitel zeigt Ihnen genau, wie das geht.

Fotos selbst ausdrucken

Besitzen Sie zu Hause einen Drucker, können Sie Ihre Fotos recht unkompliziert selbst ausdrucken. Das ist zwar grundsätzlich mit jedem Drucker möglich, richtig gut sieht das aber erst mit hochwertigen Tintenstrahldruckern oder speziellen Fotodruckern aus. Die Ergebnisse sind selbst bei günstigen Geräten richtig gut, sodass dem heimischen Fotodruck nichts mehr im Wege steht. Mit Picasa geht das ganz einfach, denn das Programm bringt eine sehr komfortable Druckfunktion mit.

7 · Fotos auf Papier bringen – selbst oder im Labor

Einzelne Fotos schnell ausdrucken

Um ein einzelnes Foto mit Picasa auszudrucken, sind nur wenige Mausklicks notwendig. Der Vorgang ist bewusst einfach gehalten, sodass Sie damit fast intuitiv klarkommen werden. Gehen Sie dafür wie folgt vor:

1. Markieren Sie in der Ordnerliste das auszudruckende Foto mit der Maus. Jetzt klicken Sie unten in der Leiste mit den Sonderfunktionen auf die Schaltfläche *Drucken*. Alternativ können Sie auch im Hauptmenü den Punkt *Datei/Drucken* auswählen.

Abbildung 7.1: Fotos selbst ausdrucken (Foto: Sony Deutschland)

Abbildung 7.2: Markieren Sie das zu druckende Foto

2. Sie gelangen nun in ein neues Fenster mit verschiedenen Druckoptionen. Für einen schnellen Ausdruck sollen nur die nötigsten Einstellungen vorgenommen werden. Als Erstes wählen Sie oben links eine Papier- und Fotogröße aus, z. B. ***9 x 13***, ***13 x 18*** oder ***Ganze Seite*** (DIN A4).

3. Direkt darunter geben Sie an, wie das Foto in die Seite eingepasst werden soll. Dabei stehen Ihnen zwei Optionen zur Verfügung:

- Die Schaltfläche ***Größe anpassen*** verkleinert das Foto so, dass es komplett auf den Papierbogen passt. Diese Option sorgt meist für eine angenehme und gleichmäßige Randverteilung.

- Mit der Schaltfläche ***Passend zuschneiden*** verwendet Picasa den maximal verfügbaren Platz auf dem Papier und schneidet das Foto bei Bedarf auch noch ein wenig zurecht. Die Größe der Ränder hängt dabei von den bedruckbaren Bereichen Ihres Druckers ab. Oft sind die Seitenränder sehr unregelmäßig verteilt.

Fotos selbst ausdrucken

4. Haben Sie an Ihrem Computer mehrere Drucker angeschlossen, müssen Sie mit dieser Auswahlliste den gewünschten Drucker auswählen. Picasa listet automatisch alle in der Windows-Systemsteuerung verfügbaren Drucker auf.

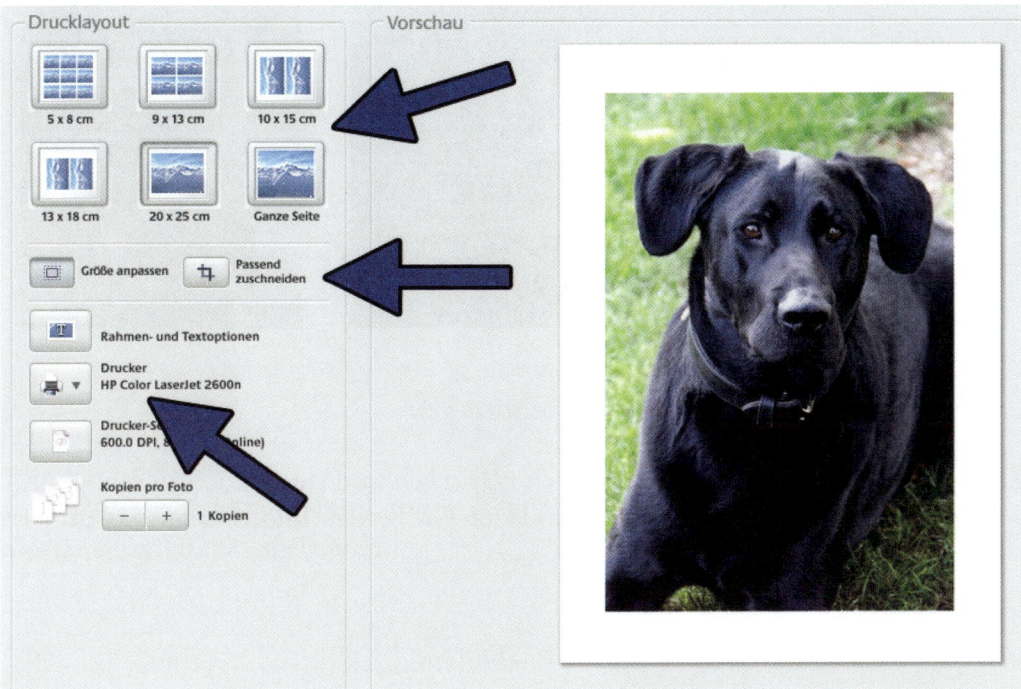

Abbildung 7.3: Wählen Sie das Layout für den Druck aus

5. Möchten Sie das Foto mehrfach ausdrucken, stellen Sie unten mit der Option **Kopien pro Foto** die gewünschte Anzahl ein. Abhängig vom gewählten Layout wird das Foto dann zweimal auf einen Papierbogen gedruckt, oder der Drucker gibt zwei Blätter mit jeweils einem Foto aus. Abhängig von Ihren Wünschen müssen Sie dafür das am Anfang ausgewählte Drucklayout evtl. umstellen.

6. Falls Sie nicht sicher sind, ob Ihr Foto für die Größe des Ausdrucks geeignet ist, betätigen Sie unten rechts die Schaltfläche *Überprüfen*. Picasa wird dann anhand der Megapixelzahl des Fotos und der für die Größe des Ausdrucks benötigten dpi-Zahl (dots per inch) die Qualität des Ausdrucks ermitteln.

7 · Fotos auf Papier bringen – selbst oder im Labor

Abbildung 7.4: Das Foto mehrfach ausdrucken

7. Zuletzt klicken Sie auf die Schaltfläche **Drucken** und starten den Vorgang. Abhängig von der Art Ihres Druckers und der Größe des Bildes kann das nun einen Moment dauern.

Abbildung 7.5:
Den Ausdruck starten

> ### Collagen vor dem Ausdrucken neu erstellen lassen
>
> Picasa passt bei einer Collage jedes einzelne Bild ganz genau an die angegebene Ausgabegröße an. Möchten Sie Ihre Collage nun in einer anderen Papiergröße ausdrucken, muss die Collage komplett neu berechnet werden. Eine für 13 x 18 cm erstellte Collage würde sonst auf einem Bogen mit 20 x 30 cm sehr pixelig und unscharf aussehen. Hierzu müssen Sie lediglich in die Bearbeitungsfunktion Ihrer Collage gehen, unter **Seitenformat** die neue Zielgröße auswählen und mit **Collage erstellen** die Bilder neu berechnen lassen.

Mehrere Fotos auf einen Bogen ausdrucken

Alle Drucker arbeiten per Standard mit DIN-A4-Papier. Natürlich gibt es für Fotos spezielle Papierbogen in der Größe 10 x 15 oder 13 x 18. In der Praxis verwendet die

246

Fotos selbst ausdrucken

aber so gut wie niemand. Die Fotos werden einfach auf einen DIN-A4-Bogen ausgedruckt und dann zurechtgeschnitten. Das ist aber eine ganz schöne Verschwendung und muss nicht sein. Drucken Sie einfach mehrere Fotos auf einen Papierbogen und sparen Sie damit bares Geld. Außerdem können Sie die Bilder so arrangieren, dass ein Zerschneiden gar nicht nötig ist. Zwei Fotos im Doppelpack oder ein Quartett können sehr hübsch aussehen.

1. Markieren Sie in der Ordnerliste die zu druckenden Fotos. Mehrere Fotos lassen sich wie immer markieren, indem Sie die Taste [Strg] festhalten. Sie können hierbei auch die Ablage unten links in der Ecke verwenden, z. B. um mehrere Fotos festzupinnen und anschließend auszudrucken. Anschließend betätigen Sie die Schaltfläche *Drucken*.

Abbildung 7.6: Mehrere Fotos zum Ausdrucken markieren

2. Sie gelangen nun wieder in die Druckfunktion. Der wichtigste Schritt besteht nun darin, dass Sie oben links unter *Drucklayout* die passende Seitengröße und Anzahl der Bilder pro Seite auswählen.

   - Probieren Sie alle sechs Layouts einmal aus. Die Wirkung variiert je nach Anzahl der Bilder oft sehr.
   - Wählen Sie ein Layout, welches z. B. nur zwei Bilder vorsieht, Sie aber vier Bilder drucken möchten, werden automatisch zwei Seiten an den Drucker gesendet.
   - Wählen Sie ein Layout, welches mehr Bilder vorsieht, als Sie ausgewählt haben, bleiben auf dem Papierbogen diese Stellen frei.

Picasa erkennt in den meisten Fällen automatisch, ob sich für den Ausdruck eher das Hoch- oder das Querformat eignet. Ihr Foto wird also automatisch optimal ausgerichtet. Sollen mehrere Fotos auf einen Bogen gedruckt werden, klappt das leider nicht immer, und es kommt zu einer merkwürdigen Anordnung der Fotos. In diesem Fall müssen Sie die Papierausrichtung manuell anpassen.

Abbildung 7.7: Ein passendes Layout wählen

3. Klicken Sie links auf die Schaltfläche **Drucker-Setup**. Dadurch öffnet sich ein Fenster für die Konfiguration Ihres Druckers. Wechseln Sie hier zwischen dem Quer- und Hochkantformat, sodass Ihre Fotos optimal auf den Papierbogen passen.

Leider sieht jeder Druckertreiber ein wenig anders aus, sodass Sie unter Umständen ein wenig suchen müssen, um die gewünschte Option zu finden. Oft heißt das Register **Papier**, **Layout** oder einfach nur **Allgemein**. Nachdem Sie die Papierausrichtung umgestellt haben, sollten Sie die Drucklayouts in Picasa erneut durchprobieren. Bei den meisten ergibt sich nun eine andere Anordnung der Fotos.

Möchten Sie von dieser Bildzusammenstellung mehr als einen Ausdruck erstellen, sollten Sie mit der Option **Kopien pro Foto** vorsichtig sein. Normalerweise druckt Picasa Bild 1 und Bild 2 auf einen Bogen. So lassen sie sich z. B. direkt zusammen aufhängen. Erhöhen Sie die Anzahl der Kopien, druckt Picasa auf den ersten Bogen zweimal Bild 1 und auf den zweiten Bogen zweimal Bild 2. Wenn Sie das nicht möchten, dürfen Sie nur 1 Kopie einstellen und müssen den Ausdruck zweimal starten.

Fotos selbst ausdrucken

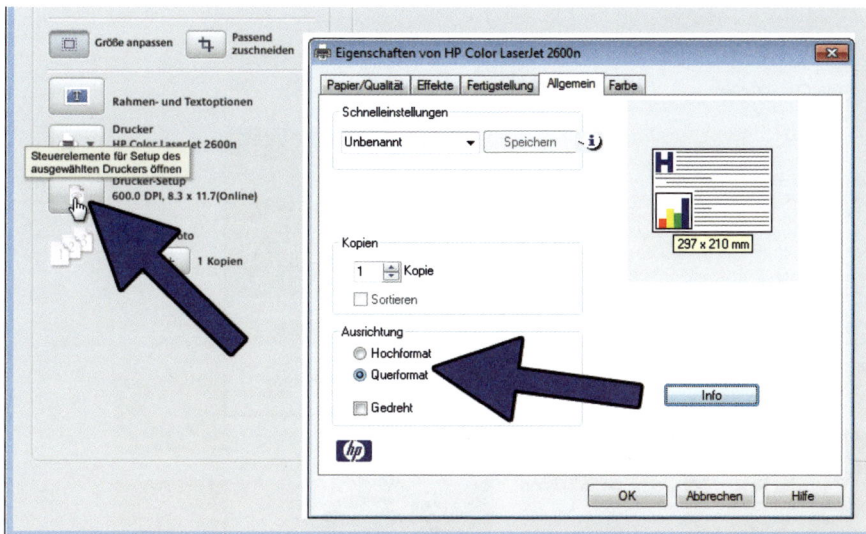

Abbildung 7.8: Das Papier hoch oder quer ausrichten

4. Sind alle Einstellungen gemacht und entspricht das Layout der Fotos Ihren Wünschen, müssen Sie nur noch die Schaltfläche **Drucken** betätigen. Der Auftrag wird an Ihren Drucker geschickt und verarbeitet. Kurz darauf können Sie die fertigen Fotos aus dem Drucker nehmen.

Ein Poster aus Ihren Fotos erstellen

Normalerweise ist es kaum möglich, aus den eigenen Fotos selbst ein Poster zu erstellen. Niemand hat einen solch großen Drucker zu Hause, sodass Sie fast immer auf ein Fachgeschäft angewiesen sind. Picasa bietet eine recht praktische Funktion, mit der sich Poster auf jedem herkömmlichen Drucker erstellen lassen.

- Markieren Sie das gewünschte Foto und wählen Sie im Menü den Punkt **Erstellen/Poster erstellen** aus. Es öffnet sich ein neues Fenster.
- Wählen Sie in der oberen Liste aus, wie stark das Foto vergrößert werden soll.
- Direkt darunter wählen Sie die Papiergröße aus.
- Picasa vergrößert nun das Foto und verteilt es dabei automatisch auf verschiedene Dateien. Jede Datei entspricht einer Druckseite.
- Drucken Sie alle erstellten Dateien der Reihe nach aus und kleben Sie diese zusammen.

7 • Fotos auf Papier bringen – selbst oder im Labor

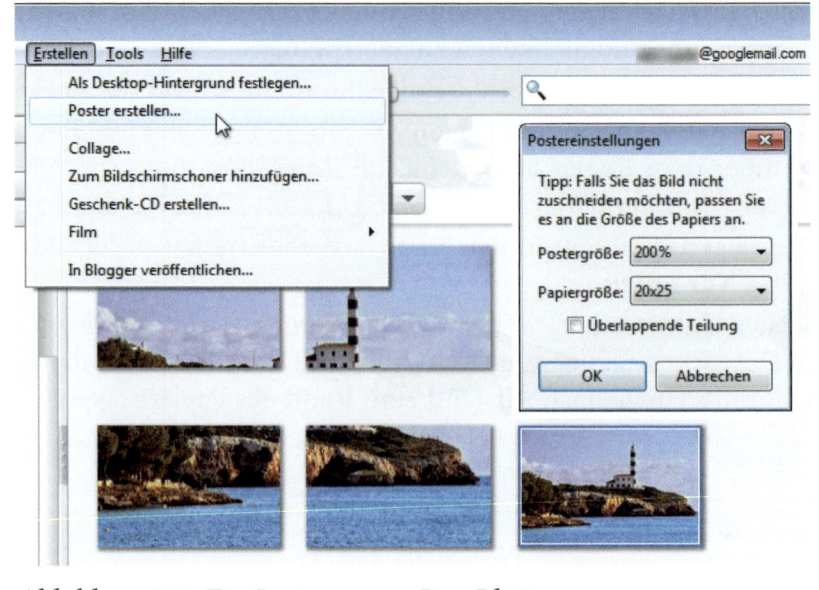

Abbildung 7.9: Ein Poster aus z. B. 4 Blättern

Rahmen und Texte hinzufügen

Mit Picasa lässt sich der Ausdruck Ihrer Fotos mit ein paar Sonderfunktionen erweitern. So ist es z. B. möglich, Ihr Foto mit einem dekorativen Rahmen auszustatten. Auf Wunsch lässt sich auch eine Bildunterschrift einfügen, z. B. mit dem Titel, dem Dateinamen oder den Aufnahmeinformationen. Das kann manchmal sehr praktisch sein und Ihren Ausdruck deutlich aufwerten. Diese zusätzlichen Optionen stehen Ihnen bei jedem Ausdruck zur Verfügung, egal ob Sie ein einzelnes Bild oder mehrere ausdrucken.

1. Gehen Sie zunächst wie gewohnt in das Fenster mit der Druckvorschau. Nun betätigen Sie links die Schaltfläche **Rahmen- und Textoptionen**. Es öffnet sich ein neues Fenster, das Ihnen verschiedene Optionen anbietet.

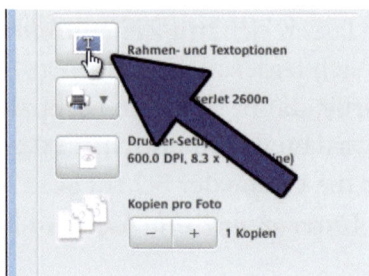

Abbildung 7.10:
Die Rahmen- und Textfunktion öffnen

Fotos selbst ausdrucken

2. Im linken Bereich lässt sich Ihrem Foto ein Rand hinzufügen. Dabei stehen Ihnen verschiedene Anpassungsmöglichkeiten zur Verfügung.
   - Wählen Sie mit dem Schieberegler die Breite des Randes. Steht der Regler ganz links, wird kein Rand erzeugt, steht er ganz rechts, ist der Rand besonders dick.
   - Klicken Sie über dem Regler auf die Fläche **Randfarbe**, um eine Palette zu öffnen. Wählen Sie nun mit der Maus die gewünschte Farbe für den Rand aus.
   - Möchten Sie, dass das Bild nur unten einen farbigen Streifen erhält, aktivieren Sie die Option **Nur unten**.
   - Für die meisten Fotos sollten Sie die Option **Rand mit gleichmäßiger Breite** auswählen. Das sieht angenehm und elegant aus. Deaktivieren Sie die Option, variiert die Randbreite je nach Abstand zum Rand des Papierbogens.

Abbildung 7.11: Rand und Bildunterschrift anpassen

3. Möchten Sie Ihr Foto mit einer Bildunterschrift versehen, stehen Ihnen dafür im rechten Bereich verschiedene Optionen zur Verfügung.
   - Als Erstes müssen Sie zwischen den vier Optionen auswählen, was Sie als Bildunterschrift verwenden möchten. Der Punkt **Kein Text** druckt nichts in das Bild. Mit **Bildunterschrift** wird die zuvor in Picasa eingetippte Unterschrift verwendet. Alternativ lassen sich auch der **Dateiname** oder die Aufnahmeinformationen (**Exif**) einblenden. Lange Texte lassen sich mit **Zeilenumbruch** in mehrere Zeilen setzen. Ein freier Text lässt sich leider nicht eintippen.
   - Klicken Sie als Nächstes auf die Fläche **Textfarbe**, damit sich eine Farbpalette öffnet. Wählen Sie hier mit der Maus die gewünschte Farbe für den Text aus.
   - Direkt darunter wählen Sie die **Schriftart** und die **Größe** der Schrift aus.
   - Ganz rechts geben Sie noch an, ob der Text **Unter dem Bild**, **Auf dem Bild** oder **Auf dem Rand** gedruckt werden soll.

4. Haben Sie alle Einstellungen vorgenommen, sollten Sie die Schaltfläche *Übernehmen* betätigen. Dadurch wird die Vorschau im Hauptfenster sofort mit den neuen Einstellungen versehen. Entspricht alles Ihren Vorstellungen, schließen Sie das Fenster mit der Schaltfläche *OK*.

5. Sie gelangen zurück in das Hauptfenster mit den Druckoptionen. Klicken Sie hier auf die Schaltfläche *Drucken*, um das Foto an Ihren Drucker zu schicken.

Abbildung 7.12: Rand und Bildunterschrift anpassen

Passfotos ausdrucken

Sicherlich kennen Sie es auch, dass man ständig irgendwo ein Passfoto abgeben muss, z. B. für den Bibliotheksausweis, die Monatskarte für den Bus, den Verein und vieles mehr. Wenn es sich dabei nicht gerade um hochoffizielle Dokumente wie den Ausweis oder Reisepass handelt, müssen Sie dafür nicht extra zum Fotografen gehen. Besitzen Sie ein gutes Foto von sich selbst, erstellen Sie daraus ganz schnell ein Passfoto. Natürlich eignet sich diese Funktion auch sehr gut, um einfach nur Personenfotos mehrfach auszudrucken.

Fotos selbst ausdrucken

1. Gehen Sie in der Ordnerliste zu Ihrem Passfoto und markieren Sie die Vorschau mit einem Mausklick. Jetzt wählen Sie im Hauptmenü den Punkt **Tools/Sonstiges/Passfoto** aus.

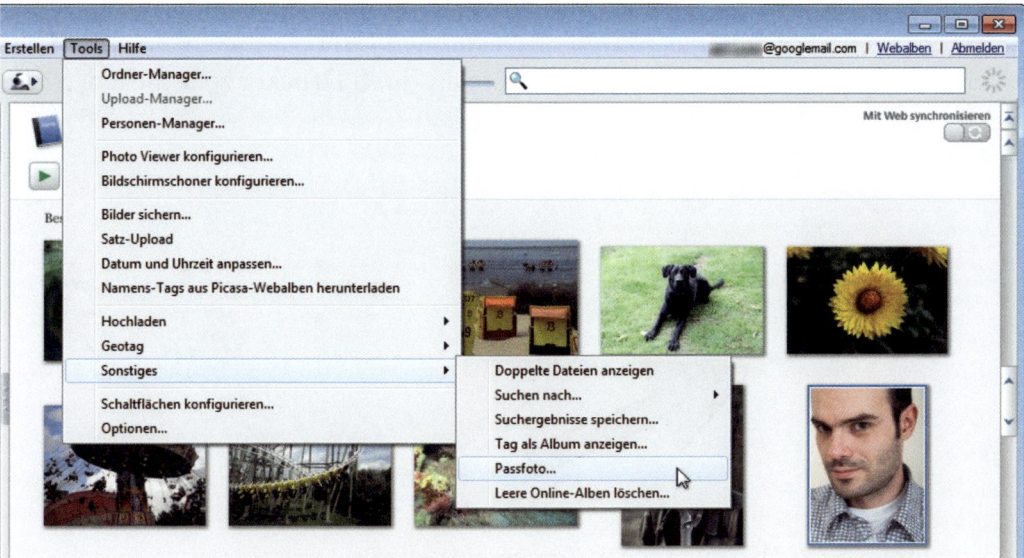

Abbildung 7.13: Die Passfoto-Funktion aufrufen

2. Sie gelangen nun in die Druckansicht für Ihr Foto. Stellen Sie unten links mit **Kopien pro Foto** die gewünschte Anzahl an Passfotos ein. Sie werden automatisch alle auf einen Papierbogen gedruckt.

3. Klicken Sie auf keinen Fall unter **Drucklayout** auf eine andere Bildgröße oder Anordnung. Picasa passt Ihr Foto automatisch an die Standardgröße von Passfotos an. Würden Sie jetzt ein anderes Layout auswählen, ginge diese Anpassung verloren und Ihr Foto entspricht nicht mehr dem Passfotostandard.

4. Jetzt müssen Sie nur noch die Schaltfläche **Drucken** anklicken und somit Ihre Passfotos an den Drucker schicken. Am besten lassen sich die Bilder mit einem speziellen Fotoschneider trennen. Mit einem Lineal und einem scharfen Küchenmesser geht das aber auch sehr gut.

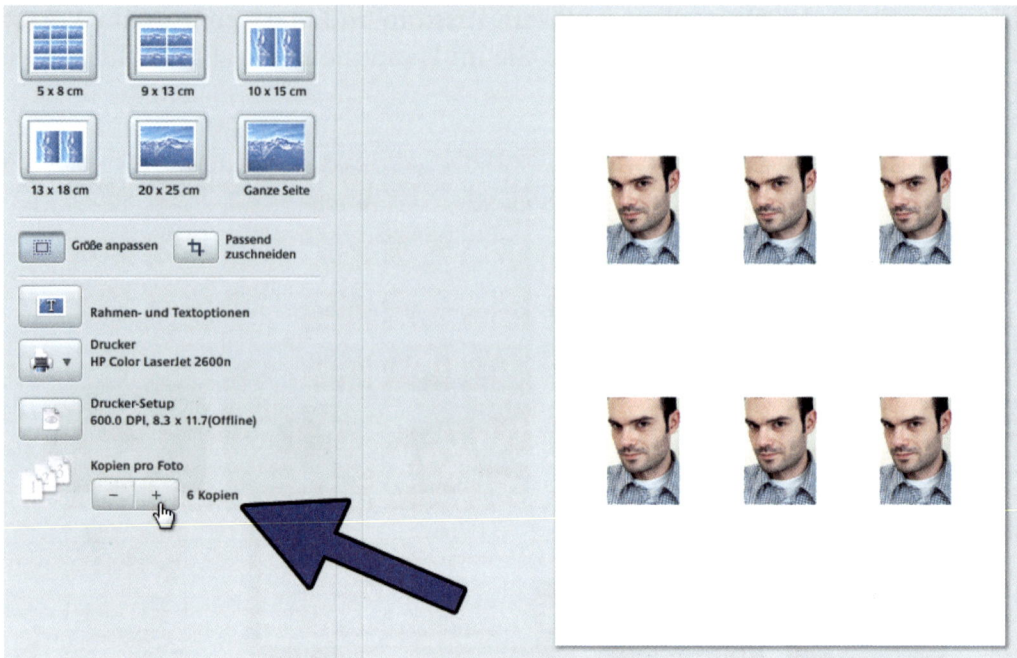

Abbildung 7.14: Die Anzahl der Kopien einstellen

Kontaktabzüge von Alben und Ordnern erstellen

Manchmal ist es sehr praktisch, eine kompakte Übersicht über ein Album oder einen Ordner zu haben. In der Fotografie spricht man von einem Kontaktabzug. Dabei handelt es sich um einen Bogen, auf dem alle Fotos als Miniatur mit Dateinamen und Titeln abgebildet sind. Das eignet sich prima zum Sichten und Sortieren der Fotos ohne Computer.

Markieren Sie dafür den gewünschten Ordner oder das Album und wählen Sie im Hauptmenü den Punkt **Ordner/Kontaktabzug drucken** bzw. **Album/Kontaktabzug drucken**. Sie gelangen in die normale Druckansicht, allerdings wird hierbei ein ganz eigenes Drucklayout verwendet. Blenden Sie wie gewohnt die Bildunterschriften, Aufnahme-Infos usw. ein oder aus und starten Sie den Ausdruck.

Fotos selbst ausdrucken

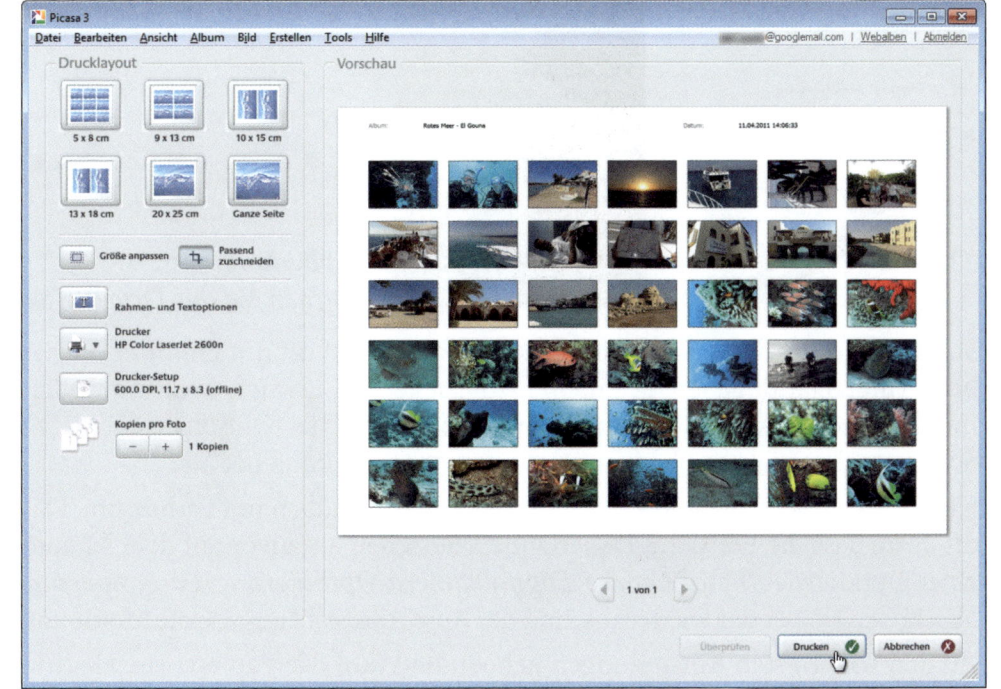

Abbildung 7.15: Kontaktabzüge für Ordner und Alben

Setup – den Drucker optimal einstellen

Die meisten Drucker bringen mit ihren Standardeinstellungen bereits gute Ergebnisse hervor. Für alltägliche Ausdrucke reicht das in der Regel vollkommen aus. Möchten Sie ein Foto aber mal besonders hochwertig ausgeben, sind zusätzliche Einstellungen notwendig. Dann arbeitet Ihr Drucker mit der höchsten Qualität. Gehen Sie dazu wie gewohnt in das Fenster zum Ausdrucken von Fotos. Nachdem Sie die Grundeinstellungen wie Drucklayout, Rahmen usw. festgelegt haben, klicken Sie links auf die Schaltfläche **Drucker-Setup**. Nun öffnet sich ein neues Fenster für die Druckerkonfiguration.

Leider sieht jeder Druckertreiber ein wenig anders aus und bietet andere Menüs und Optionen. Deshalb zeigt Ihnen dieser Abschnitt beispielhaft, nach welchen Optionen Sie suchen müssen und welche Einstellungen am besten geeignet sind.

7 • Fotos auf Papier bringen – selbst oder im Labor

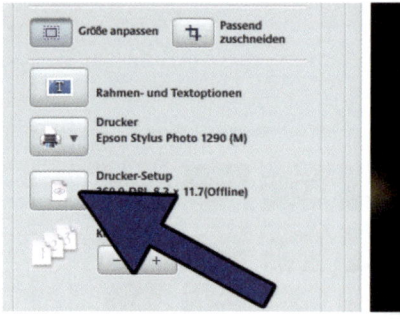 

*Abbildung 7.16:
Öffnen Sie das Drucker-Setup*

1. Schauen Sie als Erstes nach dem Druckmodus. Er ist oft mit **Qualität** oder **Modus** beschriftet. Damit geben Sie an, ob Ihr Drucker in Entwurfs-, Normal- oder Fotomodus arbeiten soll. Manchmal gibt es anstatt solcher Optionsfelder auch einen Schieberegler. Wählen Sie die höchstmögliche Druckqualität aus.

2. Computerbildschirme und Drucker gehen unterschiedlich mit Farben um. Das führt oft dazu, dass die Fotos auf Papier anders aussehen als zuvor auf dem Monitor. Mit einer Option wie **PhotoEnhance**, **Digitalkamera-Optimierung**, **Farbanpassung** usw. gleicht der Treiber das wieder aus, und der Ausdruck sieht aus wie die Monitoranzeige.

3. Zu den wichtigsten Einstellungen gehört die Wahl der Papiersorte. Hochwertige Ausdrucke sind nur auf hochwertigem Papier möglich. Auf einfachem Schreibpapier sieht das niemals wirklich gut aus. Das weiß auch Ihr Drucker, und deshalb aktivieren viele Geräte den besten Fotomodus erst, wenn eine passende Papiersorte eingestellt ist. Die Werbebezeichnungen sind hier sehr kreativ und unterschiedlich, sodass oft leider nur Ausprobieren hilft.

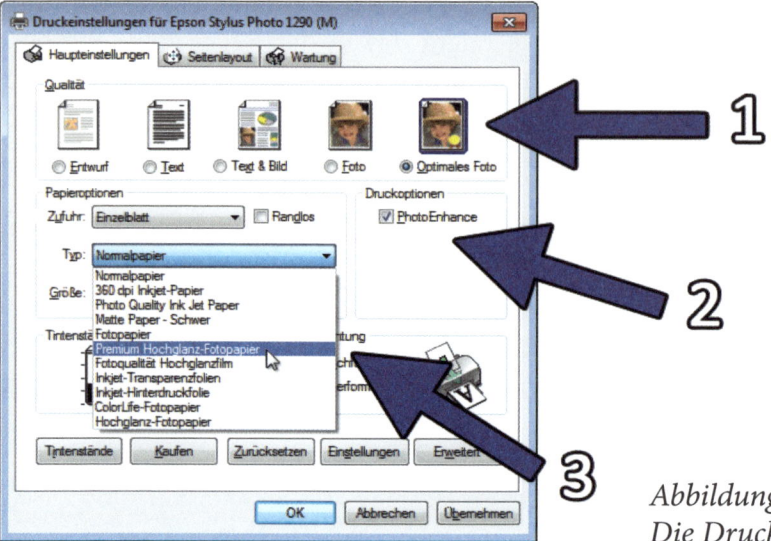

*Abbildung 7.17:
Die Druckqualität optimieren*

Fotos im Onlinelabor bestellen

4. Möchten Sie noch tiefer in die Konfiguration Ihres Druckers eingreifen, bieten viele Treiber noch einen Profi-Modus. Meist wird dabei vom **Erweiterten Modus**, den **Profi-Einstellungen** oder von Ähnlichem gesprochen. Oft finden Sie dort Einstellungen für die allerhöchste Auflösung, eine detaillierte Farbanpassung sowie Bildoptimierungen für leuchtende und lebendige Ausdrucke. Hier geht leider jeder Anbieter eigene Wege, sodass nur Suchen und Ausprobieren hilft.

Abbildung 7.18: Die Einstellungen noch feiner vornehmen

Fotos im Onlinelabor bestellen

Der eigene Drucker ist eine praktische Sache, wenn Sie ganz schnell ein Foto auf Papier bringen möchten. Bei sehr vielen Bildern dauert der Ausdruck aber recht lange und kostet mit gutem Papier und hochwertiger Tinte auch noch viel Geld. Oftmals ist es besser, sich Fotoabzüge im Labor zu bestellen. Die Qualität ist deutlich besser, die Bilder fassen sich wie richtige Fotos an, und Ihnen stehen sämtliche Formate und Größen zur Verfügung. In Picasa ist diese Funktion bereits integriert, sodass Sie Ihre Abzüge direkt bestellen können. Dabei arbeitet Picasa mit vielen großen Onlinelaboren zusammen.

Hintergrund – so funktionieren Onlineabzüge

Fotoabzüge im Onlinelabor zu bestellen ist eine wirklich sehr praktische Sache. Sie müssen die gewünschten Fotos nicht extra heraussuchen, auf eine CD brennen und damit in ein Geschäft gehen. Das erledigen Sie alles ganz bequem vom Schreibtisch aus. Das Ganze läuft immer nach demselben Schema ab: Zuerst wählen Sie am Computer die gewünschten Fotos aus, dann übermitteln Sie die Dateien an das Labor und geben dabei Anzahl und Größe an, wenige Tage später erhalten Sie Ihre Fotos per Post zugeschickt. Abgerechnet wird abhängig vom Labor per Lastschrift, mit Rechnung oder per Kreditkarte.

Das Angebot an Onlinelaboren ist sehr groß, und die meisten leisten gute Arbeit. Allerdings benötigen Sie fast immer eine spezielle Verwaltungs- und Bestellsoftware. Mit Picasa ist das nicht notwendig, denn die Verbindung zu den Onlinelaboren ist bereits eingebaut. Das bringt gleich mehrere Vorteile mit sich:

- Sie benötigen keine zusätzliche Software auf Ihrem Computer.
- Sie bestellen Ihre Fotos aus der gewohnten Picasa-Oberfläche heraus.
- Sie können aus den größten und besten Onlinelaboren Deutschlands auswählen.

Abbildung 7.19: Picasa arbeitet mit vielen Onlinelaboren zusammen

Ganz wichtig ist hierbei, dass Google Picasa mit den Onlinelaboren und dem Bestellvorgang an sich nichts zu tun hat. Die Software stellt lediglich die Verbindung her und übermittelt die gewünschten Fotos. Sie bestellen Ihre Fotos also nicht bei Picasa, sondern bei dem Onlinelabor, das Sie vorher aus einer Liste auswählen. Das bedeutet auch, dass Sie ein Kundenkonto bei diesem Labor benötigen. Mit Ihrem Google-Benutzerkonto können Sie dort nichts anfangen. Besitzen Sie noch kein Kundenkonto, können Sie dies bei der ersten Bestellung einrichten.

So bestellen Sie Ihre Fotos online

Der Bestellvorgang ist in Picasa so in die Oberfläche integriert, dass er sich kaum von anderen Aufgaben unterscheidet. Sie arbeiten dabei ganz normal mit Ihren Ordnern und Alben, als würden Sie wie gewohnt Ihre Fotos verwalten. Sie werden deshalb sofort damit klarkommen. Gehen Sie nun wie folgt vor:

Fotos im Onlinelabor bestellen

1. Als Erstes müssen Sie die Bilder auswählen, die Sie bestellen möchten. Dafür gibt es wie immer mehrere Möglichkeiten:
   - Möchten Sie von allen Fotos in einem Ordner oder Album Papierabzüge bestellen, klicken Sie den Ordner oder das Album in der Ordnerliste an. Der Eintrag wird in der Liste deutlich markiert.
   - Sollen einzelne Fotos eines Ordners oder Albums bestellt werden, wählen Sie diese mit der Maus aus. Halten Sie die Taste [Strg] gedrückt, um mehrere Fotos auszuwählen.
   - Es ist nicht möglich, Bilder aus verschiedenen Ordnern oder Alben zu kombinieren. Wenn Sie das wünschen, selektieren Sie diese vor dem Bestellvorgang und erstellen aus den Fotos ein temporäres Album. Sie können es nach dem Bestellvorgang wieder löschen.

2. Sind alle Fotos gewählt, starten Sie den Bestellvorgang. Klicken Sie dafür unten in der Zeile mit den Sonderfunktionen auf die Schaltfläche **Einkaufen**.

Abbildung 7.20: Die zu bestellenden Fotos auswählen

3. Jetzt öffnet sich ein Auswahlfenster. Hier müssen Sie angeben, bei welchem Fotolabor Sie Ihre Abzüge bestellen möchten. Kennen Sie eines der Labore und sind dort bereits Kunde, können Sie Ihr vorhandenes Kundenkonto verwenden. Ansonsten wählen Sie einfach ein Labor aus, das Ihnen gefällt oder das Ihnen von Freunden empfohlen wurde. Klicken Sie auf die Schaltfläche **Wählen** unter dem Logo des gewünschten Labors.

   Sicherlich fällt Ihnen auf, dass diese Liste jedes Mal anders sortiert ist. Das ist Absicht und Picasa erstellt bei jedem Öffnen eine neue, völlig zufällige Reihenfolge der Labore. Auf diese Weise möchte man vermeiden, dass die Reihenfolge als Präferenz oder auch Empfehlung verstanden werden könnte. Auch die Abbildungen hier im Buch stellen keinesfalls eine Empfehlung dar. Die Labore wurden zufällig ausgewählt.

7 • Fotos auf Papier bringen – selbst oder im Labor

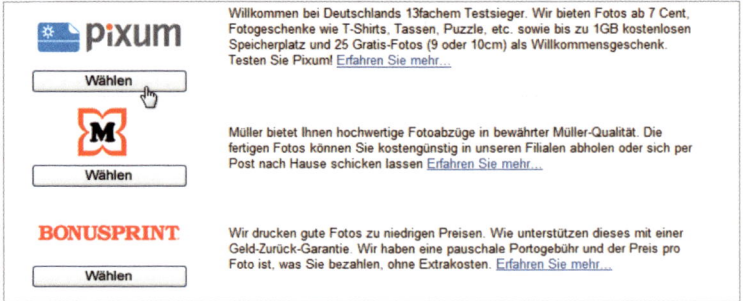

Abbildung 7.21: Wählen Sie Ihr Onlinelabor aus

4. Jetzt startet Picasa automatisch die Übertragung Ihrer Fotos. Jedes ausgewählte Bild wird also an das Labor gesendet, damit es dort verarbeitet werden kann. Abhängig von der Anzahl der Fotos und der Größe der Dateien kann dieser Vorgang ein wenig Zeit in Anspruch nehmen. Natürlich spielt auch die Geschwindigkeit Ihrer DSL-Verbindung eine große Rolle. Am Statusbalken unten rechts sehen Sie den Fortschritt.

Abbildung 7.22: Die Fotos werden übertragen

Sie werden nach Benutzerdaten gefragt?

Normalerweise werden die Fotos erst komplett an das Labor übertragen, und anschließend werden Sie gefragt, ob Sie bereits Kunde sind. Als Kunde tragen Sie dann einfach Ihren Benutzernamen und Ihr Passwort in die entsprechenden Felder ein, als Neukunde erstellen Sie sich ein Konto. Einige Labore weichen von dieser Standardvorgehensweise leider ab. Sie werden sofort nach der Auswahl des Labors nach Ihren Daten gefragt. Besitzen Sie kein Kundenkonto, werden Sie auf die Homepage des Anbieters geleitet und müssen sich dort eines erstellen. Erst dann lässt sich der Vorgang in Picasa fortsetzen.

Fotos im Onlinelabor bestellen

5. Picasa startet nun Ihren Webbrowser und öffnet automatisch die Bestellseite des ausgewählten Labors. Hier sehen Sie Ihre hochgeladenen Fotos in einer Vorschau und geben über die Menüs die Daten zu Ihrer Bestellung an. Wählen Sie die gewünschte Größe für jedes Bild aus, die Anzahl, ob es vom Labor digital optimiert werden soll und vieles mehr.

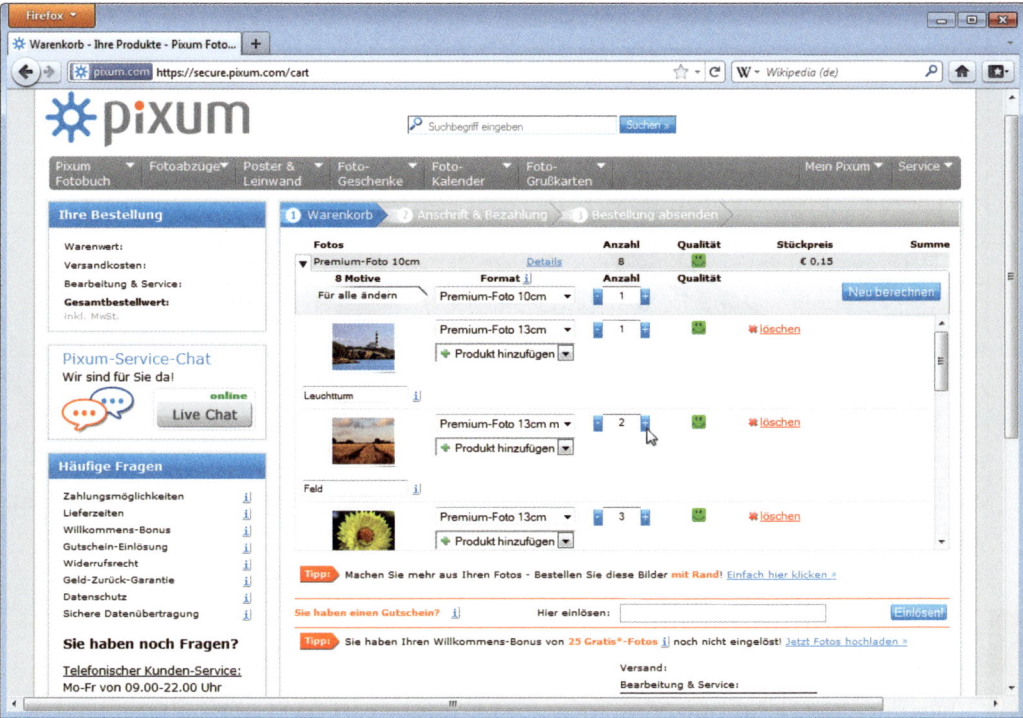

Abbildung 7.23: Bestellen Sie Ihre Abzüge

6. Sind alle Angaben zu den Fotos korrekt, gehen Sie zum nächsten Schritt. Hier müssen Sie Angaben zu Ihrer Person und zur Zahlungsweise machen. Sind Sie bereits Kunde bei diesem Fotolabor, tippen Sie Ihren Benutzernamen und Ihr Passwort ein. Sind Sie hingegen neu, geben Sie Ihre persönlichen Daten ein und legen sich somit ein Kundenkonto an.

7. Im letzten Schritt wird Ihnen in der Regel eine Zusammenfassung Ihrer Bestellung und der persönlichen Daten angezeigt. Jetzt müssen Sie die Bestellung nur noch bestätigen und damit abschicken. Meist heißt die Schaltfläche **Bestellen**, **Abschicken** oder so ähnlich.

7 • Fotos auf Papier bringen – selbst oder im Labor

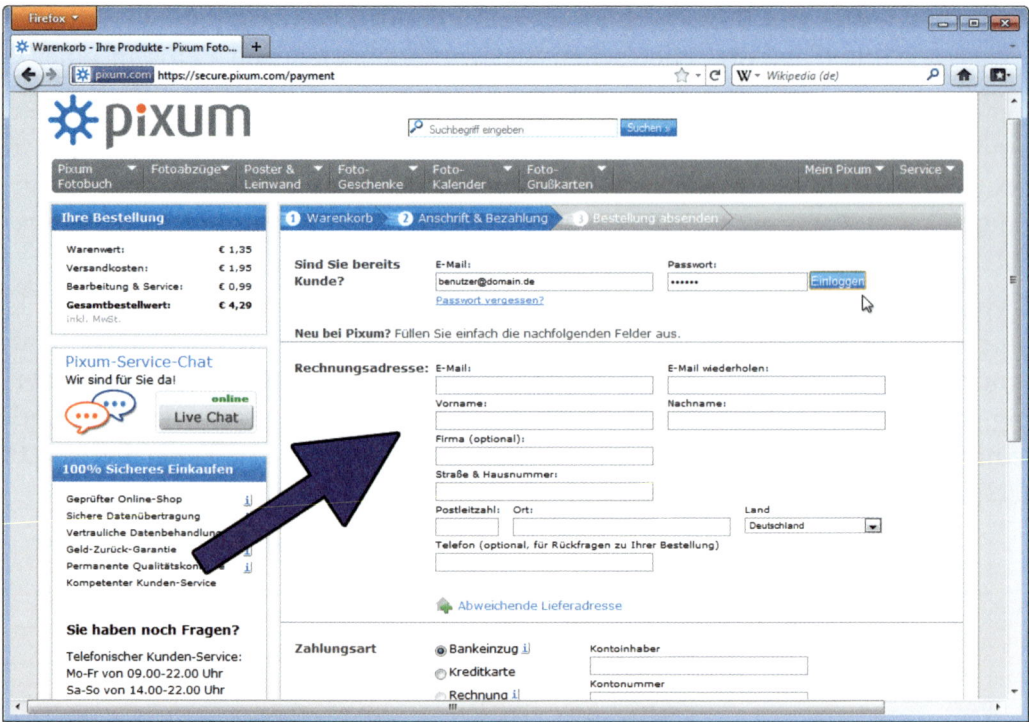

Abbildung 7.24: Bestellen Sie Ihre Abzüge

Lernen Sie Ihr bevorzugtes Onlinelabor kennen

Weil der Bestellvorgang nicht von Picasa selbst durchgeführt wird, sondern von der Webseite des jeweiligen Labors, sieht die Bestellung natürlich überall anders aus. Jedes Labor hat sein eigenes Design, bietet andere Felder und Optionen an und teilt den Vorgang in unterschiedliche Schritte auf. Deshalb ist das hier nur ein Beispiel, wie Ihre Bestellung bei einem bestimmten Labor abläuft. Nehmen Sie sich für die erste Bestellung also ruhig einen Augenblick Zeit und lernen Sie Ihr bevorzugtes Labor kennen. Die Handhabung ist niemals kompliziert und läuft immer nach einem ähnlichen Schema ab. Bei der nächsten Bestellung kennen Sie dann schon alles und klicken sich in wenigen Minuten durch den Vorgang.

Fotos im Onlinelabor bestellen

Tassen, Mauspads, Puzzle & Co.

In den meisten Fällen werden Sie wohl herkömmliche Papierabzüge von Ihren Fotos bestellen. Sie passen in jedes Album, können an die Wand gehängt werden und lassen sich prima verschenken. Aber mit Ihren Digitalfotos lässt sich viel mehr machen. Sie sind so universell und fast grenzenlos einsetzbar – das haben auch alle modernen Labore entdeckt. Fast überall können Sie Fotoprodukte bestellen, die richtig originell sind.

Typische Beispiele dafür sind Tassen mit Ihren Fotos, Mauspads mit Ihrem Lieblingsmotiv, eigene Puzzles, Wandkalender, Platzdeckchen, Memory-Spiele, T-Shirts und vieles mehr. Hier sind kaum noch Grenzen gesetzt. Dabei ist die Qualität richtig gut, und die Produkte sind überraschend preiswert. Schauen Sie sich unbedingt einmal die weiteren Angebote Ihres Onlinelabors an. Meist heißt der Bereich **Fotogeschenke**, **Sonstige Fotoartikel** oder ähnlich.

Abbildung 7.25: Abzüge und vieles mehr (Foto: Kodak Deutschland)

Kapitel 8
Picasa-Extras für Ihre Fotos

Picasa möchte Ihnen für Ihre Fotos so ziemlich jede denkbare Verwendung ermöglichen. Deshalb bringt das Programm weitere Funktionen mit, die das Veröffentlichen oder Verarbeiten von Fotos in ganz anderen Bereichen anbieten. So stellen Sie aus Ihren Bildern z. B. eine Foto-CD zusammen und brennen sie, verschicken einzelne Bilder sofort per E-Mail, exportieren Ihre Aufnahmen in Ihr Onlinetagebuch (Blog) oder stellen sich einen eigenen Bildschirmschoner zusammen. Weil es sich dabei nicht unbedingt um typische oder alltägliche Ausgabemöglichkeiten handelt, sind sie an dieser Stelle zusammengefasst.

Eine Datensicherung aller Fotos erstellen

Bei digitalen Fotos stellen die Dateien praktisch die Negative dar. Sie dürfen niemals beschädigt werden oder gar verloren gehen. Leider kann das viel zu schnell passieren, z. B. durch Unachtsamkeit, eine defekte Festplatte oder auch Viren. Zum Glück bietet Picasa eine vollständige Funktion zum Sichern Ihrer Fotos an. Das geht schnell, einfach und ist sehr zuverlässig. Dabei akzeptiert Picasa unterschiedliche Datenträger. Sie können die Sicherung auf CDs oder DVDs brennen, auf eine externe Festplatte sichern oder (für kleinere Sammlungen) auf einen USB-Stick ablegen.

1. Wählen Sie im Hauptmenü von Picasa den Punkt **Tools/Bilder sichern** aus. Dadurch öffnet sich unten ein eigener Bereich für die Datensicherung.

2. Sicherungen werden bei Picasa als regelmäßige Aufgaben gespeichert. Picasa spricht dabei von einem „Satz". Im linken Feld mit der Nr. 1 wählen Sie Ihren Satz aus. Picasa bringt von Haus aus die Aufgabe **Mein Sicherungssatz** mit. Sie ist für das Sichern der Fotos auf CDs oder DVDs ausgelegt.

8 • Picasa-Extras für Ihre Fotos

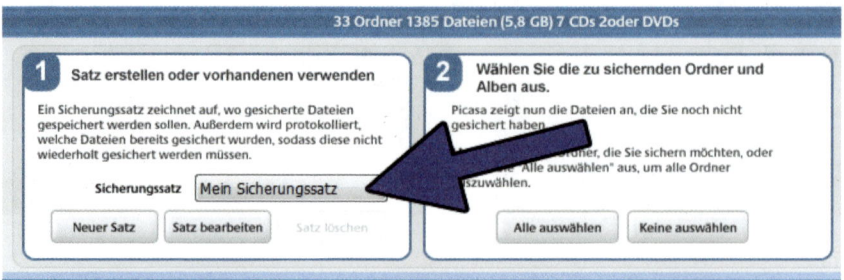

Abbildung 8.1: Den Satz verwenden oder einen neuen erstellen

3. Möchten Sie Ihre Fotos lieber auf eine externe Festplatte oder einen USB-Stick sichern, müssen Sie einen neuen Satz erstellen. Klicken Sie auf die Schaltfläche **Neuer Satz**, damit sich das Konfigurationsfenster öffnet.
    - Geben Sie ganz oben unter **Name** eine Bezeichnung für diese Aufgabe bzw. diesen Satz ein.
    - Direkt darunter wählen Sie unter **Sicherungstyp** die Option **Sicherung von einem Datenträger zum anderen** aus.
    - Jetzt müssen Sie Ihre externe Festplatte oder den USB-Stick als Sicherungsziel angeben. Klicken Sie dafür auf die Schaltfläche **Wählen** und geben Sie bei Bedarf ein Unterverzeichnis mit an. Das ist oft übersichtlicher.
    - Bei **Zu sichernde Dateien** wählen Sie natürlich die Option **Alle Dateitypen**. Nur so werden alle Fotos, Videos, Bearbeitungen und Alben gesichert.
4. Nachdem Sie die Schaltfläche **Erstellen** angeklickt haben, gelangen Sie zurück in das Hauptfenster, und Ihr neuer Satz erscheint in der Auswahlliste.

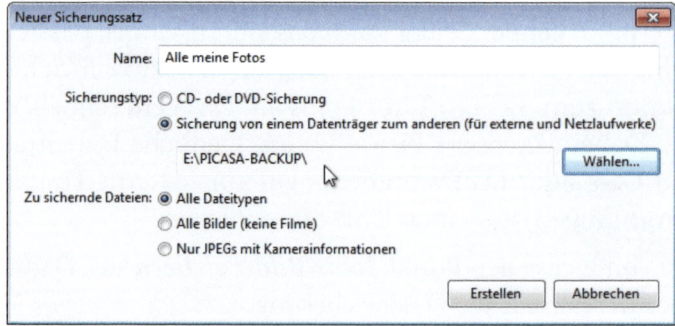

Abbildung 8.2: Erstellen Sie eine neue Sicherung/einen neuen Satz

5. Sie haben nun die Möglichkeit, in der Ordnerliste die Alben und Ordner, die Sie sichern möchten, mit einem Haken zu versehen. Allerdings macht das meist wenig

Eine Datensicherung aller Fotos erstellen

Sinn, denn wenn Sie schon eine Datensicherung machen, sollten Sie auch alles sichern. Klicken Sie deshalb im Feld mit der Nr. 2 auf die Schaltfläche **Alle auswählen**.

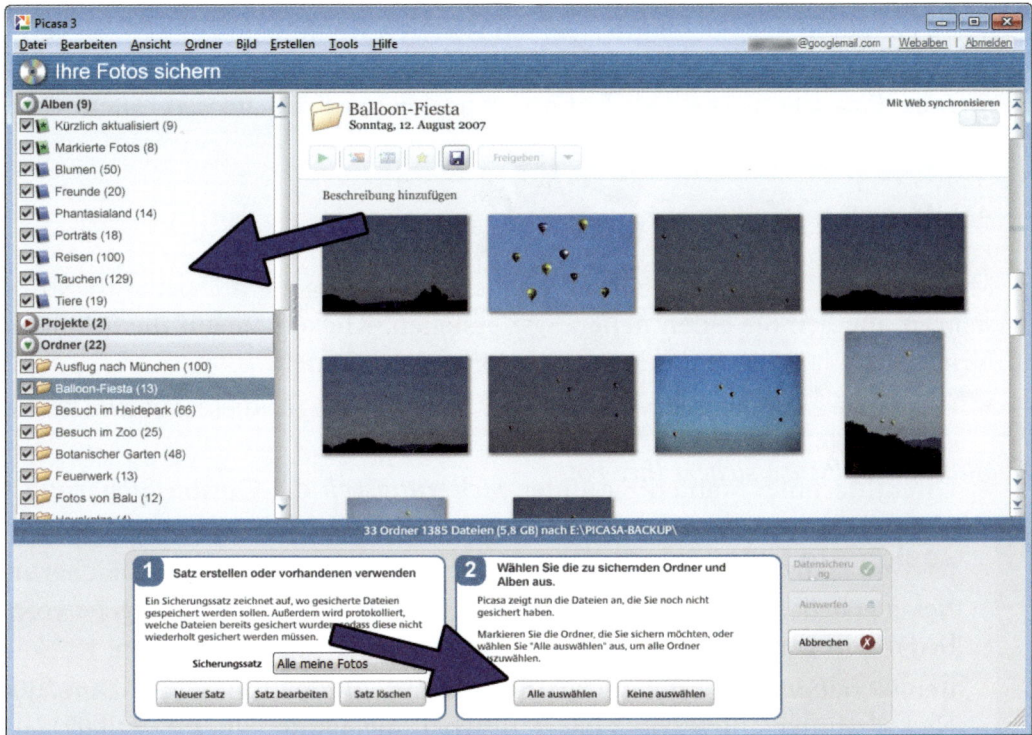

Abbildung 8.3: Die zu sichernden Ordner auswählen (oben) oder alle (unten)

6. Damit sind alle notwendigen Angaben gemacht. Klicken Sie ganz rechts auf die grüne Schaltfläche **Datensicherung**, um den Vorgang zu starten. Lassen Sie die Datensicherung auf CDs oder DVDs schreiben, heißt die Schaltfläche **Brennen**.

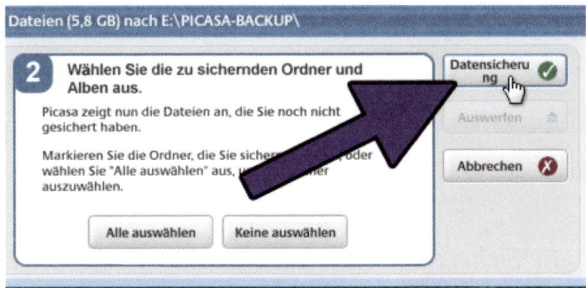

Abbildung 8.4: Starten Sie den Vorgang

8 • Picasa-Extras für Ihre Fotos

Jetzt nimmt Picasa seine Arbeit auf und sichert Ihre Fotos. Haben Sie sich für eine Datensicherung auf CDs oder DVDs entschieden, werden Sie aufgefordert, einen leeren Rohling in das Laufwerk einzulegen. Abhängig von der Menge Ihrer Fotos werden Sie zwischendurch ggf. aufgefordert, einen weiteren Rohling einzulegen. Sichern Sie Ihre Fotos auf eine externe Festplatte oder auf einen USB-Stick, ist das natürlich nicht notwendig. Picasa kopiert sämtliche Ordner und Fotos direkt auf den Datenträger.

Abbildung 8.5: Picasa sichert Ihre Fotos

Gesicherte Fotos wiederherstellen

Picasa erstellt auf dem Datenträger mit der Sicherung automatisch auch ein Programm zum Wiederherstellen Ihrer Fotos, Ordner und Alben. Klicken Sie doppelt auf die Datei **PicasaRestore.exe**, die Sie im Hauptverzeichnis des Datenträgers finden. Zunächst müssen Sie auswählen, ob die Fotos an demselben Ort oder in einem anderen Verzeichnis wiederhergestellt werden sollen. Mit **Weiter** starten Sie die Wiederherstellung. Möchten Sie nur einzelne Fotos öffnen, ist das ebenfalls möglich. Picasa legt auf dem Sicherungsmedium dieselbe Verzeichnisstruktur wie auf Ihrer Festplatte an. Sie müssen also z. B. nur in das Verzeichnis **[C]\Users\NAME\Pictures** gehen und finden dort alle Ihre Fotoordner.

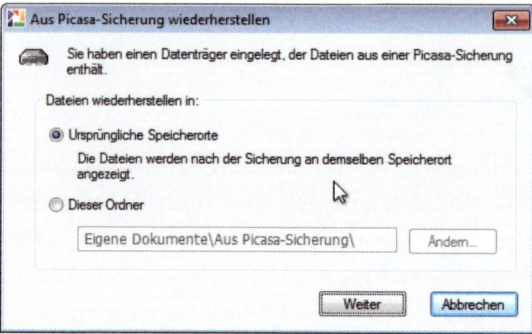

Abbildung 8.6: Fotos wiederherstellen

Erstellen Sie eine Geschenk-CD

Erstellen Sie eine Geschenk-CD

Möchten Sie jemandem ein paar Fotos schenken, müssen Sie diese nicht per E-Mail verschicken oder auf Papier ausdrucken. Mit Picasa können Sie mit wenigen Handgriffen eine praktische Geschenk-CD erstellen. Diese enthält alle gewünschten Fotos, eine fertige Diaschau und eine Version von Google Picasa.

Geschenk-CDs lassen sich nur aus vollständigen Ordnern oder Alben erstellen. Gehen Sie deshalb in die Ordnerliste und markieren Sie den Ordner oder das Album, das Sie weitergeben möchten. Anschließend wählen Sie im Hauptmenü den Punkt *Erstellen/Geschenk-CD erstellen* aus. Jetzt öffnet sich unten ein eigener Bereich für die Optionen Ihrer Geschenk-CD.

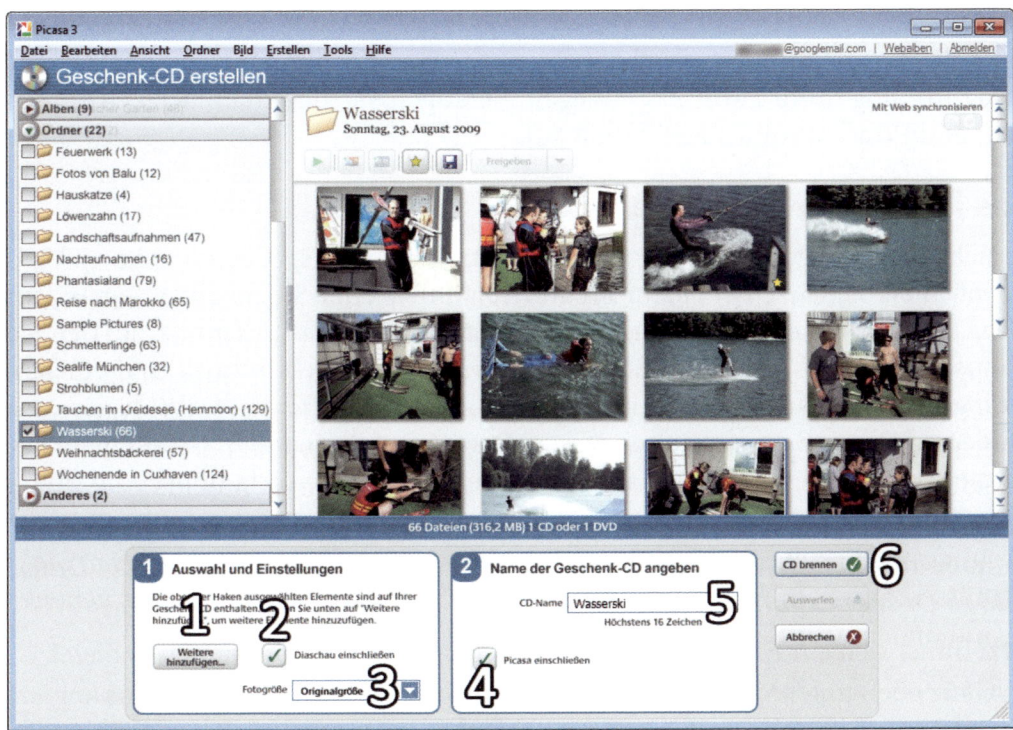

Abbildung 8.7: Optionen für die Geschenk-CD

1. Das in der Ordnerliste gewählte Album bzw. der Ordner sind automatisch auf der Geschenk-CD enthalten. Sind das bereits alle gewünschten Fotos, müssen Sie nichts weiter tun. Wollen Sie hingegen noch mehr Fotos auf die CD schreiben, betätigen Sie die Schaltfläche *Weitere hinzufügen*. Dadurch wird die Ordnerliste eingeblendet, und Sie können weitere Ordner oder Alben hinzufügen, indem Sie diese mit einem Haken markieren.

8 • Picasa-Extras für Ihre Fotos

2. Möchten Sie auf der CD eine automatische Diaschau erstellen, aktivieren Sie diese Option mit einem grünen Haken. Tun Sie das nicht, werden nur die reinen Fotos geschrieben.

3. Picasa kopiert immer die Originaldateien auf die CD. Sind Ihnen die Kameradateien zu groß oder möchten Sie einfach nicht die Originale weitergeben, wählen Sie hier eine andere Auflösung für die Fotos aus.

4. Mit dieser Option schreibt Picasa eine Benutzeroberfläche mit auf die CD. Sie wird beim Einlegen der CD automatisch gestartet, erlaubt das Anzeigen der Bilder und das Starten der Diaschau.

5. Natürlich benötigt Ihre CD einen Namen. Geben Sie in dieses Feld eine Bezeichnung mit maximal 16 Zeichen ein. Picasa setzt von allein den Namen des Ordners ein.

6. Sind alle Einstellungen gemacht, müssen Sie nur noch einen leeren CD- oder DVD-Rohling in Ihr Laufwerk einlegen. Betätigen Sie die Schaltfläche **CD Brennen**, und Picasa nimmt seine Arbeit auf.

Fotos in Ordner exportieren

Sicherlich kommt es gelegentlich vor, dass Sie Ihre Fotos transportieren müssen. Vielleicht möchten Sie diese bei einem Freund vorführen oder Sie möchten jemandem ein paar Fotos schenken. Dabei kommt meist ein USB-Stick zum Einsatz, auf den Sie die Fotos mithilfe des Windows-Explorers kopieren. Das geht schnell und einfach. Allerdings kann Picasa diese Arbeit ebenfalls für Sie übernehmen. Dabei lassen sich die Bilder auf Wunsch auch gleich anpassen. Das ist praktisch, weil z. B. bei einer Diaschau die riesigen Originaldateien aus der Kamera überhaupt nicht notwendig sind.

1. Markieren Sie in der Ordnerliste den Ordner oder das Album, welches Sie mitnehmen möchten. Anschließend wählen Sie im Hauptmenü den Punkt **Datei/ Bild in Ordner exportieren** aus.

2. Jetzt öffnet sich ein Exportfenster, das Ihnen verschiedene Optionen anbietet.
   - Ganz oben unter **Speicherort für Export** geben Sie an, wohin die Fotos kopiert werden sollen. Klicken Sie auf die Schaltfläche **Durchsuchen** und wählen Sie das Laufwerk bzw. den USB-Stick aus.
   - Unter **Name des exportierten Ordners** trägt Picasa automatisch den Originalnamen des Ordners oder des Albums ein. Sie können hier aber auch einen beliebigen anderen Zielnamen angeben.
   - Bei **Bildgröße** wählen Sie aus, ob Picasa die Originaldateien oder eine verkleinerte Version kopieren soll. Wünschen Sie verkleinerte Kopien, wählen Sie mit dem Schieberegler die Breite in Pixel aus.

Fotos per E-Mail verschicken

- Die Auswahlliste *Bildqualität* bezieht sich auf die Komprimierung im JPG-Format. Werden die Fotos stärker komprimiert, werden die Dateien kleiner, aber die Bildqualität sinkt. Wenig komprimierte Dateien sehen sehr gut aus, sind aber extrem groß. Am besten ist die Einstellung *Automatisch*, mit der Picasa eine ausgewogene Komprimierung wählt.
- Die Option *Filme exportieren mit* steht nur zur Verfügung, wenn Sie Videodateien exportieren. Damit geben Sie an, dass entweder der komplette Film oder nur ein Schnappschuss des ersten Filmbildes exportiert wird.
- Möchten Sie Ihre Fotos schützen, fügt Picasa mit der Option *Wasserzeichen* einen sichtbaren Text in Ihre Fotos ein. Tippen Sie den gewünschten Text in die untere Zeile ein, z. B. Ihren Namen oder die Adresse Ihrer Webseite.

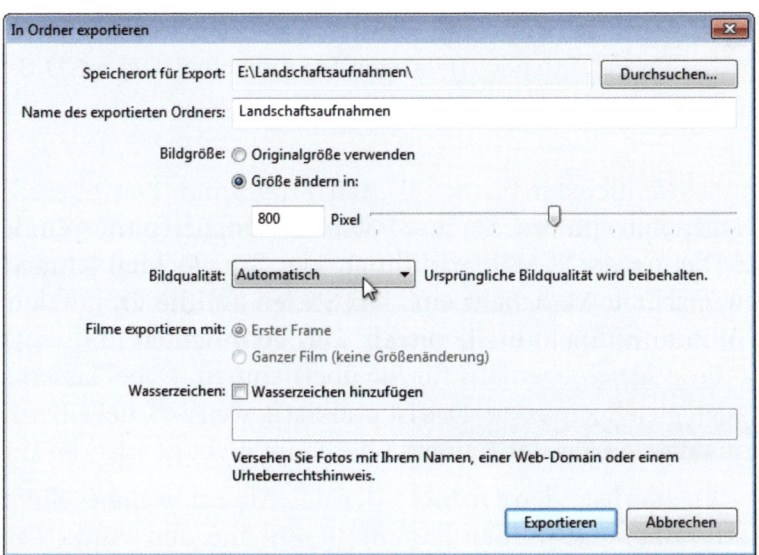

Abbildung 8.8: Fotos exportieren, z. B. auf USB-Sticks

3. Haben Sie alle gewünschten Optionen eingestellt, müssen Sie nur noch die Schaltfläche *Exportieren* betätigen. Picasa kopiert nun alle Dateien auf Ihren USB-Stick. Ist der Vorgang abgeschlossen, entfernen Sie den USB-Stick vom Computer.

Fotos per E-Mail verschicken

Manchmal möchte man jemandem ganz schnell und unkompliziert ein Foto zukommen lassen. Am besten geht das natürlich per E-Mail, und deshalb besitzt Picasa auch gleich eine passende Versenden-Funktion. Damit verschicken Sie Fotos mit nur wenigen Mausklicks.

1. Markieren Sie in der Ordnerliste das zu verschickende Foto. Mehrere Fotos lassen sich mit gedrückter `Strg`-Taste markieren. Wählen Sie aber nicht zu viele Fotos, sonst wird die E-Mail unangenehm groß.

2. Klicken Sie unten in der Leiste mit den Sonderfunktionen auf die Schaltfläche **E-Mail**.

Abbildung 8.9: Die zu versendenden Fotos markieren

3. Jetzt öffnet sich ein Auswahlfenster für das E-Mail-Programm. Das obere Feld bietet Ihnen Ihr Standardprogramm an, z. B. Mozilla Thunderbird, Windows Mail, Outlook usw. Das untere Feld bietet Ihnen Ihr Google Mail-Konto an. Wählen Sie den gewünschten Mailclient aus. Aktivieren Sie die Option direkt darunter, wenn Sie in Zukunft nicht mehr gefragt werden möchten.

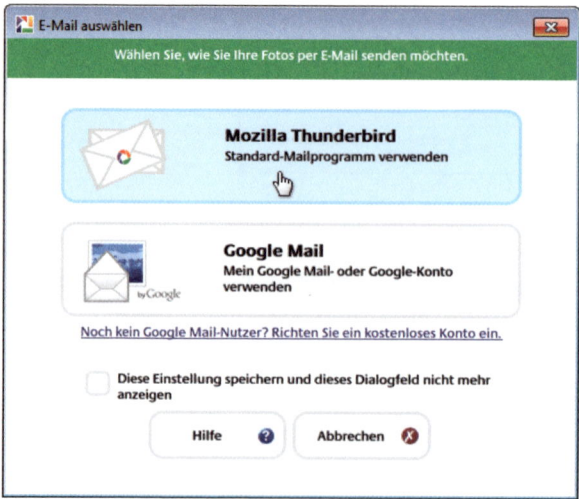

Abbildung 8.10: Das Mailprogramm auswählen

Fotos per E-Mail verschicken

4. Sie gelangen jetzt in das gewählte E-Mail-Programm, z. B. Mozilla Thunderbird oder Google Mail. Picasa erstellt dabei automatisch eine neue E-Mail mit einem Standardtext und hängt die Fotodateien an. Passen Sie den Text auf Wunsch an und senden Sie die E-Mail wie gewohnt ab. Fertig!

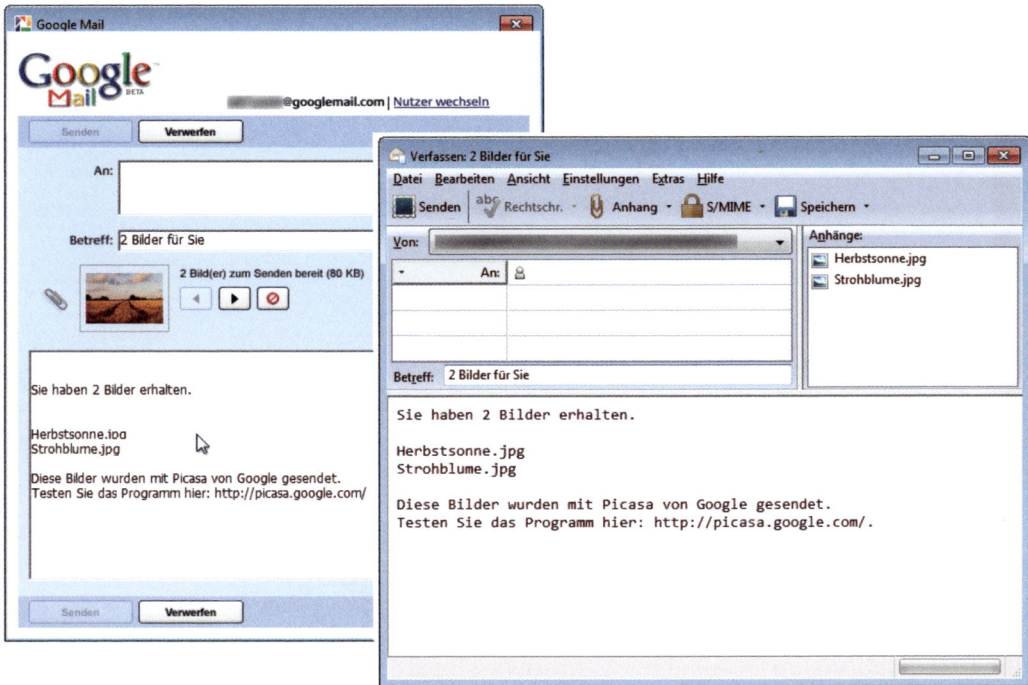

Abbildung 8.11: Verschicken Sie die Fotos

So passen Sie die Größe der Fotos an

Picasa verkleinert Ihre Fotos immer, bevor sie an eine E-Mail angehängt werden. Das beschleunigt den Vorgang und schont die Mailbox des Empfängers. Gefällt Ihnen die neue Größe des Fotos nicht, lässt sich das in den Picasa-Grundeinstellungen ändern. Öffnen Sie mit **Tools/Optionen** das Konfigurationsfenster und wechseln Sie in das Register **E-Mail**.

- Mit dem Schieberegler stellen Sie die gewünschte Größe ein, wenn mehrere Fotos auf einmal verschickt werden sollen. Wählen Sie die Breite in Pixel aus.
- Direkt darunter stellen Sie die Größe für das Versenden einzelner Fotos ein. Die obere Auswahl übernimmt die mit dem Schieberegler eingestellte Größe, die untere verschickt die Fotos in Originalgröße.

8 • Picasa-Extras für Ihre Fotos

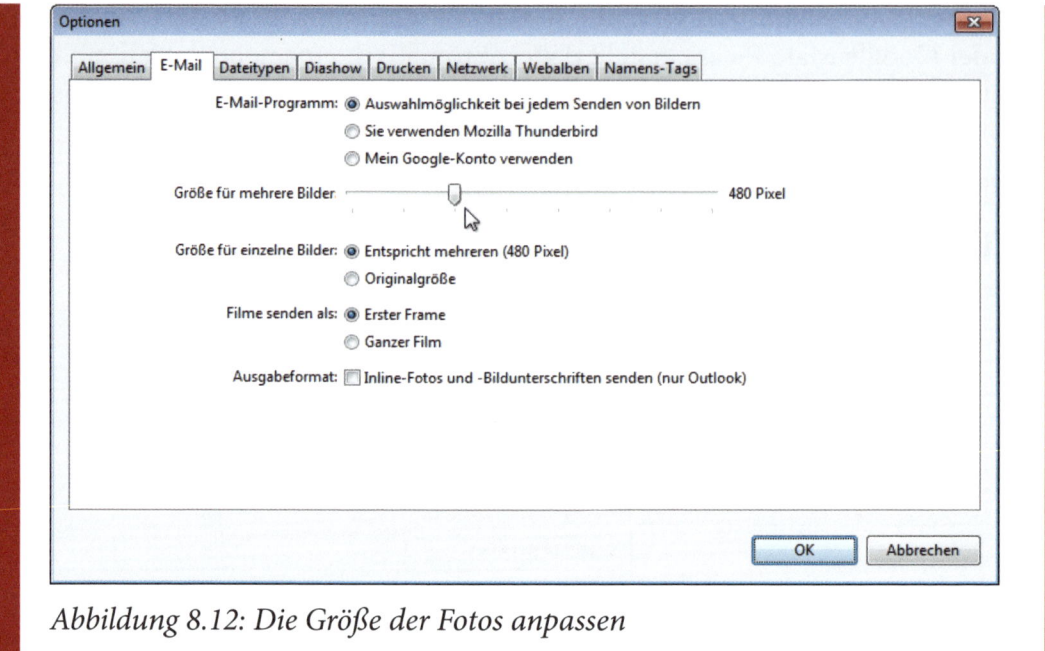

Abbildung 8.12: Die Größe der Fotos anpassen

Desktop-Hintergrund & Bildschirmschoner

Gestalten Sie Ihren Arbeitsplatz ein wenig persönlicher und schmücken Sie ihn mit Ihren schönsten Fotos. Der Windows-Desktop ist dafür bestens geeignet, und Picasa bringt auch gleich zwei praktische Funktionen dafür mit: Verzieren Sie den Windows-Hintergrund mit Ihren Fotos und gestalten Sie einen eigenen Bildschirmschoner für die Pausen.

- Möchten Sie Ihr Foto als **Windows-Hintergrund** verwenden, sind nur wenige Mausklicks notwendig. Markieren Sie das gewünschte Foto in einem Ordner oder Album und wählen Sie im Hauptmenü den Punkt *Erstellen/Als Desktop-Hintergrund festlegen* aus.

- Ebenso ist es möglich, Ihre Fotos als **Windows-Bildschirmschoner** einzustellen. In den Arbeitspausen laufen sie dann als Diaschau über den Monitor. Wählen Sie hierzu im Menü den Punkt *Tools/Bildschirmschoner konfigurieren* aus. Dadurch gelangen Sie in das Windows-Fenster für den Bildschirmschoner, und mit der Schaltfläche *Einstellungen* passen Sie den Google-Bildschirmschoner an. Übrigens erstellt Picasa nun automatisch das Album *Bildschirmschoner*. Über die Konfiguration lässt sich festlegen, dass nur Fotos in diesem Album verwendet werden sollen.

Desktop-Hintergrund & Bildschirmschoner

Abbildung 8.13: Ihre Fotos als Windows-Hintergrund

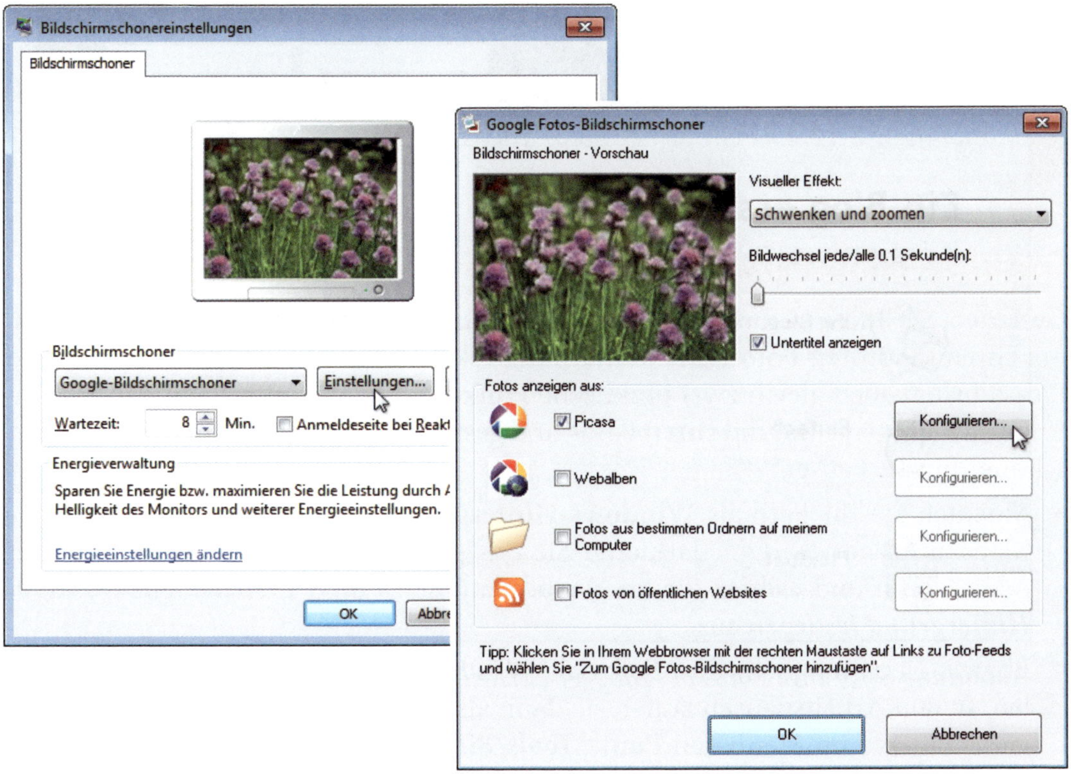

Abbildung 8.14: Ihre Fotos als Bildschirmschoner

8 • Picasa-Extras für Ihre Fotos

Fotos für Ihre Homepage

Die schnellste und einfachste Möglichkeit, um Ihre Fotos im Internet zu veröffentlichen, besteht eigentlich im Picasa-Webalbum. Möchten Sie Ihre Fotos außerdem auf Ihrer eigenen Homepage oder in Ihrem Blog veröffentlichen, ist Ihnen Picasa hierbei ebenfalls behilflich.

- Besitzen Sie eine eigene Homepage bzw. ein Blog bei dem Dienst **Blogger.com**, geht das Veröffentlichen besonders einfach. Dieser Dienst gehört zu Google und arbeitet nahtlos mit Ihrem Google-Benutzerkonto zusammen. Markieren Sie die gewünschten Fotos und klicken Sie unten auf die Schaltfläche *BlogThis!*.

Abbildung 8.15: Ihre Fotos bei Blogger einstellen

Fotos für Ihre Homepage

- Möchten Sie Ihre Fotos auf einer eigenen Homepage veröffentlichen, kann Picasa aus einem Ordner oder Album eine fertige HTML-Seite erstellen. Markieren Sie hierzu einen Ordner oder ein Album und wählen Sie im Menü den Punkt **Ordner/Als HTML-Seite exportieren** bzw. **Album/Als HTML-Seite exportieren** aus. Sie gelangen in ein spezielles Exportfenster. Wählen Sie hier eine Vorlage für das Layout aus, die Größe der Fotos sowie einen Speicherort. Mit der Schaltfläche **Exportieren** werden die HTML-Dateien geschrieben.

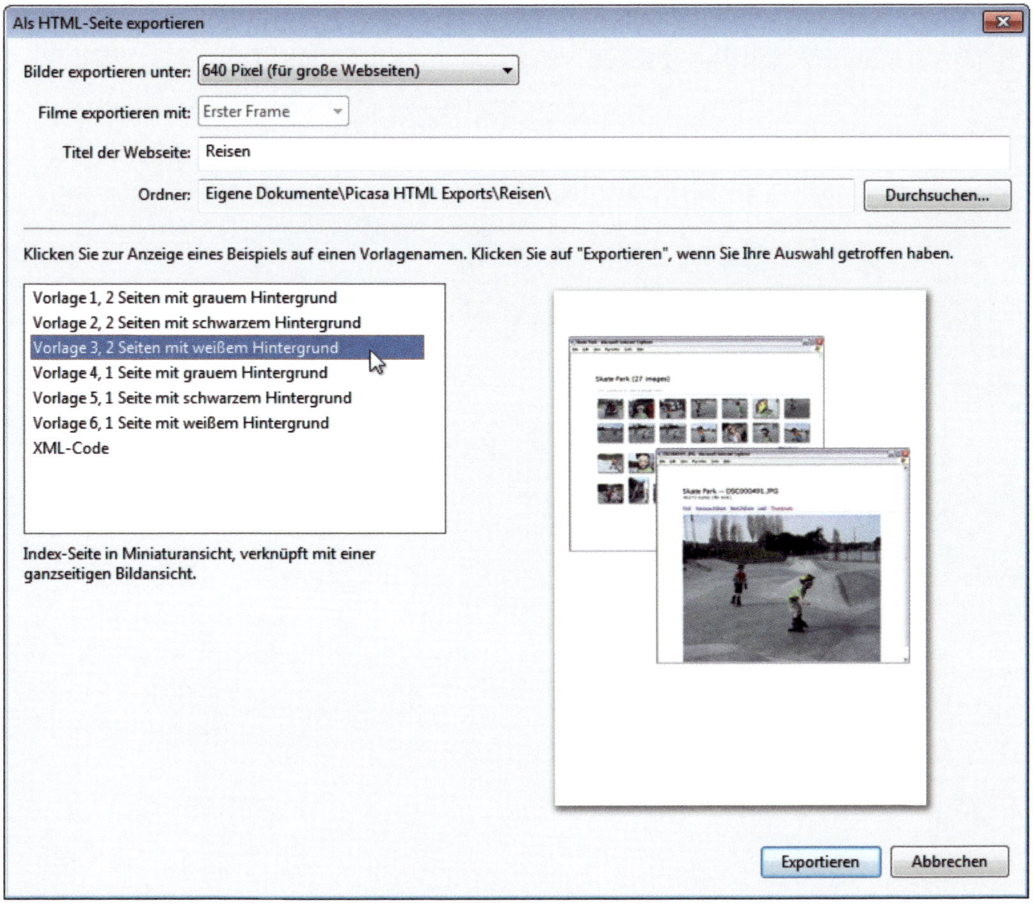

Abbildung 8.16: Erstellen Sie HTML-Seite

Glossar

APS-Chip – Ursprünglich steht diese Abkürzung für *Advanced Photo System Classic* und stellt ein neues Fotoformat dar, das die Firma Kodak 1996 als Konkurrenz zum klassischen Kleinbildfilm (35 mm) entwickelte. Da die Bildchips in modernen digitalen Spiegelreflexkameras in etwa dieser Größe entsprechen, wird häufig von einem APS-Chip gesprochen. Streng genommen gibt es hier gar keinen Zusammenhang, aber der Begriff hat sich bei allen Herstellern etabliert.

Artefakte – Wird ein digitales Foto verlustbehaftet komprimiert, z. B. im JPG-Format, können je nach Stärke der Komprimierung Bildfehler entstehen. Diese machen sich als Blöcke, Klötzchen oder verwaschene Flächen bemerkbar. Man nennt diese Bildfehler JPG-Artefakte.

Auflösung – Als Auflösung wird die Gesamtanzahl von Bildpunkten eines digitalen Bildes bezeichnet. Sie berechnet sich aus der Zahl der horizontalen und vertikalen Punkte. Je höher die Auflösung ist, desto feiner ist die Darstellung des Bildes. Es sind mehr Details erkennbar. Auflösungen mit Millionen von Punkten werden als Megapixel bezeichnet. Der Wert 14 Megapixel steht also für 14 Millionen Bildpunkte.

AVI – AVI ist ein Containerformat für Videodateien, die mit ganz unterschiedlichen Verfahren komprimiert sein können. AVI wird von allen gängigen Medienplayern abgespielt, z. B. Windows Media Player, Winamp usw., aber nur dann, wenn der entsprechende Codec auf dem System vorhanden ist. Häufig werden z. B. DivX-Videos in einem AVI-Container verpackt, die dann nicht von herkömmlichen Medienplayern abgespielt werden können, solange nicht der DivX-Codec installiert ist.

Belichtung – Ein Lichtsensor misst anhand von vielen verschiedenen Punkten die Helligkeit und das Licht auf einem Motiv. Daraus wird eine Kombination aus Verschlusszeit und Blende ermittelt. Das Foto wird dann mit dieser Einstellung eingefangen. Da dieser Vorgang die erforderliche Lichtmenge für das Foto festlegt, spricht man von Belichtung oder Belichtungsmessung.

Glossar

Bildbearbeitung – Hierunter fällt jede Veränderung eines Fotos. Eine Änderung der Größe, das Anpassen der Helligkeit oder das Entfernen eines Farbstichs zählen zur einfachen Bildbearbeitung im Sinne einer Optimierung. Rein technisch gesehen, gibt es aber keine Unterscheidung zur Verfremdung oder Manipulation, die auch Objekte im Bild entfernt oder hinzufügt. Das bekannteste Programm zur Bildbearbeitung ist Adobe Photoshop.

Browser – Als Browser wird allgemein ein Betrachtungsprogramm bezeichnet, das große Mengen an Daten durchsuchen und sortiert anzeigen kann. Ein Fotobrowser durchsucht dabei Ihre Fotos, ein Internetbrowser durchsucht das Internet. Vor allem bei großen Fotosammlungen ist es durch einen Browser möglich, diese übersichtlich zu sortieren und zu verwalten.

Buffer-Underrun – Beim Brenner einer CD, DVD oder Blu-ray muss das Brennerlaufwerk ständig mit Daten versorgt werden. Reißt dieser Datenstrom ab, kommt es zum Buffer-Underrun. Der Brennvorgang wird abgebrochen, und der Rohling ist unbrauchbar. Moderne Brenner besitzen eine Schutzfunktion, die permanent einen großen Datenpuffer für den Brenner bereithält. So können selbst Engpässe überbrückt werden, z. B. weil der PC gerade intensiv genutzt wird und deshalb die Daten nicht so schnell an den Brenner liefern kann.

CMYK – Dies ist ein Farbmodell, welches aus den Grundfarben Cyan, Magenta, Gelb und Schwarz besteht (Cyan, Magenta, Yellow, Key). Die drei ersten Farben ergeben zusammen Schwarz, das jedoch im Druckbereich meist nicht ausreichend farbecht ist. Daher und zum Steuern von Helligkeit und Kontrast enthält das Farbmodell auch Schwarz selbst. CMYK kommt im industriellen Druck zum Einsatz, z. B. für Zeitschriften, Bücher, Broschüren.

Codec – Als Codec wird ein Komprimierungsverfahren beschrieben, in dem digitale Inhalte gespeichert werden. Zu den bekanntesten Codecs gehören MPEG, AVC, MP3 usw. Man könnte auch von einem Speicher- und Abspielverfahren sprechen. Der Codec ist aber nicht mit dem Dateiformat gleichzusetzen, weil z. B. in AVI- oder MP4-Dateien Inhalte mit völlig verschiedenen Komprimierungsverfahren gespeichert werden können. Ein Computer muss mit dem entsprechenden Codec ausgestattet sein, um die jeweiligen Dateien abspielen zu können.

Dateiendung – Auf Windows-Computern wird jede Datei aufgrund ihrer Endung identifiziert. Jede Art von Inhalt hat dabei seine eigene Endung. Dadurch fällt es leichter, die Art der Datei und den Inhalt zu erkennen. So steht z. B. bei der Datei *Foto.jpg* die Endung *JPG* für ein Foto im Speicherformat JPEG.

Glossar

DPI – Diese Angabe steht für *Dots Per Inch*, also Punkte pro Zoll. Dieser Wert gibt an, wie viele Punkte eines Bildes innerhalb eines Zolls abgebildet werden. Je mehr Bildpunkte abgebildet werden, desto schärfer und detaillierter wirkt das Bild. Ein Drucker mit wenig DPI druckt die Bildpunkte sehr weit auseinander, sodass sie einzeln erkennbar sind, z. B. im Zeitungsdruck.

DSLR – Diese Abkürzung steht für *Digital Single Lens Reflex* und bezeichnet digitale Spiegelreflexkameras. Der Begriff „Spiegelreflex" gibt die Funktionsweise dieser Kameras wieder. Im Inneren projiziert ein Spiegel das Bild nach oben in den Sucher. Beim Auslösen klappt dieser Spiegel hoch, und das Licht fällt auf den dahinter liegenden Bildsensor.

DVD – Diese Abkürzung steht für *Digital Versatile Disc* und bedeutet so viel wie „vielseitige digitale Scheibe". Die DVD stellt im Moment das meistgenutzte Medium dar und kann sowohl für Filme (Video-DVD) als auch für Daten am PC verwendet werden. Video-DVDs speichern den Film im MPEG-2-Format. Gekaufte Video-DVDs sind in der Regel verschlüsselt, sodass sie nicht kopiert werden können. Die DVD wird derzeit von der Blu-ray Disc abgelöst.

DVD-R – Diese Abkürzung bezeichnet die Rohlinge für das Speichermedium DVD mit 4,35 GByte. DVD-R steht für einmal beschreibbare und DVD-RW für mehrfach beschreibbare Rohlinge. Der Zusatz DL bezeichnet Rohlinge mit zwei Schichten, welche bis zu 8,5 GByte an Daten speichern können. DVD-ROM bezeichnet gepresste DVDs, wie z. B. bei Kaufvideos, Spielen, Software usw.

Encoder – Dies ist ein Programm, das Inhalte in ein bestimmtes Format umwandelt/konvertiert. Das geht in der Regel mit einer Codierung einher, sodass z. B. Musik mit MP3 oder Videos mit AVC komprimiert werden. Um das tun zu können, benötigt der Encoder einen sogenannten Codec. Er bestimmt das Speicherformat und wie die Daten verarbeitet werden sollen. Ein Encoder bringt die Codecs in der Regel gleich mit, was aber nicht immer so sein muss.

Exif – Diese Abkürzung steht für *Exchangeable Image File Format*. Sie stellt einen Standard dar, um zusätzliche Informationen in einer Fotodatei zu speichern. Typische Beispiele sind die Blende, die Verschlusszeit, der Weißabgleich usw. Diese Werte können zu Hause am Computer abgerufen werden, sodass sich im Nachhinein erkennen lässt, wie ein Foto genau aufgenommen wurde. Exif kommt typischerweise in JPG-, TIF-, RAW- und PSD-Dateien zum Einsatz.

281

Glossar

Graustufen – Ein Schwarz-Weiß-Foto stellt im Grunde ein Graustufenfoto dar. Alle Farben werden dabei durch Schwarz und Weiß sowie die dazwischen liegenden Grautöne dargestellt.

HDTV – Die Abkürzung steht für *High Definition Television* und stellt eine neue Fernsehnorm dar. Im Gegensatz zum älteren PAL oder NTSC bietet HDTV hochaufgelöste Filmbilder mit bis zu 1920 x 1080 Bildpunkten (Full-HD). Die dafür benötigten Datenmengen sind so groß, dass der Speicherplatz einer DVD nicht ausreicht. Deshalb wurde mit HDTV das neue Discformat Blu-ray eingeführt, das mit bis zu 50 GByte genug Platz für Filme in HDTV bietet.

Histogramm – Das Histogramm stellt eine Kurve dar, welche die Verteilung der Helligkeit in einem Bild angibt. Auf dieser Skala gibt es für jede Helligkeit (Tonwert) einen Eintrag. Dadurch lässt sich z. B. erkennen, wie oft Schwarz oder Weiß in einem Foto vorkommt. Ein Histogramm enthält aber auch die drei Grundfarben der digitalen Bildverarbeitung, Rot, Grün und Blau. Das ist ideal, um die Belichtung eines Bildes genau abzuschätzen und optimal an der Kamera einzustellen.

JPEG – Diese Abkürzung steht für *Joint Photographic Experts Group*. Dies ist ein internationales Gremium, das sich um Standards für die Bildspeicherung kümmert. Am bekanntesten ist das JPG-Format, das zur Speicherung von Fotos zum Einsatz kommt. Dabei werden die Bilder komprimiert und besonders klein gespeichert. JPG ist ein internationaler Standard und kann von allen Computern und Systemen verarbeitet werden.

Komprimierung – Digitale Daten verbrauchen sehr viel Speicherplatz, sodass selbst moderne Festplatten schnell voll sind. Deshalb werden die Daten komprimiert. Sie werden also zusammengestaucht und verbrauchen weniger Platz. Bei der verlustbehafteten Komprimierung werden Informationen weggelassen, die das menschliche Auge (MPEG-Videokomprimierung) oder die menschlichen Ohren (MP3-Audiokomprimierung) nicht wahrnehmen können. Eine zu starke Komprimierung macht sich durch Bild- oder Klangfehler (Artefakte) bemerkbar. Die ZIP-Komprimierung für Computerdaten ist verlustfrei, erreicht aber keine so starke Verkleinerung wie die verlustbehaftete Komprimierung.

Kontrast – Als Kontrast wird der Unterschied zwischen dem hellsten und dunkelsten Farbton eines Bildes bezeichnet. Ein Bild mit viel Kontrast wird als leuchtend, hell und lebendig empfunden. Ein Bild mit wenig Kontrast wirkt hingegen flau und kraftlos. Der höchste Kontrast besteht zwischen Schwarz und Weiß.

Glossar

Megapixel – Die Auflösung eines digitalen Bildes wird in Bildpunkten (Pixel) gemessen. Moderne Digitalkameras arbeiten mit mehreren Millionen Pixeln. Um dies im alltäglichen Sprachgebrauch zu erleichtern, wird z. B. nicht von 14 Millionen Bildpunkten gesprochen, sondern von 14 Megapixeln.

Pixel – Der Begriff Pixel stellt ein Kunstwort dar und setzt sich aus *picture element* zusammen. Er steht für „Bildelement" oder auch „Bildpunkt". Jedes digitale Bild besteht aus vielen einzelnen Bildpunkten, die in einem quadratischen Raster angeordnet sind. Hat ein Bild sehr viele Pixel, können diese vom Auge nicht mehr wahrgenommen werden, und es erscheint scharf und ohne Treppeneffekt.

Rauschen – Als Rauschen wird in der digitalen Fotografie ein Störverhalten des Bildsensors bezeichnet. Es entsteht durch elektronische Spannungen im Sensor, in der Technik, wie der Chip ausgelesen und wie das Bild weiterverarbeitet wird. Jede elektronische Spannung bringt ein gewisses Grundrauschen mit sich. Wird bei einer Digitalkamera die ISO-Empfindlichkeit erhöht, wird die Spannung und somit das Signal verstärkt. Das bringt automatisch auch eine Verstärkung des Rauschens mit sich.

RAW – Der Begriff steht für „rohe" Bildinformationen einer Digitalkamera. Dabei werden die Daten des Bildsensors unverarbeitet in eine Datei geschrieben. Es findet keine Anpassung, Verarbeitung oder Optimierung statt. Diese Informationen müssen erst noch am Computer ausgelesen und in ein herkömmliches Bildformat konvertiert werden. Dabei hat der Fotograf sehr großen Einfluss auf das Bild, was gern mit der Entwicklung in einem Fotolabor verglichen wird.

Rote Augen – Beim Fotografieren mit Blitzlicht sehen die Augen von Personen oft leuchtend rot aus. Das liegt daran, dass die Pupille des Auges bei Dunkelheit weit geöffnet ist. Ein Blitzlicht dringt dann bis zur Netzhaut vor, und die ist von Natur aus rot. Ein Vorblitz sorgt dafür, dass die Pupille sich schließt. Auch ein Blitz von der Seite verhindert diesen Effekt.

Sättigung – Mit der Sättigung bezeichnet man die Intensität eines Farbtons. Eine leichte Sättigung lässt Farben dezent, kraftlos und gräulich erscheinen. Eine zu hohe Sättigung bringt hingegen ein Überstrahlen der Farben mit sich. Sie wirken unnatürlich und überzogen. Eine leichte Erhöhung der Sättigung lässt Fotos intensiver, strahlender und lebendiger wirken.

Glossar

Secure Sockets Layer – Sollen im Internet Daten geschützt übertragen werden, kommt meist das Protokoll *SSL* zum Einsatz. Dabei handeln der Server und der Client anhand von Zertifikaten eine verschlüsselte Verbindung aus. SSL kommt sowohl beim Onlinebanking, beim Einkaufen und bei vielen anderen Webseiten zum Einsatz. Es gilt als sicher.

Speicherkarte – Speicherkarten stellen ein kompaktes wiederbeschreibbares Medium für digitale Inhalte dar. Sie basieren auf der Flash-Technik, bei der die Inhalte in Chips ohne mechanische Teile gespeichert werden. Speicherkarten kommen in Fotokameras, Spielkonsolen, Musikplayern und Computern zum Einsatz. Zu den wichtigsten zählen CompactFlash, MemoryStick und SD-Card.

USB – Die Abkürzung steht für *Universal Serial Bus* und stellt eine Datenverbindung zwischen elektronischen Geräten dar. USB ist deutlich schneller als frühere Übertragungsarten und ist auf allen Computersystemen genormt. Dadurch können beliebige USB-Geräte miteinander verbunden werden. Häufig ist dabei nicht einmal ein Treiber notwendig, da viele Grundfunktionen bereits im Standard definiert sind.

Weißabgleich – Je nach Tageszeit und Lichtquelle besitzt das Licht eine andere Wellenlänge und somit eine andere Färbung. Das wirkt auf Fotos wie ein Farbstich. Der Weißabgleich korrigiert diese Färbung, damit das Bild wieder neutral aussieht. Weil dabei Weiß als Referenzwert verwendet wird, spricht man vom Weißabgleich.

WMA – Windows Media Audio stellt ein proprietäres Verfahren zur Speicherung von Audiodaten dar. Die Firma Microsoft hat es speziell für ihr Betriebssystem Windows entwickelt. WMA besitzt viele Nachteile und konnte sich gegen MP3 oder AAC nie durchsetzen. Abseits von Windows-Computern hat es praktisch keinerlei Bedeutung.

WMV – Windows Media Video ist das Gegenstück zu WMA, also ein Microsoft-Verfahren zur Speicherung von Videos. Bei der Filmspeicherung fristet WMV im Vergleich zu MPEG-2 oder MPEG4-AVC ein Nischendasein und erreicht nicht deren Qualität. Im Internet kommt es bei Echtzeit-Streams öfters zur Anwendung, weil es von den meisten Computern abgespielt werden kann. Aber auch dort wird WMV zunehmend von Flash-Videos und AVC verdrängt.

YouTube – YouTube ist eine Internetplattform von Google, auf der Benutzer eigene Videos hochladen und veröffentlichen können. Durch den großen Erfolg hat sich YouTube zu einem riesigen Archiv für praktisch alle bewegten Bilder entwickelt. YouTube ist gut geeignet, um eigene Videos für Freunde und Bekannte verfügbar zu machen. Dabei lassen sich auch Rechte vergeben, sodass nicht jeder diese Videos sehen kann.

Stichwortverzeichnis

A

Ablage 55
Abspielen, Diaschau 211
Alben, allgemein 49
Alben erstellen 50
Alben füllen 51
Album aus Stichworten 68
Anmeldung für Anzeige 113
Anpassen, Bildausschnitt 179
Anpassen, Personenerkennung 78
Ansicht anpassen 30
Ansicht, Bildunterschrift 34
Anzeigen, Personen 73
Anzeigen, Stichworte 66
Auf gut Glück! 175
Aufhellen 196
Auflösung, Film 230
Auflösung, online 111
Aufnahmeort 94
Ausdrucken, einzelnes Foto 244
Ausdrucken, mehrere Fotos 246
Ausrichten, Bild 182

B

Backup 265
Batch-Verarbeitung 129
Bearbeiten, Alben 58
Bearbeiten, Collage 220
Bearbeiten, gemeinsam 123
Bearbeiten, mehrere Fotos 207
Bearbeiten, online 153
Beitragen, Fotos 121
Berechnung Onlinespeicherplatz 133
Beschreibung, Alben 59
Beschreibungen, Ordner 26
Bestellen, Fotos 258
Bildausschnitt 179
Bildbearbeitung, Funktionsweise 177
Bildbetrachter 16
Bilder aus Kamera 45
Bilder betrachten 24
Bilder importieren 37
Bilder in Alben 51
Bilder sichern 265
Bilder verwalten 35

Bildfehler 185
Bildoptimierung 175
Bildordner allgemein 22
Bildqualität 271
Bildschirmschoner 274
Bildunterschrift 28
Bildunterschrift anzeigen 34
Brennen, CD/DVD 269

C

CD erstellen 269
Chrome 99
Clip-Fläche 221
Codec, Video 42
Collage bearbeiten 220
Collage erstellen 217
Community, online 139
Copyright 271

D

Dateien importieren 37
Dateiverknüpfungen 16
Datenschutz 169
Datensicherung 265
Defekte Bildstellen 186
Definition Web/Album 107
Diaschau abspielen 211
Diaschau allgemein 211
Digitalkamera, Bilder importieren 45
Doppelte Fotos 88
Drucken, einzelnes Foto 244
Drucken, mehrere Fotos 246
Drucken, Rahmen 250
Druckertreiber konfigurieren 255
Drucklayout 244
DVD erstellen 269

E

Earth, Google 92
Effekte, allgemein 199
Einfügen, Fotos in Alben 51
Ein-Klick-Optimierung 175
Einladen, Freunde 114
Einrichten, Google-Konto 102

Stichwortverzeichnis

E-Mail 271
Erkennen, Personen 74
Erstellen, Alben 50
Erstellen, Collage 217
Exif-Informationen 25
Exportieren, Fotos 270
Externe Festplatte 266

F

Face Movie 238
Farbige Objekte in SW 206
Farboptimierung 176
Farbtemperatur 198
Färbung 203
Farbverlauf 207
Fehler retuschieren 185
Feinabstimmung 195
Festhalten, Ablage 55
Filme erstellen 228
Filme importieren 42
Film, Gesichter 238
Filmkorn-Effekt 201
Filter, Suchen 84
Finden, Fotos 80
Folien, Film 235
Format, quer 181
Foto-CD 269
Fotogröße, online 111
Fotolabor 257
Fotos betrachten 24
Fotos, doppelt 88
Fotos hochladen 107
Fotos importieren 37
Fotos, Markierung 78
Freigeben, Fotos 117
Freunde einladen 114
Funktionsübersicht 22
Funktionsweise, Bildbearbeitung 177

G

Gemeinsam bearbeiten 123
Gemeinsame Alben 119
Gemeinschaft, online 139
Geotagging 89
Geschenk-CD 269
Gesichter, allgemein 70
Gesichter zuordnen 70
Gesichtsfilm 238
Google Chrome 99

Google Earth 92
Google Mail 102
Google Maps 90
Google-Profil, allgemein 101
GPS 89
GPS-Daten 96
Größe, E-Mail 273
Größe, Upload 108
Größe, Vorschaubilder 32
Größe wählen, online 111

H

Halten, Ablage 55
Handy, Album 144
Handy, Upload 153
Helligkeit optimieren 192
Herunterladen, Picasa 11
Hervorheben, Fotos 78
Highlights 196
Hintergrundbild 274
Hintergrundmusik 214
Hinzufügen, Alben 51
Hochladen, Fotos 107
Homepage 276
HTML 277

I

Ignorieren, Gesichter 76
Importieren, allgemein 37
Importieren, Kamera 45
Importordner 48
Installieren, Google Earth 98
Installieren, Picasa 13

J

JPG-Qualität 271

K

Kamera, Bilder importieren 45
Kaufen, Onlinespeicherplatz 133
Kennwort Alben 62
Kollaborative Alben 119
Konfigurieren, Schnelltasten 68
Kontaktabzug 254
Kontaktabzug, Collage 224
Konto, Google allgemein 101
Kontrastoptimierung 175
Koordinaten 89

Stichwortverzeichnis

Korn-Effekt 201
Kostenloser Speicherplatz 133

L

Labor, online 257
Laden, Videos 42
Landkarte 89
Länge, Film 230
Layout, Druck 244
Leiste, Personen 73
Leiste, Stichworte 65
Licht korrigieren 195
Lightbox 143
Löschen, Album 60

M

Mail, Google 102
Manager, Personen 75
Manuell erkennen, Gesichter 74
Maps, Google 90
Markieren, mit Ablage 55
Markierung, Fotos 78
Mehrere Fotos bearbeiten 207
Miniaturbild, Personen 76
Mobiler Upload 153
MP3 214
Musik abspielen 214
Musik, Diaschau 214

N

Namen, Personen 70
Namens-Tags 70
Name, Online-Album 108
Navigation, Zeitleiste 216
Nicht erkannt, Gesicht 74
Nicht öffentliche Fotos 112
Nostalgie-Effekt 200

O

Öffentliche Fotos 111
Onlineabzüge 257
Online-Alben verwalten 125
Online-Album hochladen 107
Online-Album verwalten 136
Online-Album, Zugriffsrechte 111
Onlinebildbearbeitung 153
Online-Kontakte 76
Onlinespeicherplatz 133

Optimieren, 1-Klick 175
Optimierung, Bilder 173
Ordner, Ansicht 30
Ordner, Beschreibungen 26
Ordner verwalten 36
Orte, Google Earth 92
Orte, Google Maps 90

P

Passfoto 252
Passwort vergessen 63
Personenalbum 72
Personen, allgemein 70
Personen, rote Augen 183
Personen zuordnen 70
Person, Miniaturbild 76
Picnik, offline 193
Picnik, online 153
Poster 249
Private Alben 62
Private Fotos 112
Privatsphäre 169
Probleme, Google Earth 99

Q

Qualität, Collage 228
Qualität, Export 271
Qualität, Video 230
Querformat, Bildausschnitt 181

R

Rahmen, Ausdruck 250
Rahmen, rote Augen 184
Raster, Collage 224
Rechte entziehen 166
Rechte verändern 113
Rechte, Zugriff 111
Restore, Sicherung 268
Retuschieren, Bildfehler 185
Rote Augen 183
Rückgängig, Optimierung 177

S

Sättigung 203
Satz-Upload 129
Schärfe einstellen 202
Schatten 196
Schein 205

Stichwortverzeichnis

Schiefe Bilder 182
Schnappschuss, Video 242
Schnelltasten, Stichworte 68
Schwarz-Weiß-Effekt 200
Sepia-Effekt 200
Setup, Drucker 255
Sichere Verbindung 137
Sicherung 265
Smartphone, Upload 153
Smartphone, Webalbum 144
Sortieren 32
Sortieren nach 60
Speicherplatz kaufen 133
Sperren, Upload 134
SSL 137
Stapelverarbeitung 129, 207
Stern, Markierung 78
Steuerelemente, Diaschau 212
Stichworte, allgemein 64
Stichworte anzeigen 66
Stichworte vergeben 65
Stilvorlagen 223
Suchen, Fotos 80
Suchfilter 86
Suchoptionen 81
Synchronisieren 127
Synchronisieren, Personen 75

T

Tags, allgemein 64
Tags anzeigen 66
Tags vergeben 65
Teilen, Alben 119
Temperatur, Farbe 198
Texte einfügen 188
Texttafeln, Film 235
Titel, Bild 28
Treiber, Drucker 255

U

Überschriften einfügen 188
Überwachen, Ordner 38
Umbenennen, Bilder 35
Umbenennen, mehrere 35
Umrandung, Text 190
Unbekannte Personen 76
Unterschrift, Bild 28
Upload, Fotogröße 108
Upload-Sperre 134
USB-Stick 270

V

Vergeben, Stichworte 65
Vergessen, Passwort 63
Verknüpfen, Google-Konto 105
Verlauf, Farbe 207
Veröffentlichen, Webalbum 114
Verschicken, Fotos 271
Verschieben, Fotos 53
Verschlüsselung 137
Verwalten, Bilder 35
Verwalten, Online-Album 136
Verwalten, Ordner 36
Verwaltung, Personen 75
Videodateien 42
Videos erstellen 228
Videos importieren 42
Videos, online 124
Visitenkarte 75
Vorlagen, Collage 223
Vorschaubilder, Größe 32

W

Wärme-Effekt 200
Wasserzeichen 135
Webalben verwalten 125
Webalbum, Einladung 114
Webalbum hochladen 107
Webalbum, Überblick 136
Webalbum, Zugriffsrechte 111
Weichzeichner 204
Wiederherstellen, Sicherung 268
Windows-Bildschirmschoner 274
Windows-Hintergrund 274
WMA 214

Y

YouTube, Film hochladen 230

Z

Zeitfilter 82
Zeitleiste 216
Zoom-Ansicht 143
Zugriff entfernen 166
Zugriffsrechte 111
Zugriff verändern 113
Zuordnen, Personen 70
Zurückspielen, Sicherung 268